청소년을 위한 사회평등 에세이

구정화 교수가 들려주는 차별과 불평등 없는 세상을 위한 사회학

청소년을 위한
사회평등
에세이

구정화 지음
경인교육대학교 사회교육과 교수

헌법
제10조

모든 국민은
인간으로서의

존엄과 가치를 가지며,

행복을 추구할 권리를 가진다

해냄

우리가 살고 있는 사회가 정말 평등할까?

사람들은 평등을 원한다.

그러나 많은 사람이 불평등을 더 가까이에서 느낀다. 평등은 너무 당연하기에 일상에서 쉽게 느끼지 못하지만, 그에 비해 불평등은 더 쉽게 느낄 수 있고 다양한 모습으로 우리 주변에서 발견할 수 있기 때문이다. 더구나 불평등은 그 역사가 오래되었고 우리가 사는 이곳뿐만이 아니라 언제 어디서나 나타난다.

사회가 불평등한 이유는 다양하다. 신분 제도처럼 사회 자체가 불평등을 용인하는 특정 '제도'가 있을 수도 있다. 그러나 현대 사회에서 이런 경우는 거의 없다. 오늘날 대다수의 사회는 제도적으로 평등을 지향하지만, 실제로는 불평등이 암암리에 드러난다. 이때의 불평등은 대체로 개인의 정체성과 관련이 있다.

불평등의 이유가 되는 개인의 정체성에는 어떤 것들이 있을까? 성별, 연령, 사는 곳, 출생지, 혼인 여부 등……. 이런 요소들은 태어나면서 우연히 갖게 된 것이거나 살아가면서 부득이하게 선택한 경우가 대부분이다. 그렇기에 그로 인해 불평등을 경험하는 것은 당사자에게 말할 수 없는 고통을 안긴다. 이와 더불어 개인이 가진 정체성으로 인한 불평등은 사회의 편견과 혐오 등도 겪게 만든다.

『청소년을 위한 사회평등 에세이』에서는 이런 점에 주목해 개인의 정체성과 관련하여 나타나는 불평등 현상을 중심으로 살펴볼 것이다. 책의 제목으로 '평등'을 말하고서 '불평등'을 다루는 이유는 이 책이 우리 사회가 평등으로 나아가기 위한 하나의 작업이라고 생각했기 때문이다.

먼저 불평등, 편견과 고정관념, 혐오의 개념을 살펴보고, 우리 가까이에 있는 다양한 불평등의 양상과 여기에 개입된 근본적인 원인을 분석하고자 했다. 그리고 이러한 불평등을 넘어 평등으로 나아가기 위해 개인적·제도적으로 무엇을 해야 하는지 함께 고민해 보려 한다.

이 책을 집필하면서 필자 또한 엄청난 편견과 고정관념을 가지고 있었음을, 그리고 실제로 다양한 차별의 시선을 보내고 있었음을 깨닫게 되었다. 어쩌면 이 책을 읽는 여러분도 자신의 고정관념과 차별 그리고 혐오와 만나는 경험을 할 수 있을 것이다. 누군가는 자신이 경험한 차별과 불평등 때문에 힘들 수도 있다. 그런 순간을 떠올리는 것은 분명히 고통스러운 일이다.

고통은 그것을 이겨낼 때 의미가 있다. 이 책을 읽고 불평등의 가해 혹은 피해 경험으로 고통스럽다면, 근본적인 원인을 해결하기 위해 무엇인가를 할 수 있어야 한다. 우리 모두 작은 행동을 시작할 수 있는 계기를 찾길 기대하면서, 평등으로 가기 위한 불평등의 문을 함께 열어보자.

2020년 7월

구정화

차례

1장 | 정체성에 대한 편견과 혐오가
만들어내는 불평등

2장 · 세계사에 얼룩진 차별과 투쟁의 시간들

3장 | 성별을 둘러싼 불평등 이해하기

4장 | 일상 속 사회적 차별의 다양한 모습들

5장 모두가 존엄한 세상을 위해
생각하고 행동하기

 편견에 바탕을 둔 견해는 언제나 큰 폭력에 의해 지탱된다.

_ 프랜시스 제프리(스코틀랜드 학자, 문학 비평가)

1장

정체성에 대한
편견과 혐오가
만들어내는 불평등

타고난 모습 그대로
평등할 수 없을까?

국가장학금 제도가 있다. 경제적으로 어려운 대학생들이 마음 놓고 공부할 수 있도록 정부에서 지원하는 맞춤형 장학금 제도이다. 맞춤형이라고 부르는 이유는 학생의 성적, 경제적 상황 등에 따라 지원하는 장학금의 액수가 다르기 때문이다.

대학에서는 과목별로 A+부터 F(낙제)까지 성적을 준다. 학생들은 보통 한 학기에 6~8과목의 강좌를 듣는데, 한 학기의 성적 평균이 B 이상이어야 국가장학금 신청이 가능하다. 그런데 성적이 충족되었다고 해도 모두 다 국가장학금을 신청할 수 있는 것은 아니다. 가족의 재산에 따라 신청을 하지 못하거나 제한받는 학생들이 있다. 보통 가족의 소득 분위가 9분위 이상인 경우에는 신청이 제한된다.

소득이 9분위라는 것은 어떤 뜻일까? 전체 가구의 소득 순서를 정해서 10등분을 했을 때 가장 소득이 낮은 가구 10퍼센트가 속한 집단이 1분위, 두 번째 낮은 가구 10퍼센트가 속한 집단이 2분위이다. 가장 소득이 높은 가구 10퍼센트가 속한 집단이 10분위, 두 번째 높은 가구 10퍼센트가 속한 집단이 9분위이다. 따라서 가족의 소득이 9분위인 학생은 자신이 속한 가구의 소득이 우리나라 가구 전체의 상위 20퍼센트에 속하므로 국가장학금을 신청할 수 없다.

소득 분위에 따라 국가장학금 액수도 달라진다. 1분위가 더 많은 장학금을 받고 8분위로 갈수록 적게 받는다. 그렇다면 학생이 속한 가구의 소득이 5분위이고, 이전 학기 평균 성적이 A0라면 국가 장학금을 받을 수 있을까? 이 조건이어도 불가능한 경우가 있다. 학생이 다니는 대학이 국가장학금 지급 조건과 관련한 제한 등급에 속하지 않아야 하는 것이다.

교육부에서는 대학의 다양한 교육 여건을 고려하여 '대학구조개혁평가'를 한다. 평가 결과에 따라 대학별로 A, B, C, D, E등급을 부여한다. 더 좋은 교육 여건을 가진 대학은 A를, 교육 여건이 나쁜 대학은 D, E를 받는다. D, E등급을 받은 대학의 재학생들은 국가장학금 신청이 어렵게 된다.

그러니 국가장학금을 신청할 때에는 세 가지의 등급을 고려해야 한다. 나의 성적, 내가 속한 가구의 소득 그리고 내가 다니는 대학의 평가 결과이다.

대학 외에도 우리 사회의 많은 분야에서 다양한 등급을 매기며, 그것은 우리 삶에 큰 영향을 미친다. 그런데 이렇게 등급을 구분하는 것은 불평등일까, 아닐까?

사회 계층화에 대한 두 가지 시선

가구 소득에 따라 1분위에서 10분위까지 층을 이루게 되면 아래에 서는 집단과 위에 서는 집단이 생긴다. 이는 사회에서 희소가치를 다르게 분배한 결과에 따라 사회 구성원을 각기 다른 사회적 위치로 서열화한 것이다.

희소가치란 무엇일까? 한 사회에서 누구나 가질 수 있는 것이 아니라 일부만이 가질 수 있는 가치있는 어떤 것을 말한다. 예를 들어 '소득'이나 '명예'는 사회에서 중요하게 여기는 희소가치로 사회 구성원에게 동등하게 배분되지 않고 차등적으로 배분된다.

희소가치를 배분하는 기준은 해당 가치에 따라 다르다. 소득의 경우는 대체로 일을 하는 정도에 따라 임금을 결정하고, 명예는 사람들의 지위나 학력, 평판 등에 따라 존중 정도가 결정되는데, 이 과정에서 차등적인 배분이 일어난다. 이렇게 소득이나 명예 등을 고려하여 높은 순서에 따라 집단을 나누어 서열화한 것이 바로 사회 계층화이다.

이렇게 사람들을 서열화하여 층으로 구분한 사회 계층화에서 사회 불평등 현상을 파악할 수 있다. 그런데 사회 불평등은 소득, 명예 등에서만이 아니라 다양한 양상에서 살펴볼 수 있다. 우선 이런 사회 계층화에 대한 의견을 살펴보자.

먼저 사회 계층화를 둘러싼 논쟁 중 하나로, 희소가치를 차등 분배하고 사회적으로 계층을 나누는 것이 당연하다는 입장과 문제라는 입장이 있다. 기능론과 갈등론의 주장이다.

기능론은 '사회 계층화는 사회적으로 필요하다'고 주장한다. 기능론에 따르면 사회를 구성하는 하위 요소들이 사회 내에서 각기 중요한 기능을 하기에 사회가 정상적으로 유지되는 것이다. 예를 들어 학교는 사회에서 강조하는 내용을 학생들에게 가르쳐 사회 유지에 필요한 기능을 하고 있다.

이에 따라 희소가치나 한정된 자원을 차등적으로 분배하는 것, 즉 일한 정도나 직업의 종류에 따라 월급을 달리 주는 것은 당연하고 자연스러운 일이다. 중요한 일을 하는 사람에게 더 많이, 그렇지 않은 일을 하는 사람에게 더 적게 분배해야 그 사회가 제대로 작동하기 때문이다.

예를 들어 의사는 사람의 생명을 다루기에 매우 중요한 직업이다. 그런데 그 직업을 수행하기 위해 배우고 수련하는 데 드는 비용 등을 고려하지 않고 적은 월급을 주면 어떻게 될까? 의사를 하려는 사람들이 줄어들 것이다. 따라서 많은 월급을 주는 것은 고비용을 들여 고도의 훈련을 받고 의사가 되려는 사람에게 동기를 제공한다. 즉 희소가치인 소득(월급)의 차등 분배와 같은 사회 불평등은 사회 발전을 위한 것이다.

결론적으로 기능론은 사회적으로 중요한 직업의 가치를 높게 평가하는 '차등적 분배'가 사회 유지에 도움이 된다고 본다. 그러니 사회 계층화는 어쩔 수 없이 필요한 것이며, 개인의 노력에 따라서 차등 분배되기에 노력하면 계층이 바뀔 수 있으므로 문제되지 않는다.

반면 갈등론은 '사회 계층화는 사회 갈등을 가져온다'는 입장이다. 이 이론은 사회를 구성하는 요소나 구성원이 그 사회에서 중요하게 여기는 희소가치를 놓고 서로 갈등하는 측면을 강조한다. 예를 들어 학교 교육에서 어떤 내용을 가르칠 것인가에 대하여 여러 집단의 갈등이 있을 때, 결국은 그 사회에서 힘, 즉 권력을 가진 집단이 주장하는 내용으로 결정된다고 본다.

사회는 '사회에서 중요하게 여기는 희소가치를 많이 가진 기득권층(지배집단)'과 '그렇지 않은 집단(피지배집단)'으로 구성된다. 문제는 사회적으로 중요한 결정을 하는 기득권층이 희소가치를 분배할 때의 기준을 기득권층에 유리하게 정한다는 것이다.

사회적으로 중요한 직업이나 일이어서 월급을 많이 받아야 한다는 것은 사실 그것이 정말로 중요해서가 아니라 그런 직업을 가진 사람들이 기득권층이기 때문에 생긴 결과이다. 예를 들어 정치인, 의사, 변호사 등과 같이 사회적으로 중요한 직업군에 속한 사람들이 사회적 의사결정을 주로 하고 있다.

갈등론에 따르면 기득권층은 사회적으로 중요한 직업을 얻기 위한 자격증을 까다롭게 만들고 그것을 얻는 과정도 복잡하게 만든다. 그리고 사회적으로 중요한 일이라고 사람들이 여기도록 어려운 전문 용어를 사용한다. 이를 통해 사람들에게 그 일은 아무나 해서는 안 된다고 생각하게 만드는 것이다.

따라서 소득 등과 같은 희소가치를 다르게 분배하여 나타나는 사회 계층화, 즉 사회 불평등 현상은 사회적 갈등을 가져오는 사회 문제이며 이런 상황을 고쳐 나가야 사회가 발전할 수 있다고 주장한다.

희소가치의 차등 분배를 사회적으로 필요하고 당연하다고 주장하는지, 아니면 사회 문제라고 인식해 개혁해야 한다고 주장하는지에 따라 사회 계층화 현상에 대한 평가가 다르다. 여러분은 어떤 입장을 지지할 것인가?

그런데 기능론을 지지하더라도 차등 분배의 격차가 사회 구성원이 동의하기에 너무 극심하다면 그것도 당연하다고 인정할 것인가? 누구나 노력하면 정말 개천에서 용이 날 수 있는지에 대해 의문을 제기한다면 어떻게 할 것인가? 더불어 분배 과정에서 개인의 정체성으로 인해 불이익을 받을 수 있다는 주장에 어떻게 답할 것인가? '좋은 대학 입학', '좋은 회사 취업' 등과 같은 희소가치를 부모 찬스를 사용해 얻는 것도 인정할 수 있는가?

이처럼 차등 분배 과정에는 사회가 수용할 수 없을 정도로 정의롭지 못한 경우가 발생할 수 있다. 우리는 이러한 문제 앞에서 어떤 선택을 해야 할까?

 ## 정체성이 평등의 조건이 되는 사회

현대 사회는 개인의 노력으로 사회적 지위 이동이 자유롭다고 한다. 그런데 노예 제도나 신분 제도, 카스트 제도처럼 출생 때부터 사회적 지위가 정해진 것이 아님에도 현재 자신이 가진 정체성 때문에 차별받는 사람들이 있다.

키가 어느 정도로 큰 사람만 입사 시험을 볼 수 있고, 그렇지 않은 사람은 입사 서류조차 내지 못하게 한다면 어떨까? 가구 소득이 5분위 이상인 사람의 자녀만 입사 서류를 낼 수 있고, 4분위 이하인 사람의 자녀는 내지 못하게 제한한다면 어떨까? 이는 개인의 노력으로 바꿀 수 없는, 이미 개인이 가진 위치 그 자체에 의해서 나타나는 차별이자 불평등이다.

여기서 개인의 위치는 그가 가진 조건이 결정한다. 이 조건은 성별, 장애 유무, 성적 지향, 인종, 민족, 건강, 결혼 여부, 출신 지역, 외모, 연령 등매우 다양하다. 삶의 조건에 따라 대우가 달라지고 기회 제공과 박탈이 결정되는 사회를 우리는 일반적으로 불평등하다고 이야기한다. 그런데

여기서 말하는 개인의 조건은 대부분 그 사람이 가진 정체성과 관련한 경우가 많다.

그렇다면 개인의 정체성에 대한 차별은 왜 문제가 될까? 다음은 오늘날 대부분 나라의 헌법에 반영되어 있는, 1776년 미국 독립선언문의 내용 중 일부이다.

"우리는 다음의 진리들을 자명한 것이라고 생각한다. 모든 사람은 평등하게 창조되었다. 모든 사람은 조물주에 의해 양도할 수 없는 권리를 부여받았다. 그러한 권리 가운데는 무엇보다 생명권, 자유권, 행복추구권이 있다."

"모든 사람은 평등하게 창조되었다"라는 표현에서 '모든 사람'에 주목해 보자. 미국의 독립선언문이나 이에 영향을 받은 프랑스 인권선언 등에 등장하는 모든 사람은 사실 '모든' 사람이 아니라 '백인 남성 유산자'들이다. 백인 남성, 그중에서도 재산을 가진 자들에게 다양한 권리를 부여한 것이다. 그 이후 한참이 지나서야 재산의 여부와 상관없이, 그리고 여성에게도, 유색 인종에게도 '모든 사람'이라는 지위가 생겼다.

미국 독립선언문에서 말하는 '평등'에 대해서도 살펴보자. 무엇이 평등하다는 것일까? 프랑스 인권선언의 제목인 '인간과 시민의 권리 선언'을 고려하면, 아마도 시민이라는 지위에서 평등하다는 의미일 것이다. 여기서 말하는 시민은 자신이 살아가는 공동체 내에서 자유롭게 의견을 내고, 결정할 수 있는 정치적 권리를 갖는다. 선거권이 대표적이다. 그래서 평등은 '개인들이 ~할 자유에 대한 권리가 동등하다'라고 이해할 수 있다.

그런데 평등을 이렇게만 이해하면 앞에서 살펴본 사회 불평등에서 말하는 '불평등'을 제대로 이해할 수 없다. 불평등을 제대로 이해하기 위해서는 개인이 가진 조건에 따라 발생하는 차등적 분배와 그 결과에 따른 차이(혹은 격차)로 사회적 지위가 불평등해지는 부분에 대해서도 생각해 보아야 한다.

이때 고려할 것이 바로 개인의 정체성 혹은 특정 집단에 속한 결과로 나타나는 정체성이다. 모든 인간이 시민이라는 지위에서 평등해졌다고는 하나 여전히 인종, 민족, 성별, 성적 지향, 장애, 지역, 신체, 외모, 연령 등 정체성과 관련한 개인의 조건에 따라 차별받는 사람들이 있다.

앞에서 사회 불평등을 설명하면서 예를 든, 직업 종류에 따라 월급을 달리 받는 경우와 개인의 정체성에 따라 월급을 달리 받는 경우를 생각해 보자. 직업을 준비하는 과정에 들어가는 비용이나 직업별 중요도 등이 다르다는 점을 인정하면 직업 종류에 따라 월급을 달리 받는 것을 비합리적이라고 문제 삼지 않을 수 있다.

반면에 동일한 학력을 가진 두 사람이 동일한 직업에 종사하면서 동일한 작업량을 했음에도 피부색에 따라 누구에게는 많은 월급을, 누구에게는 적은 월급을 준다면 비합리적이라며 문제 제기를 할 것이다. 왜냐하면 피부색과 같이 개인이 가진 정체성은 본인이 어찌할 수 없는 부분이며 그것이 월급을 결정하는 요인이 아니기 때문이다.

'모든' 인간이 존중받기 위해

이 책에서는 주로 개인의 정체성과 관련하여 경험하는 불평등에 대하여 이야기할 것이다. 왜 개인의 정체성과 관련한 불평등에 특별히 관심을 가져야 할까?

첫째, 앞에서도 이야기했듯이 개인이 가진 정체성은 대부분 우연히 갖게 된 것으로 그 특성에서 벗어나기 어렵기 때문이다. 피부색, 성별, 외모 등으로 이야깃거리가 되거나 차등 분배를 받게 되더라도 그것은 노력해서 바꿀 수 있는 것이 아니다. 즉, 바꿀 수 없는 조건인 경우가 대부분이기에 개인이 겪는 고통은 더 극심하다.

둘째, '개인의 발견'이라고 불리는 다양성의 시대에 정체성을 문제 삼는 것은 시대정신에 어긋나기 때문이다. 현재 우리가 살아가는 시대는 과거 그 어느 때보다도 집단이나 공동체를 넘어 개인을 강조한다. 이는 개인의 고유성을, 존재 그대로의 개인을 인정하는 것이다.

마태 효과
∙∙∙∙∙∙∙∙∙∙∙∙∙∙∙∙∙∙∙∙∙∙∙∙
부유한 사람들은 더 부유해
지고 가난한 사람들은 더
가난해지는 현상.
성경의 「마태복음」에서 나
온 "무릇 있는 자는 받아 넉
넉하게 되되 없는 자는 그
있는 것도 빼앗기리라"(「마
태복음」, 13장 12절)라는 구절
에서 유래한 표현이다.[1]

정체성을 바탕으로 사람을 구분하는 차별은 현재 우리 인류가 추구하는 삶의 방향을 역행하는 것이다. 따라서 이에 대하여 문제 제기하고 관심을 갖는 것은 자신의 정체성을 인정받으며 살아가려는 동시대의 모든 인간이 해야 할 당연한 임무이다.

셋째, 마태 효과(Matthew effect)*를 막기 위해서이다. 마태 효과는 빈익빈 부익부 현상을 말한다. 사회적으로 낮은 위치에 있는 사람들은 이미 그 사회의 제도적인 측면에서 약자인 경우가 많다. 정체성을 빌미로 이미 약자인 사람들을 차별한다면 결국 없는 자는 최소한의 것도 빼앗길 수 있다.

넷째, 우리 스스로 성찰하고 더 나은 공동체를 만들기 위해서이다. 정체성과 관련한 불평등은 사실 편견, 고정관념, 차별, 혐오 등의 양상으로 광범위하게 작동한다. 불평등의 대상이 되는 사람들의 삶은 그 자체로 힘겨움과 고통으로 점철된다. 이것은 동일한 존재로 태어난 '모든 인간'이 함께 살아가는 공동체 구성원으로서 서로 해서는 안 되는 일이다.

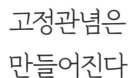

고정관념은
만들어진다

　　한 대학교에 외부인이 대학교수라고 속이고 약 4개월에 걸쳐 빈 강의실이나 연구실을 드나들면서 금품을 훔치다 잡힌 사건이 있었다.[2] 대학교 강의실이나 연구실은 외부인이 함부로 드나들기 어렵다. 그런데 어떻게 오랜 기간 사람들을 속이면서 쉽게 드나들고 도둑질까지 할 수 있었을까? 그가 정장을 입고 대학교수 행세를 했기 때문이다. 그의 차림을 보고 모두 대학교수라고 속은 것이다.

　여러분이 생각하는 대학교수의 이미지를 떠올려보라. 아마도 50대 정도 연령에, 희끗희끗 흰머리가 나고 깔끔한 양복을 입은 중후한 남성의 이미지를 떠올릴 것이다. 대학교에서 도둑질을 하다 잡힌 사람이 바로 이런 모습이었다.

　대학교수는 특정한 전공 분야의 전문가로서 연구와 강의를 주로 하는 사람이다. 그러니 그가 여자든 남자든, 30대든 50대든 상관없다. 정장 차림도 교수의 조건이 되지 못한다. 그러니 우리가 생각하는 대학교수의 이미지는 실제 교수와 일치하지 않을 경우가 더 많다.

이처럼 우리는 일상에서 어떤 사람들에게 특정 이미지를 적용하여 인식하는 경험을 종종한다. "어머 저 학생, 얼굴이 맑게 생겨서 공부 잘할 것 같지 않아?"라고 말하는 경우를 보자. 얼굴이 맑은 것과 공부를 잘하는 것은 논리적으로 상관이 없다. 그런데도 어느 집단에 속한 사람들의 특성과 상관없는 것을 엮어서 사실인 것처럼 말하는 일이 자주 있다. 또는 그 집단에 속한 사람의 특성 중 일부만을 보고 오해하는 경우도 있다.

이미지로 사람을 판단하는 것, 우리는 왜 이런 경험을 할까? 바로 우리가 가진 편견과 고정관념 때문이다.

편견과 고정관념, 무엇이 다를까?

자신을 소개할 때 '형제자매 없이 자란 외동'이라고 말하기 싫어하는 사람이 있다. 다른 사람들에게서 "형제자매 없이 혼자 자라서 사회성이 부족하겠다"는 평을 듣기 싫어서 그렇다고 한다. 실제로 외동은 사회성이 부족할까? 연구 결과[3]를 보면, 아동의 사회성에 영향을 주는 요인은 형제자매가 있느냐보다 부모의 양육태도라고 한다. 그러니 '외동'과 '사회성 부족'을 연결 짓는 것은 사실 잘못된 생각이다.

그럼에도 사람들이 그렇게 생각하는 이유는 무엇일까? 편견 때문이다. 특정 집단에 대하여 한쪽으로 치우친 의견이나 견해를 가진 태도를 편견(偏見, prejudice, bias)이라고 한다. 편견의 내용은 주로 해당 집단에 대한 부정적 평가인 경우가 많다.

예를 들어 특정 인종에 대해 "그 사람들은 미련해" 또는 "그 사람들은 매우 지적이야"라고 말하는 것이 편견이다. 미련하거나 지적인 것은 인종과 상관없는 특성이기 때문이다.

그렇다면 고정관념(固定觀念, stereotype)은 무엇일까? 특정 집단이나 대상이 가진 특징을 과도하게 일반화하거나 잘못 일반화한 것을 말한다. 예를 들어 아프리카 대륙에 대해 야생 동물, 사막 등을 떠올리는 사람은 많겠지만, 도시를 떠올릴 사람은 적을 것이다.

아프리카를 여행하면 야생 동물이나 사막을 관찰할 수 있지만, 도시를 지날 수도 있다. 나이지리아의 라고스는 서울과 인구가 비슷한 대도시이다. 이 외에도 아프리카에는 킨샤사, 카이로, 알렉산드리아, 요하네스버그 등 다양한 도시들이 있다. 그런데도 사자, 치타 등 야생 동물만 떠올리는 것은 바로 아프리카에 대한 고정관념 때문이다.

편견과 고정관념의 차이는 무엇일까? 해당 집단과 무관한 특성으로 그 집단에 대하여 부정적인 평가를 한다면 편견이다. 반면에 해당 집단이 가진 일부 특성만으로 그것이 해당 집단의 전체 특성인 것처럼 평가하는 것은 고정관념이다. 예를 들어 여자아이를 모두 치마 입은 모습으로만 그린다면 '여자는 치마만 입는다'는 고정관념을 가진 것이다. 반면에 '여자는 중요한 의사결정을 못한다'라고 하면, 이는 편견이다.

그러나 오늘날 많은 사람이 이 두 개념을 명확하게 구분하지 않고 사용한다. 이 책에서도 어떤 사람이나 집단에 대하여 부정적인 평가를 하는 것에 대하여 상황에 따라 편견 혹은 고정관념으로 혼용하여 사용할 것이다.

드라마에서 익숙한 장면이 반복되는 이유는?

우리가 본 수많은 드라마를 생각해 보자. 남자 주인공은 부유하고 능력 있고 멋진데 사람을 무시하는 경향이 있다. 여자 주인공은 순진하고 착하며 예쁜데도 불구하고 자신이 예쁘다는 것을 잘 모른다. 우연히 만나 서서히 사랑에 빠진 두 사람. 그다음 스토리도 상상이 가능할 것이다.

드라마에서 예상하던 그대로 장면이 전개될 때, 평론가들은 해당 장면이나 스토리에 대하여 '클리셰(cliché)를 따랐다'라고 한다. 여기서 클리셰는 진부한 표현이라는 뜻의 프랑스어로 원래는 인쇄에서 사용하는 '연판'을 뜻하는 말이다.[4]

연판은 금속활자로 된 원판의 모양을 본뜬 것으로, 인쇄물을 찍어내는 데 사용한다. 그래서 클리셰는 말 그대로 복제하는 행위와 관련이 있다. 쉽게 말해 '판에 박힌' 익숙한 장면, 그래서 진부한 장면이나 대사를 클리셰라고 한다. 그런데 클리셰와 같은 뜻으로 사용하는 영어 표기가 바로 스테레오타입(stereotype)이므로 클리셰도 고정관념이라고 번역할 수 있을 것이다.

드라마에서 익숙한 그 장면이 꼭 등장하는 이유는 사람들이 가진 고정관념을 반영한 결과이다. 드라마는 현실의 반영이라고 했으니, 우리가 일상에서 가지고 있는 고정관념들이 바로 드라마에서 지속적으로 재현되는 클리셰를 만들어내는 원천이지 않을까?

고정관념이라는 개념을 처음 설명한 미국의 시사평론가 월터 리프먼(Walter Lippmann)[5]은 사람들이 고정관념을 갖는 이유에 대하여 사회에서 고정관념을 학습하기 때문이라고 설명한다. 어떤 이유로 고정관념이 만들어지면 사회 구성원이 그 사회에 존재하는 인식의 내용이나 방식을

그대로 받아들이면서 특정한 이미지를 학습하여 갖게 된다는 것이다.

사회마다 어떤 대상이나 집단에 대한 특정 이미지를 가지고 있다. 이 것은 과거 한 시기에 해당 집단이 가진 유사한 특성만을 고려하여 그 집 단을 이해한 결과일 것이다. 이후 그 고정관념은 다음 세대로 전달 및 유지된다.

어릴 적 살던 동네에 '홍도'라는 거지가 있었다. 대부분 부모가 말 안 듣는 자녀에게 입버릇처럼 말했다. "홍도는 고아여서 거지가 되었어. 너 도 부모 말 안 들으면 집에서 내보낼 거야. 그러면 고아가 되고 홍도처럼 거지가 될 거야."

실제 홍도의 사연과 상관없이 부모들이 '고아인 홍도가 거지다'라는

교과서에 담겨 있는 고정관념

교과서에 고정관념이 반영되어 있는지 살펴보는 연구들이 진행되고 있다.
연구 결과를 보면 교과서에 성별, 연령, 외모, 장애, 인종 및 민족 등에 대한
고정관념이나 편견이 반영된 삽화나 사진이 여전히 나타난다고 한다.
직장생활을 하는 여성도 있고 집안일을 하는 남성도 있는데, 여성은 집안일
을 하는 모습으로, 남성은 직장생활을 하는 모습으로 등장한다. 성별에 따른
고정관념이 반영된 것이다.
이런 삽화나 사진은 사회 구성원에게 특정 집단에 대한 편견이나 고정관념
을 강화시킨다. 최근에는 교과서에 나타나는 편견과 고정관념에 대한 연구
들이 진행되면서 교과서 삽화나 내용에 등장하는 사람이나 집단의 다양성
을 반영하는 방향으로 점차 개선되고 있다.

고정관념을 자녀에게 만들어주는 것인데, 부모들이 이런 고정관념을 형
성한 것은 아마도 6·25 전쟁 때 부모를 잃은 고아들이 거지로 살아가는
것을 본 경험 때문일 것이다. 어쨌든 이 고정관념에 대하여 아무런 의심
없이 자신의 아이들에게도 전달하고 있는 것이다.

 고정관념 속에 숨은 의도를 찾아라

그런데 가만 생각해 보면 부모들이 홍도라는 거지에 대하여 '고아'라
는 고정관념을 씌운 이유는 따로 있지 않을까? 부모들은 자신의 자녀를

교육하기 위한 하나의 방안으로 '고아＝거지'라는 고정관념을 이용하여 '공부 안 하면 버림＝고아＝거지'라는 고정관념을 활용하고 있었던 것은 아닐까?

이를 국가나 사회로 확대해 보면, 종종 사회의 필요에 따라 특정 집단에 대한 고정관념을 의도적으로 만든다는 것을 확인할 수 있다. 일제 강점기에 조선총독부는 『조선인의 사상과 성격』[6]이라는 책을 만들었다. 이 책에서는 조선인이 지리적·문화적으로 열등한 존재이고 수많은 성격 결함이 있는 민족이라고 말한다. 식민 지배에 편리하게끔 자신들이 원하는 방식으로 부정적인 한국인의 이미지, 즉 고정관념을 만든 것이다.

어떤 집단에 대한 고정관념은 그 사회에서 의도적으로 만든 발명품일 수 있다. 특히 사회 통치를 유리하게 하려는 목적을 담아서 만들어낼 수 있다. 의도적으로 만들어진 고정관념은 공식적이거나 비공식적인 방법을 통해서 사회 전반으로 확산해 나간다. 그 결과 사회 구성원 다수가 그것이 정말 당연한 것처럼 믿게 되고, 고정관념은 더욱 공고해진다.

이렇게 보면 한 사회가 가진 고정관념은 사회의 질서를 유지하기 위한 것이면서, 고정관념의 대상을 되는 집단과의 다름을 부각하기 위한 것이기도 하다. 고정관념의 대상이 되는 집단은 대체로 우리와 다른, 외부 집단인 경우가 많다. 그래서 만나보지도 못한 여러 집단에 대하여 고정관념을 가지고 있는 자신을 종종 발견하게 된다. 이런 고정관념이 누적되면, 해당 집단에 대한 긍정적인 경험을 하더라도 그것을 수용하기보다는 기존에 가지고 있던 익숙한 부정적 고정관념으로 판단할 가능성이 높다.

고정관념, 스테레오타입, 클리셰, 연관⋯⋯. 이렇게 연관해 생각해 보면 한번 만들어진 고정관념이 쉽게 없어지지 않는다는 것을 금방 눈치

사회불안을 잠재우는 수단

일제강점기에 일본에서 큰 지진이 나서 수많은 사람이 죽고 사회적으로 혼란스러웠을 때, "조선인들이 약탈을 일삼고 있다"라거나 "조선인들이 우물에 독을 탔다"라는 유언비어가 퍼졌다. 이로 인해 당시 일본 땅에 이주해 있던 수많은 한국인은 일본인들의 폭력에 희생되었다. 말도 안 되는 유언비어가 일본인들에게 먹힌 이유는 당시 일본 지배계층이 의도적으로 만들어낸 조선인의 부정적인 이미지가 큰 역할을 했을 것이다.

그런데 그런 유언비어를 퍼뜨린 이유는 무엇일까? 아마도 당시 일본의 지배계층은 피해를 입은 자국민의 저항이나 불만을 받아낼 대상이 필요했을 것이다. 그래서 고정관념을 이용한 것이다.

독일의 히틀러 독재 시절, 내부에서 불만이 나오자 히틀러는 게르만 민족은 위대하고 유대인은 경제적으로 악랄하다는 등의 고정관념을 만들어냈다. 유대인은 악하다는 이미지를 만들고 적대하여 독일 내부의 결속을 강화한 것이다. 이 고정관념을 통해 독일인들은 히틀러의 전제 정치가 갖는 문제점을 잊어버리게 된다.

전염병이나 사회 문제에 대한 폭동과 같은 사회불안이 발생하면, 정치가들과 지배 집단은 종종 사회적 약자나 외부인에 대한 고정관념이나 편견을 이용한다. 그러면서 사람들의 시선을 그들에게 돌리고, 이를 바탕으로 사회불안을 잠재우려고 한다.

챌 수 있을 것이다. 같은 인쇄물을 수없이 찍어내는 연판처럼 고정관념, 즉 스테레오타입이 한번 형성되면 그것이 수정되지 않고 한 사회에서 지속될 가능성이 크다.

사회 문제와 갈등의 원인이 되다

어떤 집단에 대하여 "저 사람들은 게을러"라고 평가한다고 생각해 보자. 그런데 구성원 모두가 예외 없이 모두 게으를 수 있을까? 고정관념은 특정 집단 구성원 모두를 대상으로 하기에, 그 내용이 일부만 맞다 할지라도 과잉일반화되어 적용된다. 그래서 그런 고정관념과 관련된 특성이 없는 사람들도 오로지 그 집단에 속하였다는 이유만으로 고정관념에 따른 평가를 같이 받게 된다.

고정관념으로 집단을 평가하면, 해당 집단의 구성원들은 그들이 가진 다양한 개인적인 특성이나 장점이 무시되고, 오로지 고정관념으로만 묶이게 된다. 따라서 해당 집단에 속한 구성원 개개인이 가진 다양한 특징이나 장점을 발견하지 못하게 하는 문제를 만들어낸다.

또 다른 문제도 있다. 우리가 어떤 민족이나 집단에 대하여 "저 사람들은 게을러"라는 고정관념을 가진 경우는 그들의 관점이 아니라 우리의 관점에서 평가한 것이다. 그래서 의도하지 않았더라도 그 생각에는 그들이 그렇게 된 이유에 대한 상세한 이해 없이 그저 평가 자체만 남게 된다.

게을러 보이는 생활을 하는 사람들도 사실 그들만의 이유가 있다. 예를 들어 동남아시아의 국가 중 일부는 토지가 비옥하여 열심히 일하지 않아도 생존에 필요한 음식을 쉽게 얻을 수 있어서 부지런하지 않은 생활양식을 가지게 되었을 수 있다. 그러니 그들이 게으르다는 것은 단순히 우리 관점에서 내리는 평가일 가능성이 크다.

또한 앞에서 보았듯이 고정관념은 자신이 속한 내집단과 자신이 속하지 않은 외집단을 구별하여 내집단의 결속을 높이기 위한 수단으로 작동하기도 한다. 특히 정치적으로 내집단의 결속이 필요할 때 외집단에 대한 고정관념을 강조하면 외집단에 문제의 화살을 돌릴 수 있다.

즉, 다른 집단에 대해 의도적으로 만든 고정관념을 활용하여 사회적 갈등을 만들어내 자신의 집단 내부에서 일어나는 중요한 사회 문제를 잊어버리게 하는 것이다. 특히 그 사회의 기득권층이나 집권자들이 자신들의 권력을 유지하기 위해서 종종 사회 내의 특정 집단에 대한 고정관념을 만들어내고 정치적으로 이용하는 속임수에 빠질 수 있다.

그러니 우리가 가진 고정관념은 그냥 단순한 개인 인식의 문제가 아니라 사회적 문제가 될 수 있다. 더 나아가 특정 집단에 대한 근거 없는 차별을 일으키기도 하며, 누군가의 의도로 집단 간 갈등을 만들어내는 원동력이 되기도 한다.

 남학생도 치마를 입을 수 있다

2017년 영국의 한 고등학교에서 남학생들이 치마를 입고 등교했다. 여름철 날이 너무 더워지자 긴바지를 입기 힘들었던 남학생들이 학교에 짧은 바지를 입고 싶다고 요청을 했는데 학교가 이를 수용하지 않자 여학생의 치마 교복을 입고 학교에 나타난 것이었다.

치마를 입은 남학생들은 생각보다 시원하고 편하다고 말했다. 어떤 여학생은 "남학생의 다리에 털이 있다고 보기 흉하다고 이야기하지 않았으면 좋겠다"고 반응했다.[7] 결국 학교는 남학생과 여학생 모두 자신이 원하면 치마든 바지든 선택하게 하는 방안을 모색하겠다고 했다. 학부모들도 남학생들의 이런 행동에 동의 및 지지한다고 밝혔다.

여기서 고정관념은 무엇일까? "남학생은 더워도 긴바지를 입어야 한다"이다. 학교라는 공적인 공간에서는 긴바지를 입는 것이 예의를 차리는 것이라고 보았을 것이다. 이 남학생들은 자신이 고정관념의 희생자가 되는 순간에 그것을 비트는 행위로 '남학생이 치마를 입는 것'을 선택했다.

바로 고정관념의 대상이 되어보기, 고정관념 뒤집기를 해본 것이다. 어쩌면 고정관념은 이 정도로 강하게 저항해야 바뀔 수 있는 것인지도 모르겠다. 그러나 스스로 고정관념의 대상이 되고 난 후에야 고정관념의 문제를 인식하기에는 사실 우리가 일상에서 마주하는 편견이나 고정관념이 많은 편이다.

그래서 우리 모두 주변에서 쉽게 발견할 수 있는 고정관념의 다양한 양상과 문제점을 생각해 보고 이에 대한 논의를 해볼 필요가 있다. 당장 인식이 바뀌지 않더라도 그것이 문제임을 깨닫고, 사회에 확산되지 않도록, 다음 세대로 전달되지 않도록 하는 방안을 모색해야 한다.

정상과 비정상은
누가 결정하는 걸까?

　　〈빌리 엘리어트〉는 2000년에 개봉한 영화이다. 그 당시에
도 꽤 인기를 누렸고, 현재는 뮤지컬로도 공연되고 있다.

　　주인공인 빌리는 영국의 북부 탄광촌에 살고 있다. 이 동네 남자아이
들의 아버지는 대부분 광부이다. 남자아이들은 권투를 배우면서 자라고
아버지들처럼 광부가 되는 삶을 당연한 것으로 여긴다.

　　빌리 또한 다른 아이들과 마찬가지로 거친 말을 사용하는 투박한 남
자아이이다. 그런데 권투 대신 여자아이들이 배우는 발레에 마음을 뺏
기면서 비밀리에 배우게 된다. 그러다 아버지에게 들켜 발레를 그만두게
되고 갈등이 이어진다.

　　여자아이들이나 배우는 발레를 배우려는 남자아이 빌리는 동네 사람
들 눈에 '비정상'이다. 남자아이라면 당연히 주먹을 잘 사용해야 하고 권

투를 배워야 '정상'이다.

영화의 마지막 장면에서 발레리노가 된
성인 빌리가 큰 근육을 한껏 올려
서 비상하는 백조의 모습을 춤
으로 표현하는 장면이 나온다.
이 장면 또한 기존의 〈백조의 호
수〉 발레 작품을 고려하면 비정상
이다. 발레리나의 우아한 백조 대신에
근육질의 발레리노가 그려내는 백조를 볼 줄이야……

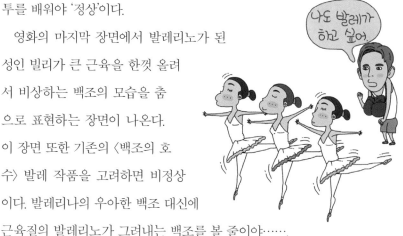

 ## 너무 뛰어나도 안 되고, 너무 부족해도 안 되고

정상(正常, normality)은 '제대로인 상태'를 말한다. 그리고 비정상(非正
常, abnormality, irregularity)은 '정상이 아닌 상태'를 말한다. 정상과 비
정상에서 사용되는 한자는 바를 정(正)과 항상 상(常)인데, 상(常)은 마
땅히 행해야 할 도리 등의 의미를 갖기도 한다. 정상과 비정상의 영어
표기에 등장하는 'norm'은 어떨까? 일반적으로 norm은 표준, 규범, 기
준 등으로 번역할 수 있다.

따라서 정상은 '따라야 하는 기준이나 규범을 항상 행하는 것'으로,
비정상은 '따라야 하는 기준이나 규범을 항상 행하지 않고 벗어난 것'으
로 볼 수 있다. 이에 비추어 보면 탄광촌에서 태어난 남자아이가 권투
대신에 발레를 배우는 것은 비정상 행위일 것이다. 그전에는 그런 사례
가 없었기에 말이다.

우리는 일상에서 종종 이런 말을 한다. "13살짜리가 대학생이라는 것은 비정상이지." "낮에 자고 밤에 일하는 것은 비정상이야." "사람이 3일 동안 잠도 안 자고 공부하는 것은 비정상이야." "학생이 이 시간에 학교에 가야 정상이지." "그때 출발했으면 지금 학교에 도착해 있어야 정상이지."

일상에서 정상이라고 표현하는 것은 대부분 어떤 정해진 기준을 지켰거나 우리가 표준이라고 여기는 상태를 유지하는 것임을 알 수 있다. 이처럼 정상은 사회 대다수가 하는 것이나 사회가 기대하는 것, 사회가 정한 규범을 그대로 지키는 것이다.

반면에 비정상은 정해진 기준을 지키지 않거나, 우리가 표준이라고 보는 상태에서 벗어난 것이다. 표준에서 벗어나면 너무 탁월하거나 부족해도 비정상이라 일컫는다.

 ## 병원 대신 사회가 함부로 내리는 진단

우리가 정상이냐 아니냐에 대해 궁금해하는 대표적인 곳이 바로 병원이다. 병원에 간 사람들은 자신이 신체적·정신적으로 병이 든 상태인지를 확인할 때 정상인지 비정상인지를 묻는다. 병원에서는 정상과 비정상을 어떻게 볼까?

"콜레스테롤 수치가 300이어서 정상 범위에서 벗어났으니, 약을 처방해 드릴게요."

병원에서는 그냥 두어도 되는 상태와 치료가 필요한 상태를 구분하는 기준을 수치로 표현할 때가 많다. 그런데 수치의 경우 보통 범위를 정해서 얼마 이하 혹은 얼마 이상이면 '정상 범위'라고 말한다.

아이의 키와 몸무게도 연령별로 범위를 정하고 그 사이에 있는 경우를 정상 발달이라고 한다. 반면 정상 범위를 벗어난 경우는 비정상이라고 하지 않고, '발달이 빠른 편'이라거나 '문제가 되는 상황' 또는 '발달이 느린 편'이라고 말한다.

조금 다른 경우를 보자. 대체로 사람들은 신체와 관련해 갖출 것을 제대로 다 갖추어야 정상이라고 생각한다. 많은 부모가 태어난 아이의 손가락, 발가락이 10개인지를 물어보면서 아이가 정상인지를 확인한다. 이때 아이의 손가락이 하나 없다고 해서 의사가 태어난 아이를 '비정상'이라고 말하지 않을 것이다. 왼쪽에 있어야 할 아이의 심장이 오른쪽에 있을 때에도 마찬가지이다.

다만 아이의 손가락이 하나 없다거나 심장이 오른쪽에 있다면 생활에 불편을 느낄 수 있는 장애가 있다고 할 것이다. 비정상이 아니라 불편이 있는 정도, 또는 장애가 있는 정도라고 보는 것이다. 그래서 장애인과 비장애인을 장애인과 정상인으로 구분하지 않는 것이 일반적이다.

사람들은 일상에서 자신이나 다른 사람의 정신 상태를 판단할 때 '정상'이라는 표현을 많이 사용한다. 사실 정신건강의학과에서도 정상이라는 표현을 사용하는데, "신체적, 심리적, 사회적으로 완전히 잘 지내는 상태"(세계보건기구의 정의) 또는 "한 사람의 행동이나 성격적 특성이 전형적이거나 적절한 표준에서 벗어나지 않아서 받아들일 만한 수준"(정신건강의학과 관점)을 정상으로 본다.[8]

정신건강의학과에서 사람의 정신건강에 대하여 '정상'인지를 판단하는 기준은 매우 복잡하고 다양하다. 그만큼 정상이 아닌 상태를 구분하는 것이 어렵고 정상이 아니라고 했을 때 미치는 영향력이 크기 때문이다. 다양한 관찰을 통해 복합적인 기준을 적용하여 정상에서 벗어난 상태라고 진단한 경우에도 그 목적은 치료가 필요한 상태인지를 결정하기 위한 것이다.

이렇듯 의사들은 비정상이라는 표현 대신 '장애가 있는 상태'나 '해당 부분에 대하여 어떤 증상이 나타나는 상태'라고만 표현한다. 그럼에도 우리 주변에서는 의사들이 말하는 증상을 듣고서 그것을 일반적으로 적용하여 비정상이라고 반응하는 경우가 많다.

초등학생인 자녀가 ADHD(주의력결핍 과잉행동장애)가 아닐지 걱정하며 병원을 방문하는 부모들이 늘고 있다. 주로 아이가 어떤 일에 집중하지 못할 때, 쉽게 말해 산만한 경우에 그렇다.

이때 주변에서 "초등학생이 산만한 게 뭐 문제야. 그 나이에는 당연한 거지"라고 말하면 부모는 걱정하지 않을 것이다. 그러나 몇몇이 "어머, 애가 저렇게 산만하니 ADHD 같아요. 검사 한번 해봐요" 하는 순간, 부모는 자녀의 정상 발달에 대해 걱정하게 된다.

이렇게 보면 정상과 비정상은 결국 그 사회가 어떤 것을 당연한 것으로 받아들이느냐의 문제이지 그 대상의 정체성 문제가 아니다. 즉 정상과 비정상은 사회적으로 결정되는 것이다.

 ## 누가 정상이고, 누가 비정상일까?

우리는 일상에서 사람들의 상태나 특성 등에 따라 사회적으로 정상과 비정상을 구분하는 상황을 자주 본다. 어떤 경우일까?

첫째, 주류와 비주류를 구분하여 정상과 비정상으로 나눈다. 보통 남자 작가는 '작가'라고 소개하지만, 여자 작가는 '여류 작가'라고 부른다.

'여류'는 존경을 담은 특별한 존칭이 아니다. 왜 그럴까? 남자 작가는 주류이고 여자 작가는 비주류이기 때문에 작가가 여자인 상황을 비정상적인 것으로 구분하고자 '여류'라는 표현을 붙이는 것이다. 여교사, 여의사, 여판사 등도 마찬가지이다. 이는 성별과 같은 정체성에 따라 정상과 비정상을 구분하는 것이다.

'흑인 의사'도 여의사처럼 정상과 비정상을 구분하는 표현이다. 의사 범주에서 흑인은 비주류여서 비정상적인 상태로 본 것이다. 사실 직업에는 '여', '흑인'이라는 표현을 덧붙이지 않아도 아무 문제가 없다.

둘째, 집단의 지위에 따라 정상과 비정상을 구분하기도 한다. 그 사회에서 주도권을 잡지 못한 낮은 계층을 비정상적인 집단이라 구분하는 경우가 대표적이다. 과거 주류 계층은 낮은 계층의 사람들을 오염된 비정상적인 존재라고 보아 그들과의 접촉을 금지하기도 했다. 지금은 사라졌지만 인도의 카스트 제도에서는 몇 가지 신분에 따른 금기가 있었다.

예를 들어 브라만˚ 계층 집의 부엌에 불가촉천민˚이나 외국인이 들어가 요리하는 것은 금지된 일이다. 불가촉천민이나 외국인을 오염된 불결한 존재로 여겼기 때문이다. 따라서 그들의 손으로 만든 음식도 불결한 것이 된다. 성스러운 존재인 브라만이 오염되는 일을 방지하고자 아예 그들이 요리하는 것을 금지했다.

셋째, 특정한 상태에 처한 경우를 비정상이라고 보기도 한다. 대표적으로 생리를 하는 상황에 처한 여성을 비정상이라고 보았다. 과거 인도에서는 생리 기간 중인 여성이 요리하는 것을 금기시했다. 생리 중인 여성은 피에 오염된 상태, 즉 정상이 아닌 비정상적

브라만
신분 제도의 대표적 사례인 카스트 제도에서 가장 상층에 위치한 계급으로 주로 성직자와 학자가 속한다.

불가촉천민
카스트 제도의 카스트(브라만, 크샤트리아, 바이샤, 수드라)에도 속하지 못한 집단으로 사회의 최하위 계급인 이들을 말하며, 달리트(Dalit)나 하리잔(Harijan)으로 불린다.

상태라고 여겼기 때문이다. 그래서 오염된 몸으로 음식을 만드는 것도 불가촉천민이 음식을 만드는 것과 같이 금지한 것이다. 우리나라도 마을 제사에 생리 중인 여성이 참석하는 것을 막기도 했다. 이 또한 생리하는 여성을 불결하다고 본 것이다. 오늘날에도 이런 금기가 남아 있는 곳이 있다.

넷째, 사회 유지를 위해 필요한 규정을 어기거나 금해야 할 행동을 한 경우를 비정상이라고 보기도 한다. 사람들의 식(食)과 의(衣)와 관련한 금기나 사회에서 권장하는 행동에 반하는 경우에 주로 비정상이라는 잣대를 적용한다. 어떤 종교 지역에서는 돼지고기를 먹는 것을 불결하다고 여겨서 금기한다. 그래서 이 지역에서 돼지고기를 먹는 것은 비정상적인 행위이다. 또한 우리나라를 비롯하여 대다수의 나라에서는 어떠한 경우일지라도 자식이 부모에게 폭력과 위협을 가하면 비정상이라고 할 것이다.

 ## 비정상을 만들고 이용하는 사회

사회적으로 정상과 비정상을 구분하는 과정을 보면 정상에 속하는 집단과 비정상에 속하는 집단 간의 권력 관계가 작동하는 것을 알 수 있다. 즉 정상이라고 분류되는 집단에는 그 사회의 주류이거나 주요 결정을 하는 사람들이 속해 있다. 반면 비정상이라 분류되는 집단에는 비주류이거나 사회적 약자가 속해 있다. 왜 주류 집단은 정상으로, 비주류 집단은 비정상으로 구분될까?

돼지고기 먹는 것을 금기하는 사회를 살펴보자. 이들이 사는 지역은

건조한 곳이어서 사람들이 사용할 물이 부족하다. 그런데 돼지를 사육하기 위해서는 물이 많이 필요하다. 이러한 지역에 사는 사람들이 돼지고기를 먹으면 어떻게 될까? 많은 돼지를 사육하느라 물 부족 현상이 심화되어 사람들의 생존 조건이 위협받을 수 있고, 이로 인해 사회적 혼란이 생기면 해당 지역의 통치가 어렵게 될 수 있다. 이 경우 좋은 결정은 무엇일까? 돼지고기 먹는 것을 종교적 금기로 만들고, 비정상적인 행동으로 규정하는 것이다.

이처럼 사회 구성원의 가치나 행위가 인간의 삶을 위험하게 하거나 통치에 위협이 될 때 사회는 그것을 금지한다. 어떤 집단이 해서는 안 되는 행위도 비정상적인 것으로 규정한다.

결국 '비정상'인 사람 혹은 행동은 사회적으로 만들어진다. 그래서 비정상적인 사람들은 대부분 그 사회의 주류 또는 지배 집단이 원하는 가치를 수용하지 않는 집단이거나 그들 마음대로 부리고 싶은 계층인 경우가 많다.

어느 사회에서나 역사적으로 비정상적 집단의 대표적 존재는 이방인이었다. 과거에나 지금이나 사람들에게 가장 무서운 벌은 자신의 집단에서 추방되어 이방인이 되는 것이다. 오늘날 문학 작품이나 영화에서 이방인의 모습은 거대한 동물로, 귀신으로, 외계인으로, 혹은 좀비로 등장한다. 비정상적인 그들을 없애고 나서야 정상 상태인 평화를 찾는다.

그런데 사람들은 일상에서도 특정 정체성을 가진 사람들을 동물인 양, 귀신인 양, 외계인인 양, 좀비인 양 취급하면서 비정상적인 존재로 구별한다. 고정관념을 가지고 그들에 대해 이야기하고 차별한다. 우리는 어떠한가? 이러한 일에서 과연 자유로울 수 있을까? 우리 또한 가해자일 수도 있고 피해자일 수도 있다.

4

혐오의 시대,
차별을 넘어 혐오로

〈래러미 프로젝트〉라는 영화를 들어본 적이 있는가? 1998년 10월 어느 날 미국 와이오밍주 래러미라는 지역에서 한 남자가 울타리에 묶인 채 죽은 사건과 그 사건 이후에 생긴 마을의 변화 등을 다룬 영화이다.

영화에 등장하는 살인은 실제 일어난 사건이다. 피해자는 20대 초반인 매슈 셰퍼드. 와이오밍 대학교에 다니던 그는 래러미의 한 술집에서 만난 동네의 20대 남성 두 명이 집까지 태워 준다고 하자 그들의 차를 타게 된다. 래러미 외곽으로 차를 몰고 간 가해자들은 매슈의 금품을 빼앗은 후, 그를 울타리에 묶고 잔혹한 폭행을 가한 다음 떠나 버린다. 울타리에 묶인 상태로 열 몇 시간이 지난 후 지나가던 사람이 매슈를 발견한다. 병원으로 옮겨진 그는 며칠 후에 사망한다.

가해자인 두 명의 청년이 검거된 후 살인을 한 이유가 밝혀졌다. 매슈가 동성애자였기 때문이다. 가해자들은 감형 없는 종신형을 선고받는다. 그런데 매슈의 장례식에 몇몇 종교 단체가 동성애 혐오 내용이 담긴 팻말을 들고 시위를 벌였다.

이 사건이 발생하기 몇 개월 전인 1998년 6월, 미국 텍사스주의 재스퍼에서도 살인 사건이 있었다. 피해자는 제임스 버드 주니어라는 흑인이었다. 그는 백인 우월주의자 세 명에 의해 트럭 뒤에 매달려서 5킬로미터를 끌려가다 결국 비참한 죽음을 맞이했다. 범인들은 그의 시신을 그 지역의 흑인 묘지 앞에 버리고 도망쳤다. 그가 흑인이라는 것이 잔혹한 범죄의 동기였다. 가해자 세 명 중 두 명은 사형을, 다른 한 명은 종신형을 선고받았다.

매슈 셰퍼드와 제임스 버드 주니어의 죽음. 이 두 죽음은 그들이 남에게 무엇인가를 잘못해 개인적인 원한을 샀기 때문도 아니며, 우발적인 상황에서 불가피하게 일어난 것도 아니다. 그들은 오로지 동성애자라서, 흑인이라서 살인의 피해자가 된 것이다. 단순히 개인이 가진 정체성에 대한 혐오 때문에 일어난 범죄이다. 두 사건 이후에 미국에서는 이런 사건을 예방하고 처벌하기 위한 법이 통과되었다. 바로 「매슈 셰퍼드-제임스 버드 주니어 증오 범죄 금지법안」이다.

2016년 5월 17일 서울 강남역. 새벽 1시경에 노래방 건물의 남녀공용 화장실에서 여성 살해 사건 발생하였다. 오래지 않아 잡힌 범인은 남성이었다. 조사 결과 그는 화장실에서 오랜 시간 남성이 아닌 '여성'이 나타나기를 기다렸다가 살인을 한 것으로 밝혀졌다. 언론에서는 오로지 여자라는 이유만으로 살인을 당했다는 점에서 여성 혐오 사건이라고 이야기하기 시작했다. 이 사건 이후 한국 사회에서 '혐오'에 대한 사회적 논의가 본격적으로 형성되기 시작했다. 도대체 혐오란 무엇일까?

 ## 공포·분노·혐오, 무엇이 다를까?

혐오는 인간이 갖는 감정 중 하나이다. 최현석 박사의 『인간의 모든 감정』이라는 책에서는 미국의 심리학자인 폴 에크만(Paul Ekman)이 인간의 얼굴 표정을 기준으로 구분한 여섯 가지 감정(공포, 분노, 행복, 혐오, 슬픔, 놀람)에 대해 설명한다. 여섯 가지 감정 중 행복을 제외하고는 대부분 부정적인 감정이다.

그런데 부정적인 감정 간에도 미묘한 차이가 있다. 이 중에서 사람들이 구분하기 어려워하는 것이 바로 공포, 분노, 혐오 감정이다.

두려움이나 무서움을 느끼는, 공포
분명히 혼자 집에 있는데, 조용한 상황에 어디선가 부스럭거리는 소리가 날 때 우리는 공포를 느낀다. 한적한 길을 홀로 걷고 있는데 갑자기 동물이 나타날 때 느껴지는 감정도 공포다. 귀신 영화를 보고 난 후 귀신이 나올 것 같아 느끼는 무서움도 포함된다. 모르는 곳에서 낯선 사람이 도와준다고 하는 경우에도 느낄 수 있다.

공포는 왜 느끼는 것일까? 예능 프로그램에서 검은 천으로 가려진 박스에 손을 넣어 그 안에 든 것을 맞추는 게임을 본 적이 있을 것이다. 박스에 들어 있는 물품은 일상에서 사용하는 친근한 것이 대부분이다. 그런데도 그것을 가려 놓는 순간 그것을 만지는 사람의 얼굴에는 공포가 가득하다. 이렇듯 익숙한 것도 그 실체를 모르면 사람들은 공포를 느끼게 된다.

공포 감정은 자신이 어찌할 수 없는 위험한 상태일 때, 또는 갑작스럽게 외부의 위협을 받을 때 느낀다. 대부분이 내가 통제할 수 없는 상태이다.

한편 사람들에게 공포라는 감정을 유발하는 대상은 대부분 나보다 힘이 세거나 나를 위험에 처하게 하는 존재인 경우가 많다. 대체로 귀신, 도둑, 뱀, 낯선 사람 등이 공포의 대상이다. 어두움, 낯선 공간, 처음 경험해 보는 것 등 특정 상황이 공포를 만드는 경우도 많다. 대부분 이질감이 있거나 무의식적으로 징그럽다고 생각하는 것이거나 경험해 보지 않은 것들이 공포 감정을 유발한다.

화가 날 때 느끼는, 분노

공포와 혼돈하기 쉬운 감정이 분노이다. 그런데 분노는 화가 날 때 느끼는 감정이어서 공포와는 다르다. 예를 들어 친구와 약속이 있어서 나가야 하는데 부모님이 방 밖으로 나오지 말고 공부만 하라고 강요한다면 공포가 아니라 화가 날 것이다. 이때 화를 내는 그 감정이 분노이다.

우리는 어떨 때 분노를 느낄까? 영화표를 사려고 줄을 서서 기다리는데, 어떤 사람이 새치기를 한다면 대다수 사람들은 새치기하는 상대에게 화가 나고 노여움을 느낄 것이다. 격앙된 목소리로 "여기 줄 서 있는 사람들 안 보여요!"라고 이야기하는 사람도 있을 것이다. 이때 느끼는 화, 노여움이 바로 분노와 가깝다.

분노는 주로 고의적으로 유발된 불쾌한 상황이나 부도덕한 행동에 대하여, 그리고 자신의 욕구대로 되지 않을 때나 자신이 대접받지 못하고 무시당할 때 느끼게 된다. 즉 외부의 자극에 의해 우리가 가진 욕구나 자유 등이 부정당하거나 저지당하는 상태에서 느끼는 감정이다.

특정 대상만이 아니라, 사회적 상황에 대해서도 분노할 수 있다. 예를 들어 9살인 아이가 부모에게서 학대를 당했다는 뉴스를 보는 순간 대다수가 그 부모에게 분노한다. 권력을 가진 사람들이 부당한 일을 하여 어떤 사람이 큰 피해를 입게 되면 역시 분노 감정을 느낀다. 그 사람이 나와 전혀 상관없는 경우에도 말이다.

일반적으로 우리에게 분노 감정을 느끼게 하는 대상은 가해자인 경우가 많고, 분노를 느끼는 나는 피해자이거나 피해자에 감정이입한 경우가 많다. 외부에서 무엇인가 나에게 잘못하거나 또한 외부의 힘이 더 강해서 내가 제대로 대응하지 못하는 상황에도 분노를 느낄 수 있다.

증오를 표현하는 감정, 혐오

그렇다면 혐오는 무엇일까? 종종 우리는 이런 말을 한다. "나는 OO가 정말 싫어." 어떤 대상이나 사람에 대하여 싫은 느낌이 들 때 쓰는 표현이다. 그들이 구체적으로 나에게 무엇을 잘못한 것이 아니라 오로지 그 존재나 상황 그 자체에 대하여 싫거나 증오하는 느낌을 갖는 것을 혐오라고 한다.

보통 우리가 무엇인가를 싫어하는 이유는 다양하다. 어떤 옷이 불편해서 아예 안 입는 경우에, '난 저런 스타일의 옷 싫어해'라고 하지 '난 저 옷을 증오해' 혹은 '난 저 옷을 혐오해'라고 하지는 않을 것이다.

뱀을 싫어하는 사람들은 뱀이 징그럽다고 그 이유를 말한다. 뱀장어나 미꾸라지가 징그러워 그것으로 만든 음식을 싫어하는 사람도 있다. 이때 느끼는 감정이 혐오다. 그런데 동물이나 식품의 재료 외에 특정 사람에 대해서도 징그럽다며 싫어하는 경우가 있다. 잘 모르거나 낯선 집단일 때 특히 더 그러한 감정을 느낀다.

또한 불결하다고 싫어하기도 한다. 코딱지를 손으로 만지면 어른들이 더러운 것을 왜 만지느냐며 야단을 친다. 행위에 대해서도 불결하다고 느끼는 경우가 있다. 생리를 오염으로 보는 것도, 생리라는 행위가 순수하거나 순결하지 않고 불결하며 이에 따라 도덕적이지 않은 행위라고 여기는 것이다.

종종 우리는 싫다는 표현을 할 때 역겹다는 말을 쓰는데, 비위가 약해서 속에서 무엇인가가 올라올 것 같은 느낌을 표현할 때 사용한다. 역겨움은 더럽거나 지저분한 것을 보는 순간 느끼는 싫은 감정이다. 이 역겨움도 무엇인가에 대한 싫음을 표현하는 감정이지만, 특정 상황에서 갖는 순간적 감정인 경우가 대부분이다.

지금까지 설명한 '싫음과 역겨움 등을 느끼는 상태'가 바로 혐오 감정이다. 이 감정은 혐오 대상이나 상황이 문제가 있어서 갖게 되는 것이 아니다. 즉 그 대상이나 상황이 나에게 직접적으로 무엇인가를 가해하거나 그럴 가능성이 있어서가 아니라 내가 의미를 부여한 이유 때문에 갖는 감정이다.

이런 점에서 내가 피해를 당할 가능성을 고려한 상태에서 느끼는 감정인 공포나 분노와 차이가 있다.

 ## 특정 집단에 속해 있다는 이유만으로

혐오가 감정이라면 혐오 현상은 그런 혐오 감정이 사회 전반으로 표출되는 양상을 말한다. 이 혐오 현상은 단순히 감정으로 끝나지 않는다.

특정 집단에 대한 감정이 차별과 같은 행위로 드러나는 데까지 나아간다. 앞에서 살펴본 미국의 살인 사건을 보자. 피해자들은 동성애자이거나 흑인이라는 특정 집단에 속해 있었다. 그리고 그들이 살인의 피해자가 된 이유는 가해자에게 잘못해서가 아니었다. 단지 가해자들이 동성애자나 흑인을 싫어했기 때문이었다.

이들은 동성애자와 흑인으로서, 가해자인 이성애자나 백인과 정체성의 차이가 있다. 그 차이만으로 부당한 죽음을 당했다는 점에서 그들의 죽음은 차별에 의한 것이다. 차이는 다른 상태를 말한다면, 차별은 다른 상태에 대하여 불합리한 이유로 다른 대우를 하는 것을 말한다. 그래서 혐오 현상에는 구체적인 차별 행동이 이어진다.

따라서 일상적인 감정으로서 혐오와 사회적 현상으로서 혐오 현상의 정의는 조금 다르다. 민족, 인종, 성별, 성적 지향, 종교, 나이, 신체적 및 정서적 장애 등과 같은 특징을 가진 집단에 속하는 구성원에 대하여 '부정적인 믿음이나 감정'을 드러내는 것이 혐오 현상이다.[9]

이러한 혐오 현상에는 몇 가지 특징이 있다. 먼저 피해자들은 혐오의 대상이 되는 특정 집단의 구성원으로, 가해자가 부여한 '부정'적 믿음이나 약점이 있다.

우선 앞에서 살펴본 두 살인 사건의 피해자는 동성애자와 흑인이다. 이들은 일반적으로 그 사회에서 비정상적 존재나 오염된 존재라고 여겨진다. 사회 내에 그들에 대한 편견이나 고정관념이 존재한 결과이다.

혐오 대상 집단에 속한 사람들은 대부분 사회적 소수자이다. 어떤 학자는 사회적 소수자를 이렇게 정의한다. "신체적 또는 문화적 특징으로 인해 사회의 주류 집단 구성원으로부터 구별되며, 불평등한 처우를 받도록 끄집어내어진 사람들이면서 스스로 차별받는 집단에 속해 있다는 의식을 가진 사람들"[10] 또는 "인간 사회에 부여된 질서에는 정돈되고 절제된 순수의 상징체계와 그 외부에 존재하는 위험하고 오염된 상징체계가 존재하는데, 이때 오염된 상징체계를 갖는 타자".[11]

좀 더 쉽게 살펴보자. 대부분의 사회는 구성원에 대하여 정상인 집단과 비정상인 집단을 구분한다. 이때 정상인 집단은 주로 주류 집단이나 기득권층이고, 사회적 소수자는 주로 비정상인 집단에 속한다.[12]

우리가 앞에서 보았듯이 정상과 비정상을 구분하는 사람들은 대체로 정상이라고 분류되는 사람들이다. 그래서 어떤 사회 현상이 혐오 현상인지 아닌지를 파악하려면 혐오의 피해자가 사회적 소수자인지 아닌지를 먼저 확인해야 한다.

 ## 사회적 소수자를 왜 혐오하는가?

사회적 소수자가 혐오 대상이 되는 이유는 혐오 감정을 가진 사람들이 그들에게 가하는 부정적인 믿음이나 감정 때문이다. 그렇다면 그런 부정적인 믿음이나 감정은 왜 생길까? 이것이 바로 본질적인 질문이다.

앞에서 살펴본 몇 가지 표현들을 기억해 보자. 편견과 고정관념, 정체성에 대한 차별, 정상과 비정상. 이런 표현에는 특정 집단에 대한 부정적인 인식이 들어 있다. 이와 관련하여 어떤 학자는 우리가 갖는 부정적 믿음이나 감정은 주류 집단이 사회적 소수자를 사회적 불순물이나 오염물로 보기 때문에 나타난 것이며, 대상 집단에 수치심을 갖게 하려는 의도가 담겨 있다고 설명한다.[13]

이 표현을 보면 혐오 현상이 일어나는 이유는 두 가지가 있다. 첫째는

혐오 대상이 가진 정체성에 대하여 비정상이거나 오염된 상태라고 평가하기 때문이다. 즉 인종, 성적 지향 등 다양한 개인의 특징이나 삶의 방식에 대해 개인의 고유한 선택이라고 인정하지 않고 사회적 문제라는 부정적인 의미를 부여한다.

혐오를 가하는 사람들은 자신의 정체성과 삶의 방식은 긍정적이고 옳으며 정상이라고 본다. 반면 혐오 대상 집단의 정체성이나 삶의 방식은 부정적이고 틀린 것이며 비정상이어서 문제라고 본다.

둘째는 혐오 대상에게 수치심을 갖게 하려는 의도를 가졌기 때문이다. 사실 혐오 대상이 가진 대부분의 정체성은 개인이 노력해도 변할 수 없는 것이다. 그러니 그것을 이유로 부정적으로 평가하는 것은 그것을 개선하겠다는 것보다 그 대상에게 수치심을 주려는 의도가 크다.

즉, 혐오 대상에게 부정적인 감정을 드러냄으로써 '비정상인', '오염되고 불결한', '부정적인' 존재라는 정체성을 심어주려는 것이다. 그리고 이를 통해 혐오 대상이 스스로의 정체성이나 삶의 방식에 대하여 수치심을 갖게 하려는 것이다.

따라서 혐오 현상은 단순히 개인적 감정이라기보다는 개인의 정체성에 가하는 차별적이고 불평등한 사회 현상이다. 또한 피해자와 가해자가 존재하며, 사람의 정체성과 삶을 파괴하려는 의도를 갖는 폭력 행위라고도 볼 수 있다.

우리는 미국에서 발생한 두 사건과 한국에서 발생한 한 사건을 살펴보았다. 미국에서는 두 사건을 혐오 현상에 따른 살인이라고 보았다. 한국에서는 혐오에 의한 살인인지 아닌지 논쟁이 있다. 이 책에 나오는 차별과 혐오에 관한 다양한 주장과 논쟁을 살펴보면서 각자 판단해 보자.

혐오 표현, 사회적
소수자를 향한 폭력

2017년 6월에 미국 하버드 대학교는 입학 예정자 10여 명
에게 합격 취소를 통보했다.[14] 합격 취소 통보를 받은 이유는 그들이 페
이스북에 올린 메시지와 이미지 때문이었다.

이 소식을 전한 뉴스에서는 이들이 올린 메시지의 구체적인 내용이나
이미지는 제시하지 않았다. 다만 그들이 단체 채팅방을 만들어 그것들
을 공유했다고 알렸다. 특히 이들이 공유한 메시지에는 '소수 인종에 대
한 혐오', '아동학대 상황을 성적으로 연관시킨 내용', '특정 종교나 민족
에 대한 공격적 메시지' 등이 있었으며, 성폭행 및 홀로코스트[15]와 관련
한 이미지 등도 있었다고 보도하였다.

이런 뉴스를 보면 그들이 인종, 아동, 종교, 민족 등과 관련하여 특정
집단에 대한 증오와 부정적 혹은 공격적인 내용을 공유했음을 짐작할

수 있다.

자, 그러면 다음의 표현을 비교해 보자. 공개된 시위 장소에 등장한 두 개의 플래카드 내용[16]이다.

> **사례 ①** 국회의원들, 똥이나 처먹어라. 대한민국에서 사라져라.
> **사례 ②** 이주 노동자들, 똥이나 처먹어라. 대한민국에서 사라져라.

위의 두 메시지는 대상만 다르다. 그렇다면 두 메시지의 의도도 같은 맥락으로 이해할 수 있을까?

 ## 혐오 표현이란?

2013년 10월 7일에 일본의 교토 지방법원에서 '가두선전 금지 등 청구사건'에 대한 판결이 났다.[17] 이는 2009년 12월 4일, 2010년 1월 14일, 2014년 3월 28일에 일어난 사건에 대한 것이었다.

피고는 일본 간사이 지역에 거주하는 재특회(재일 특권을 용납하지 않는 시민 모임) 회원이었다. 이들은 자신들이 주도한 시위에서 "내쫓아버려라", "너희들은 똥이라도 처먹어라, 반도로 돌아가라"라고 교토 조선제일초등학교를 향해 소리쳤다. 그리고 시위 활동을 촬영하여 공개했다. 이에 교토 조선제일초등학교에서 민사소송을 제기하여 재판이 이루어진 것이다.

교토 지방법원은 "학교 주변 반경 200미터 이내 가두선전 금지와 1,225만 엔의 배상"을 판결했다. 명확하게 혐오 표현에 대한 판결이라고 명시하지는 않았지만 많은 학자들은 이것이 일본 내에서 혐오 표현에 대한 문제점을 인정한 공식적인 판결이라고 본다.

사실 혐오 감정이나 혐오 현상과 달리, 혐오 표현은 명확하게 정의하기가 어렵다. 개념 정의가 없다는 것이 아니라, 실제 일상에서 경험하는 다양한 표현 중에서 어디까지가 혐오 표현에 속하는지를 명확하게 구별하기 어렵다는 것이다.

그런데 최근 혐오 표현에 대한 개념을 정의하려는 논의들이 있었다. 이를 종합해 보면, 혐오 표현은 인종·종교·민족·성적 지향과 같은 사회적 소수자 범주와 관련한 정체성, 공격·적대감 등과 같은 차별 의도, 그리고 사회적 소수자들이 차별받아 온 역사성을 고려하여 나타나는 '혐오 감정을 드러내는 표현'으로 볼 수 있다. 눈치를 챘겠지만 사실 혐오라는 개념 정의를 거의 그대로 가져온 표현이다.[18]

국제인권조약과 해외법령, 우리나라에서 학술적으로 논의되는 내용을 바탕으로 혐오 표현의 몇 가지 조건을 쉽게 풀어서 알아보자.[19]

첫째, 사회적 소수자를 대상으로 한다

혐오 표현인지 아닌지를 파악하는 데 매우 중요한 역할을 하는 것은 혐오 표현의 대상이다. 대부분의 사회에 소수자가 존재한다. 소수자는 그들의 특성이나 삶의 방식과 관련하여 그들이 속한 사회에서 비정상 혹은 주변 집단, 외부인 등으로 여겨지는 사람들이다.

앞에서 혐오 감정을 이야기할 때 살펴본 것처럼 혐오는 더러운 것이나 오염된 것에 대해 사람들이 갖는 역겨움과 같은 감정이기 때문에, 혐오 표현은 사회적 소수자를 더러운 혹은 오염된 존재로 인식하는 것에서 비롯된다. 사회적 소수자에 대한 규정은 한 개인이 하는 것이 아니고, 일시적으로 하는 것도 아니다. 사회구조적으로 오랜 기간 그 사회에서 비정상이거나 비주류 집단으로 규정되어 온 역사성이 작용한다.

그래서 혐오 표현에는 소수자들의 정체성에 문제가 있다고 여기는 내용이 담겨 있다. 여성·성소수자·이주민·이민족·장애인 혐오 등이 대표적이다. 그러니 앞에서 제시한 사례 중 국회의원을 대상으로 한 것은 혐오 표현이라고 보기 어려울 것이다. 그들이 사회적 소수자가 아니기 때문이다.

그렇다면 사회적 소수자가 아닌 사람들의 정체성에 대하여 비정상이라고 표현하는 것은 사회적으로 문제가 안 될까? 아니다. 사회적 소수자를 대상으로 하지 않아서 그것을 혐오 표현이라고 부르지 않는 것일 뿐, 이 역시 사회적으로 문제가 된다.

둘째, 차별과 적대적 내용이 담겨 있다

한국에 온 이주 노동자를 보자. 일을 하러 한국으로 온 이들에게 '이주'는 중요한 정체성이다. 그래서 "대한민국을 떠나라"라고 하는 것은 그들의 정체성을 부정하거나 포기하라는 표현이 된다.

혐오 표현은 증오 표현, 적대적 표현, 차별적 표현 등으로 불린다. 혐오 표현의 맥락에 혐오 대상의 정체성을 부정·증오·비하·공격하는 내용이 있기 때문이다. 이를 통해 그들을 조롱하거나 수치심을 일으키려는 것이다.

혐오 표현에 차별과 적대적 내용을 담는 이유는 무엇일까? 혐오 표현을 하는 사람들은 '저들은 비정상이고 문제가 있는 존재'여서 그렇다고 말한다. 그러한 문제적 존재가 나를 오염시키지 않도록 하기 위해서라는 의미이다. 즉, 혐오 표현의 대상이 공포 감정인 '포비아(phobia)'를 일으

혐오 표현에는 어떤 것이 있을까?

우리나라의 경우 혐오 표현에 대한 정확한 합의가 없는 상태이다 보니 무엇이 혐오 표현인지 궁금해 하는 사람들이 많다. 『말이 칼이 될 때』라는 책에서는 사람들의 이해를 돕기 위해 혐오 표현을 그 의도에 따라 4가지 유형으로 구별하여 예시를 보여준다. 관련 예시를 보면서 일상생활에서 이런 표현을 듣거나 사용한 적은 없는지 생각해 보자.

유형	내용	예시 사례
차별적 괴롭힘	고용, 서비스, 교육 영역에서 차별적 속성을 이유로 소수자(개인, 집단)에게 수치심, 모욕감, 두려움 등 정신적 고통을 주는 행위	(직장이나 학교에서)"우리나라 여자들이 다 취집을 해서 우리나라 국내총생산이 낮다."
편견 조장	편견과 차별을 확산하고 조장하는 행위	"동성애 퀴어축제 결사 반대. 인류 생명 질서, 가정, 사람 질서 무너지면 사회도 무너진다."
모욕	소수자(개인, 집단)를 멸시·모욕·위협하여 인간 존엄성을 침해하는 표현 행위	"흑인 두 명이 우리 기숙사에 있는데, 어휴 OO 냄새가 아주 ㅋㅋㅋ."
증오선동	소수자 집단에 대한 차별, 적의 또는 폭력을 조장·선동하는 증오고취 행위	"착한 한국인 나쁜 한국인 같은 건 없다. 다 죽여버려."

출처: 홍성수(2018), 『말이 칼이 될 때』, 어크로스, 58쪽.

키는 존재여서 적대한다는 것이다. 그러나 포비아는 객관적으로 위험하지 않은 것에 대하여 두려워하는 증상을 말하는 것이기 때문에 이는 타당한 주장이라고 보기 어렵다.

학자들은 사회적 소수자에게 혐오 표현을 하는 이유를 달리 설명한다. 바로 차별을 드러냄으로써 사회적 소수자들의 존재 가치를 부정하고 그들의 불평등한 지위를 사회적으로 재생산하기 위한 의도라는 것이다.

다시 말하면 사람들이 사회적 소수자에게 차별을 담은 조롱이나 사회적으로 배척하는 표현을 할 수 있는 이유는 그 사회에서 이미 오랜 기간 그렇게 차별해 온 것이 당연해서, 그렇게 해도 된다고 생각하기 때문이다. 차별받아 온 삶이 당연하기에 현재는 물론 미래에도 사회적으로 가치 없는 존재로서 살아가는 게 당연하다는 의미가 혐오 표현에 담겨 있다.

이런 점에서 혐오 표현은 차별받는 존재라는 그들의 사회적 위치를 공고하게 만들어 사회적 불평등 체제를 지속시키기 위해서, 즉 사회적 불평등을 재생산하기 위한 것이다. 따라서 혐오 표현은 사람들의 다양성 인정과 인권을 중요하게 여기는 민주주의의 기본 정신을 훼손시킨다.

셋째, 언어적 또는 시각적 매체를 통해 표현한다

보통 혐오 표현은 영어로 'hate speech'라고 한다. 여기서 'speech'는 일반적으로 사람들 앞에서 자기주장이나 의견을 말하는 것이다. 그렇다면 혐오 표현을 파악하기 위해서 speech의 측면에서 살펴볼 필요가 있다.

먼저 '말하는 것'만 혐오 표현에 해당할까? 아니다. 발언, 글, 몸짓, 제스처, 그림, 사진 등 혐오 표현의 방식은 다양하다. 언어만이 아니라 상징, 복장, 퍼포먼스 등 비언어적 표현도 포함된다. 예를 들어 독일의 경우에는 나치를 상징하는 표기를 얼굴에 그려도 인종 혐오라고 본다.

또 하나는 혐오 표현이 사람들 앞에서 '공개적'으로 하는 행위라는 측면이다. 아무도 없는 집에 혼자서 중얼거리는 것은 그 내용이 아무리 사

회적 소수자를 조롱하는 것이어도 혐오 표현이라고 하지는 않는다. 즉 사람들에게 자신의 주장을 드러내는 경우여야 한다.

앞에서 살펴본 하버드 대학교 예비 입학생처럼 페이스북 공개 채팅방에 글이나 사진 등을 올린 경우는 공개적 표현에 해당한다. 인터넷을 통한 소통이 활발해지면서 우리 사회에서도 인터넷 사이트에 올라온 글이나 사진 등에서 혐오 표현을 발견할 수 있다.

혐오 표현이 담긴 옷이나 액세서리를 공개적으로 착용하는 것은 어떨까? 세계적으로 인기를 끌고 있는 방탄소년단(BTS)에게 미국의 유대인 인권단체인 SWC(Simon Wiesenthal Center)가 혐오 표현에 대한 사과를 요구하였다. 한 멤버가 나치 친위대 상징 표식인 'SS데스헤드' 로고가 들어간 모자를 쓰고 사진 촬영을 했으며, 그들의 공연에서 사용한 깃발이 나치 문양과 비슷하다는 이유 때문이다. 그들은 방탄소년단이 나치의 유대인에 대한 혐오 표현을 지지하는 것으로 생각해 사과를 요구했다.

이에 방탄소년단은 공식적으로 "나치를 포함한 모든 전체주의, 극단적 정치 성향을 띤 모든 단체 및 조직을 지지하지 않고, 이에 반대하며, 이러한 단체들과의 연계를 통해 과거 역사로 인해 피해를 입으신 분들께 상처를 드릴 의도가 전혀 없었으며, 앞으로도 없을 것임을 분명이 밝힙니다"[20]라고 사과했다. 이 내용을 자세히 보면 바로 혐오 표현에서 강조하는 것과 반대로 '의도가 없었다는 점', '피해의 역사성과 관련하여 문제라고 공감한다는 점', '차별을 재생산하지 않겠다는 점' 등이 명확하게 드러나 있다.

이처럼 자신이 입는 옷, 액세서리, SNS에 올리는 사진이나 글 등에 사회적 소수자를 차별하거나 조롱하는 표현이 있으면 그것은 혐오 표현이 될 수 있다. 그러니 일상에서 옷이나 액세서리를 선택하고 착용할 때에도 그것이 누군가를 향한 혐오 표현은 아닌지 생각하는 자세가 필요하다.

 ## 무심코 사용한 표현이 무기가 될 수 있다

이 책을 읽는 지금도 혐오 표현이 나와 상관없는 일이라고 생각하는 사람들이 많을 것이다. 하지만 스스로도 모르는 사이 일상에서 혐오 표현을 사용하고 있을 가능성이 높다.

방과 후 고등학생 두 명이 길을 가다 나누는 대화를 보자.

"우리 반에 걔 있잖아. 아주 이상해. 같은 반에 있다는 게 기분 나빠⋯⋯."
"그래. 걔 (　　)잖아. (　　)."

위 대화에서 (　　)에 들어갈 수 있는 개인의 정체성과 관련한 혐오 표현은 다양하다. 우리 모두 이 (   )에 들어갈 수 있는 무수히 많은 표현을 알고 있는 자신에게 놀랄 것이다.

우리가 사람들과 소통할 때 제일 먼저 하는 것은 서로 소개하고 인사를 나누는 것이다. 그때 주로 자신의 이름을 알려준다. 그것은 내가 그 이름으로 불리는 고유성과 독특성을 갖는 존재라는 의미이다. 그런데 위의 사례처럼, 어떤 사람을 이름 대신에 그의 일부분인 정체성, 그것도 그 사회에서 크게 환영받지 못하거나 소외당하는 정체성으로 부를 때가 있다.

한순간에 무심코 사용한 표현이라고 하겠지만, 여기에는 이미 두 가지 생각이 담겨 있다. 하나는 표현의 대상이 사회적으로 환영받지 못하거나 소외당해도 되는 사람이라고 생각하는 것이다. 또 하나는 그런 표현으로 그 사람에게 수치심을 주려는 의도를 가진 것이다.

사회적 소수자가 어려움을 호소하는 인터넷 기사에, "자살을 추천한다"라는 혐오 표현 댓글이 달리는 경우를 보자. 이 혐오 표현을 단 사람은 '장난' 혹은 '농담'이라고 할 수 있다. 그러나 그 표현의 대상이 되는 사람은 그 자체로 죽음을 결심할 수 있다. 이때 죽음의 원인은 누구에게 있을까?

한 연구[21]에 따르면, 타인에게서 수치심이나 모멸감을 받은 사람은 스스로를 비하하고 우울감을 느끼며 심한 경우 자살에 이르게 될 수도 있다. 따라서 혐오 표현은 단순히 내가 자유롭게 할 수 있는 언어 표현이 아니라 사람을 죽이는 칼이 될 수 있다.[22] 나의 말이 살인 도구가 될 수 있으며, 내가 살인자가 될 수 있는 것이다. 혐오 표현을 아무렇지도 않게 하는 사람이 '살인자'라고 자신을 호칭하는 말을 들으면 어떤 느낌이 들까?

당사자에게 직접 혐오 표현을 하지 않는다면 문제없을까? 당사자가 없

웃자고 한 농담도 문제가 될까?

초등학교 교실에서 한 학생이 더듬더듬 말하며 발표를 하다 중간에 멈추었다. 그러자 학생 한 명이 "에이, ~애자"라고 놀렸다. 순간 학생들이 막 웃었다. 당황한 교사가 "친구를 그렇게 놀리면 안 된다"며 학생들의 잘못을 이야기했다. 그러자 놀림의 대상이 된 학생이 "선생님, 저 ~애자 아니고, 친구들이 웃자고 한 거예요"라고 했고, 다른 친구들도 "말하고 웃다 보니 지루했던 수업 시간이 즐거웠어요"라고 했다.

친구를 놀리기 위해 사용한 농담이나 장난을 어떻게 보아야 할까? '애자'라는 표현은 장애가 있는 사람을 빗대어 놀리는 것으로 혐오 표현으로 보아야 한다. 그런데 장애가 없는, 즉 당사자가 아닌 사람에게 했으니 문제가 없을까?

자신들의 즐거움을 위해서 사회적 약자나 소수자를 혐오하는 표현을 사용하는 것은 그 자체로 나쁜 행위이다. 비록 당사자가 그곳에 있지 않더라도, 비방하거나 혐오하는 표현을 쓰는 것은 이미 그 사회가 그 사람들에게는 그렇게 해도 된다고 생각하는 것이기에 더 문제가 된다.

방송 프로그램에서 특정 집단에 대하여 혐오 표현을 한 사람들의 출연을 금지해야 한다는 이유도 바로 이것 때문이다. 누군가가 고통과 아픔을 느끼고 심지어 죽음에 이르게 하는 표현을 자신의 이익이나 재미를 위해 사용하는 것이기 때문이다. 즐거움을 위해서 어떤 생물에게 고통을 가하는 것을 우리는 학대라고 한다. 더더구나 즐거움을 위해 혐오 표현을 하면서 사람에게 고통을 가하는 것을 그냥 두고 보아야 할까? 범죄라고 봐야 하지 않을까?

어서 직접 수치심을 느끼지 않으니 괜찮지 않을까? 당사자가 없는 상태일지라도, 어떤 사람에게 혐오 표현을 사용하는 것은 이미 그 사람에게 그런 정체성을 부여한 것이기에 여전히 수치심을 주는 행위를 한 것이다.

혐오 표현은 당사자의 피해에 초점을 맞추는 것이 아니라 가해자의 표현 내용과 행위에 초점을 맞춘다. 즉 당사자가 없더라도 혐오 표현인 것은 달라지지 않는다. 왜냐하면 혐오 표현이 발생하는 그 순간 이미 그 대상에게 수치심을 갖게 하려는 마음을 먹은 것이기 때문이다.

사회적 소수자 보호 vs 표현의 자유

사회적으로 매우 큰 혼란을 일으키고 그 대상에게 수치심과 극심한 고통을 안겨주는 혐오 표현을 범죄로 규정하여 처벌해야 할까? 이에 대한 답은 나라마다 다르다. 혐오 표현을 표현의 자유로 인정해야 하는지, 아니면 사회적 소수자에 대한 폭력으로 봐야 하는지에 따라 달리 판단하기 때문이다.

혐오 표현은 표현의 자유에 해당하는 영역이니 개인 스스로 조심하도록 해야 한다는 관점을 지지하는 사람들은, '사회는 여러 특성을 가진 구성원들이 모여 살아가는 공동체이고, 그 내용과 상관없이 자신의 의견을 타인에게 밝힐 자유가 있다'고 한다. 혐오 표현 또한 그러한 표현의 자유에 해당하는 것이라고 주장한다. 즉, 아무리 혐오 감정이 담겨 있다고 할지라도 그것 또한 사회 구성원의 의견이기에 법으로 규제하거나 처벌해서는 안 된다는 것이다.

혐오 표현을 범죄라고 정하고 처벌하는 것은 또 다른 억압을 만든다고 본다. 즉 처벌할 혐오 표현을 정하기 위해서는 어떤 내용이 이성적인 표현이고 어떤 내용이 혐오 표현인지 평가하는 절차를 거쳐야 하는데,

이때 유불리나 차별이 개입된다는 것이다.

더불어 혐오 표현을 범죄로 규정하면 사람들은 자신의 사회적 표현에 대하여 스스로 검열하게 된다. 이는 결국 민주주의에서 강조하는 표현의 자유, 대화와 토론을 막는 행위가 된다.

물론 그들도 혐오 표현이 사회적 문제라는 것은 인정한다. 사회적 소수자라는 구체적인 피해자가 있기 때문이다. 다만 범죄로 규정해서 처벌할 것이 아니라, 스스로 그러한 표현이 잘못이라는 것을 알게 해야 한다. 또한 필요하면 피해자가 가해자를 고발하여 개인적으로 배상을 받는 등의 방법으로 문제를 해결할 수 있다고 본다.

반면 혐오 표현을 처벌해야 한다고 주장하는 사람들은 다른 의견을 펼친다. 사회적 소수자는 혐오 표현을 들더라도 그에 대항하기 위한 사회적 권력이 약하기 때문에 스스로 대응 방안을 찾지 못해서 계속 피해자로 남을 수 있다. 또한 존재 자체를 부정하는 표현을 지속적으로 당하는 경험은 사회적으로 고립되고 항상 위험 속에 사는 것과 같은 공포를 갖게 하여 큰 고통을 준다. 따라서 혐오 표현은 가해자와 피해자가 분명히 있는 범죄라고 본다.

더구나 혐오 표현이 사회적으로 확산되어 사람들을 자극하는 경우에는 혐오 표현에 그치지 않고 살인과 같은 다른 범죄로까지 이어질 수 있다. 앞에서 보았던 미국에서 발생한 두 살인 사건을 생각해 보면 쉽게 이해할 수 있을 것이다.

그래서 사회적으로 영향력이 약한 소수자에게 가하는 혐오 표현은 그 자체로 사회구조적 폭력이며 범죄라고 보고 처벌해야 한다는 것이다. 더불어 혐오 표현은 민주주의 사회에서 강조하는 사회 구성원의 다양성 인정을 훼손하여 공동체 전체에 해악을 주는 행위라고 주장한다.

즉, 혐오 표현은 개인의 표현의 자유 행사와는 거리가 멀다. 권력을 가진 자들이 그렇지 않는 자들에게 가하는 사회적 폭력이므로 법적인 처벌을 받아야 하는 범죄라고 보는 것이다. 또한 혐오 표현이라는 사회적 폭력의 피해자는 스스로 문제를 해결하기 어려운 위치에 있으므로 사회가 이를 금지시켜야 한다.

여러분은 어떤 주장에 더 동의하는가? 여기서 고려할 점은 혐오 표현을 형법상의 범죄로 규정하여 처벌하면 안 된다고 할지라도 민법으로는 여전히 범죄가 된다는 것이다. 교토 조선제일초등학교 사건의 판결처럼 민사적인 측면에서 혐오 표현은 명예훼손 등의 범죄가 될 수 있다. 그러니 혐오 표현을 범죄라고 규정하지 않는다고 해서 사회적 문제를 유발하는 행위라는 혐의에서 완전히 벗어난 것은 아니다.

함께 토론해 봅시다!

1 회사를 운영하는 CEO와 회사에서 일하는 직원의 평균 월급 차이는 보통 수십 배에서 몇백 배까지 된다. 이런 차이가 적정한가? 만약 그렇지 않다면 어느 정도의 차이가 적정할까?

2 교과서에 고정관념이나 편견이 반영된 삽화나 사진, 서술 내용이 있는지 찾아보자. 그것을 왜 고정관념이나 편견이라고 생각했는지 논거를 대면서 토론해 보자.

3 학교 등 일상생활에서 우리가 정상과 비정상으로 구분하는 것들을 찾아보고, 이런 구분이 문제가 되는 이유를 말해 보자.

4 최근 뉴스에 보도된 사건 중에서 혐오 현상에 해당하는 것을 찾아보자. 그 사건을 혐오 현상으로 봐야 하는 이유는 무엇일까?

나에게는 꿈이 있습니다. 언젠가 이 나라가 모든 인간은 평등하게 태어났다는 것을 자명한 진실로 받아들이고, 그 진정한 의미를 신조로 살아가게 되는 날이 오리라는 꿈입니다.

_ 마틴 루서 킹 주니어(미국 인권 운동가)

2장

세계사에 얼룩진
차별과 투쟁의 시간들

유럽을 중심으로
세상이 움직이다

중학생이나 고등학생에게 세계사에 대해 생각나는 것을 물어보면 주로 유럽이나 동아시아의 역사를 말할 것이다. 이는 학교에서 배우는 교과서가 주로 유럽이나 동아시아를 위주로 서술하기 때문이다.

교과서에서 다루는 세계 역사만이 그럴까? 우리가 일상에서 접하는 뉴스에서도 이런 경향을 볼 수 있다. 미국이나 유럽에서 일어난 일은 한국에서 일어난 일만큼이나 신속하고 자세하게 접할 수 있다. 반면에 남미나 아프리카에서 일어난 일은 잘 모르고 지나간다.

그뿐만 아니다. 학문 연구에 인용되는 학자들도 대부분 미국이나 유럽의 학자들이다. 다른 책의 내용을 인용할 때도 그런 경우가 많다.

유럽과 미국의 기자, 학자들이 더 뛰어나기 때문일까? 아니면 유럽과 미국이 세계에 미치는 영향력이 크기 때문일까? 아마 후자의 가능성이

클 것이다. 그런데 이렇게 뉴스, 책, 역사, 세계관 등에서 특정 지역의 영
향력이 강하면, 즉 특정 지역 사람들의 인식이나 사고가 세계 전반에 영
향을 미친다면 어떤 일이 일어나게 될까?

세계의 중심이 유럽이라고?

서구[23] 중심주의라고도 불리는 유럽 중심주의(Eurocentrism)는 대체
로 유럽을 세계의 중심에 놓고 무엇인가에 대하여 생각하거나 설명하는
태도나 인식을 말한다. 쉽게 말해서 유럽 문명과 역사, 철학 등을 사고나
판단의 중심에 놓는 태도이다.

여기서 말하는 유럽은 단순히 세계 지도에 나타나는 물리적인 공간
으로서 유럽이 아니다. 그곳에서 발생한 이념과 문화, 또는 그것이 발전
해 온 역사라고 보아야 할 것이다. 이때 유럽의 이념과 문화의 바탕이 되
는 것은 바로 그리스 문명이다.

그리스 문명*에 속하는 것으로, 대표적으로 학교에서 서양 철학의 근
원이라고 배운 고대 그리스의 소크라테스·아리스토
텔레스·플라톤 철학, 민주주의라는 정치 체계, 그리
고 개인의 자유와 인권, 법에 의한 통치 등이 있다. 익
히 우리가 세계사 시간에 배운 내용이다.

그리스 문명은 근대 계몽주의 이후 유럽의 철학과
학문 그리고 시민혁명 이후의 정치 체계와 법 제도
등으로 이어진다. 이처럼 그리스 문명을 이어받으면서
발전한 유럽은 스스로 문명의 독창성과 우월성을 자

그리스 문명

BC 8세기 무렵부터 그리스
지역에서 발달한 문명을 말
한다. 이 당시 해당 지역의
도시국가에서 꽃피운 철학,
과학, 미술, 문학 등을 모두
포함하는데 이후 헬레니즘
으로 이어지면서 현대 유럽
의 삶에 큰 영향을 주었다
는 평가를 받는다.

랑스러워한다. 즉, 세계 다른 지역에 비해 유럽에서 일어난 역사적 발전과 그로 인한 현재의 삶의 양식 및 제도 등이 매우 우월하다고 보는 것이다.[24] 이것이 바로 유럽 중심주의의 바탕이다.

그렇다면 유럽 중심주의에서는 비유럽 지역을 어떻게 볼까? 이는 유럽 중심주의 관점을 통해 다른 지역의 문화를 평가하는 방식으로 나타난다.

이런 관점 중에 하나가 바로 오리엔탈리즘(orientalism)이다. 오리엔탈리즘은 '해가 뜨는 곳', '동양'이라는 뜻을 담고 있는 오리엔트(orient)에서 나온 표현이다. 지구는 구(球)이기 때문에 동일한 지역이 기준점에 따라 서쪽이 되기도 하고 동쪽이 되기도 한다. 현재 미국의 위치에서 보면 유럽이 해가 뜨는 동양이다. 아시아는 그 반대쪽인 서양이다. 아시아가 동양이 된 것은 유럽을 기준으로 했기 때문이다. 이 점에서 오리엔탈리즘은 이미 유럽 중심주의 표현이다.

이름 자체에 유럽 중심주의가 반영된 오리엔탈리즘은 유럽에서 동양을 연구하는 학문이라는 의미로 사용되었다. 주로 합리성에 근거한 유럽 문명과는 다른 측면, 즉 덜 문명화된 동양 사회에서 나타나는 야만성이나 원시적 신비로움 등을 연구한다. 예를 들어 아시아를 소개할 때 여러 지역의 축제나 미신 등을 보여주는 경우, 신비로움을 위주로 설명하지만 사실은 덜 문명화된 문화라고 이해하는 방식이 바로 오리엔탈리즘이다.

이스라엘 예루살렘 출신으로 미국에서 공부한 학자 에드워드 사이드(Edward Said)는 『오리엔탈리즘』[25]이라는 책에서 오리엔탈리즘이 바로 유럽 중심주의의 변형이기에 이 관점에 문제가 있다고 서술하였다. 오리엔탈리즘을 통해 유럽의 문명에 대해서는 보편적이고 정상적이라는 의

미를 부여하고, 동양에 대해서는 특수한 신비로움이라는 의미를 부여한 다는 것이다.

이러한 유럽 중심주의 인식은 문명의 우월성을 드러내는 것에 그치지 않는다. 이성적이고 합리성을 강조하는 유럽을 세계의 중심으로 보고, 감성적이고 비합리성을 강조하는 동양을 주변적으로 본다. 이렇게 되면 보편적이고 높은 수준의 문명과 그렇지 않은 문명으로 구분되고, 그에 따라 어떤 것이 좋은 것이고 좋지 않은 것인지 순서를 정하는 위계화가

해가 뜨는 곳이 있다면, 해가 지는 곳도 있다!

옥시덴탈리즘(occidentalism)은 일반적으로 오리엔탈리즘에 대응하는 관점
이다. 여기서 옥시덴트(occident)는 '해가 지는'을 뜻하는 것으로 서쪽, 서양
을 말한다. 『옥시덴탈리즘』[26]이라는 책에서 처음으로 등장했다.

옥시덴탈리즘은 동양과 아시아의 관점으로 유럽을 이해하거나 평가하는 방
식을 말한다. 오리엔탈리즘이 유럽을 중심에 놓고 동양을 낮추어 보는 것이
라면, 옥시덴탈리즘은 동양 문명을 '정신을 추구하는 고상한 문명'으로 보고
서양 문명은 물질적이고 천박하다고 여기는 것이다.

결국 옥시덴탈리즘도 각 지역의 고유성과 독특성, 즉 각 문명의 정체성을 무
시하고 자신의 관점에서 다른 지역의 문명을 평가한다는 점에서 비판을 받
는다.

이루어진다.

그래서 오리엔탈리즘은 유럽 중심에서 바라보는 동양에 대한 인식이
나 시선을 뛰어넘어, 동양에 대한 편견이나 왜곡된 인식이나 태도라고
정의하기도 한다.

더구나 오리엔탈리즘과 유럽 중심주의는 19세기 이후 유럽의 제국주
의 침략을 정당화하기 위해서 사용한 왜곡된 논리라고 비판받기도 한
다. 바로 이 부분에서 유럽 중심주의는 편견이 담긴 인식이며, 비유럽 문
명에 대한 차별과 혐오를 일으키는 원인이 된다.

유럽 역사와 문화에서 빠질 수 없는 기독교 사상

유럽 중심주의에서는 그리스 문명을 유럽 문명의 뿌리로 보지만, 유럽을 이해할 때 빼놓을 수 없는 또 다른 큰 축이 바로 기독교 사상이다. 기독교는 유럽의 역사와 문화 전반에 큰 영향을 끼쳤지만, 이를 유럽 문명의 시작으로 연결시키지 못하는 것은 기독교 사상이 시작된 곳이 동양이기 때문일 것이다.

기독교의 경전 중 『구약성경』에는 고대 이스라엘 민족의 역사가 기록되어 있으며, 『신약성경』은 고대 로마 제국의 지배 아래에 있던 시기의 이스라엘과 관련한 사건들이 담겨 있다. 현재 팔레스타인 지역인 '동양'에서 생겨난 종교가 유럽으로 넘어가서 유럽인들의 중심 사상이 된 배경은 무엇일까?

당시 로마 제국의 식민지였던 예루살렘에서 예수 그리스도의 죽음과 부활, 그 이후에 예수가 설교한 내용이 그의 제자들에 의해 로마 등 유럽 지역으로 전파되면서 성경 사상은 유럽 문명 속으로 들어간다. 이후 로마에서 가혹한 박해를 당하면서도 당시 유럽인들에게 엄청난 지지를 받는다. 결국 로마 제국은 313년에 밀라노 칙령*으로 기독교를 공식 인정하게 되고 이후 기독교는 로마 제국의 국교가 된다.[27]

로마 제국의 국교가 된 이후에 기독교는 신성 로마 제국, 교황 제도 등을 통해 영향력을 강화했다. 중세, 르네상스, 신교와 구교의 대립, 시민혁명과 산업혁명을 거치면서 유럽에서 기독교의 영향력은 더 막강해졌다. 기독교는 종교의 위치를 넘어 세계관, 문화로서 사람들의 일상에 깊숙이 스며들었다.

밀라노 칙령
로마 제국에서 기독교 신앙을 공식적으로 인정한 것으로, 이에 따라 기독교를 비롯한 다양한 종교에 대한 신앙의 자유가 보장되었고 로마 제국이 기독교를 장려하는 기반을 마련하게 되었다.

예루살렘을 둘러싼 유럽과 이슬람의 대립

예루살렘은 유대교, 이슬람교, 기독교 모두에게 매우 중요한 장소이다. 『구약성경』에 나오는 유대인이 세운 이스라엘 왕국의 수도였고, 『신약성경』에 나오는 예수의 부활이 일어난 장소이다. 또한 이슬람교의 시조인 무함마드가 부활한 전설이 있는 곳이기도 하다. 더구나 이 세 종교가 같은 뿌리에서 시작되었기 때문에 세 종교 모두에게 중요한 성지이다.

『구약성경』「창세기」를 보면 메소포타미아 지역에 살던 아브라함은 자신이 섬기던 유일신인 야훼에게서 고향을 떠나 비옥한 땅으로 이주할 것을 명령받는다. 그는 명령을 따르는 대가로 무수히 많은 자손과 비옥한 땅을 약속받는다. 그에게 아들이 둘 있는데, 하녀 하갈과의 사이에 태어난 이스마엘이 큰 아이이며, 아내 사라와의 사이에서 태어난 이삭이 동생이다.

하갈과 함께 내쳐진 이스마엘은 이슬람교를 믿는 아랍 민족의 시조가 되며, 아브라함을 이은 이삭은 유대교를 믿는 유대인의 조상이 된다. 그리고 기독교의 예수 그리스도는 혈통적으로는 이삭의 후손이며, 유대인이 믿는 유일신 야훼의 아들이다. 이런 점에서 세 종교는 그 근원이 같은 셈이다.

이렇듯 뿌리가 같다 보니 이스라엘은 모두에게 중요한 종교적 성지였고, 이는 바로 11세기 말에서 약 200여 년에 걸쳐 진행된 십자군 전쟁*의 원인이 되었다. 당시 예루살렘은 셀주크 튀르크가 지배하고 있었고, 이들은 자신들이 점령한 지역민의 종교인 이슬람교를 받아들여 무슬림이 된다.

십자군 전쟁
11세기 말에서 13세기 말 사이에 유럽의 기독교인들이 성지 예루살렘을 정복하기 위해 벌인 전쟁이다. 전쟁에 참가한 기사들 옷에 기독교를 상징하는 십자가 표시를 달았기에 십자군 전쟁이라 부른다.

유대교인과 이슬람교인은 어떻게 다를까?

유일신인 야훼를 믿는 유대교에서는 『구약성경』에 나오는 모세의 율법인 십계명을 지키는 것이 중요하다. 이들은 『구약성경』의 일부인 모세오경과 탈무드를 중심으로 한 경전을 바탕으로 종교 행위를 한다. 이를 주관하는 사람은 랍비이다. 이러한 점에서 『신약성경』에서와 같이 예수 그리스도를 신앙의 중요한 근간으로 삼는 기독교와 유대교는 다르다.

유대인 혈통을 이어받은 사람을 이스라엘인이라고 부르는데, 유대인이라는 명칭은 혈족이 아니라 종교 측면에서 붙인 것이다. 즉, 『구약성경』 시대 이후 유목, 전쟁 등 다양한 이유로 민족이 흩어지게 된 이후에는 유대교를 믿는 사람을 유대인으로 생각하지 혈족 개념으로 생각하지 않는다.

이슬람교는 7세기 초에 아랍인 예언자 무함마드가 만든 종교로, 유일신인 알라(기본적으로 유대의 유일신인 야훼와 같은 존재라고 본다)를 믿는다. 절대 순종한다는 의미를 갖는 '이슬람'교에서는 알라의 계시를 모은 『쿠란』을 경전으로 삼는다.

이슬람을 믿는 사람을 무슬림이라고 하는데, '알라의 유일하심과 그에게 복종하는 자'라는 의미를 갖는다. 이런 믿음으로 무슬림이 되고, 그 후손도 자동으로 무슬림이 된다. 따라서 무슬림 또한 혈족 개념이 아니라고 보아야 한다.

그런데 당시 유럽에서 기독교를 믿는 이들도 성지 예루살렘을 방문하려고 하면서 무슬림, 즉 셀주크 튀르크와 갈등이 발생한다. 마침 셀주크 튀르크가 비잔틴 제국을 침략하자, 비잔틴 제국이 로마 교황청에 지원을 요청하면서 십자군 전쟁의 서막이 열린다.

200여 년 동안 진행된 십자군 전쟁은 이슬람의 관점에서 보면 자신들의 삶의 공간과 종교 성지를 강탈하는 침략 전쟁이다. 그런데 십자군 전쟁에 대한 유럽의 역사책이나 영화에서는 문명인인 기독교인이 야만의 무슬림을 개종시키고 성지를 찾기 위해 행한 거룩한 종교 전쟁으로 묘사하고 있다.

단순하게 보면 이런 묘사는 사실 유럽 중심주의가 반영된 결과라고 볼 수 있다. 그리고 이슬람과 전쟁하면서 그들에 대한 공포와 혐오를 느끼게 되고, 이 감정이 유럽 중심주의 안에서 반이슬람적 태도로 태동했는지도 모른다.

유럽 문명, 특히 기독교 정신을 이어받은 미국의 조지 부시 대통령은 9·11 테러 이후 '테러와의 전쟁'을 시작한다면서 이것을 '현대의 십자군 전쟁'이라고 표현하여 세계적인 비판을 받았다.[28] 어쩌면 부시 대통령만 아니라 여전히 많은 유럽 문명의 후계자들은 유럽 중심주의 관점에서, 야만적 삶을 살고 있는 이슬람과 비유럽 지역을 자신들처럼 문명화시켜야 한다고 인식하고 있을지 모른다.

침략을 문명화로 포장한 제국주의와 현재의 반이슬람주의

산업혁명 이후 기술력과 경제력을 갖춘 유럽은 자원을 확보하고 상품을 판매할 소비 지역이 필요했다. 이 과정에서 아시아, 아프리카 등 비유럽 지역을 강제로 점령하고 식민지를 건설한다. 바로 제국주의 전략을 사용한 것이다. 일반적으로 제국주의란 강한 군사력과 경제력을 바탕으로 다른 나라를 침략하여 식민지로 삼는 정책을 말한다.

제국주의적 침략으로 식민지를 건설한 유럽은 다른 나라를 유럽처럼 문명화하는 것이 선하고 정당한 행위임을 강조했다. 이런 논리는 영국에서 이주한 미국인들이 인디언의 땅을 빼앗고는 땅을 자연 상태 그대로 두는 인디언보다 울타리를 만들고 경작을 하는 자신들이 재산권을 갖는 게 마땅하다고 주장한 것과 일맥상통한다.[29]

십자군 전쟁을 유럽 문명의 우월성을 비유럽 지역에 전파하기 위한 전쟁이라 한 것처럼, 19세기 후반의 식민지 건설도 기독교 등 유럽 문명의 전파라고 강조한다. 이런 점에서 유럽 중심주의는 자신들의 필요에 따라 다른 나라를 침략한 역사를 좋게 포장하는 논리라는 비판을 받는다.

문제는 지금도 유럽과 미국이 세계 여러 나라의 일을 결정하거나 다른 나라의 갈등에 무력으로 개입하는 과정에서 이 논리를 사용한다는 것이다. 일본 또한 우리나라를 식민 통치한 것에 이 논리를 적용한다. 즉 그들의 행위가 해당 지역 사람들을 구하기 위한 것임을 주장하는 것이다.

현재 세계의 큰 갈등 중 하나는 유럽 중심주의의 현대적 계승자인 미국과 무슬림이 많이 사는 아랍 지역의 대립이다. 2001년 9월 11일에 과격한 이슬람 테러 단체에 의해 발생한 9·11 테러 이후 이 대립은 더 격해지고 있다. 2003년 테러의 배후와 연결된 이라크와 전쟁을 한 미국은 여러 이슬람 국가와의 관계가 좋지 않다.

사실 과격한 이슬람 테러 단체를 이해하기 위해서는 아랍 지역과 유럽 문명의 복잡한 역사를 제대로 알아야 한다. 여기서는 이 지역의 현 이슈를 간단히 정리해 보려 한다.[30]

아랍 지역 국가 대다수는 왕정이거나 종교와 정치가 분리되지 않은 경우가 많아서 현대적 의미의 국가 역할을 제대로 수행하지 못하는 데

다가 타락한 지도자가 많은 편이다. 또한 종교 주도권을 두고 내란이나 내전도 많이 발생하는데, 이슬람교 내부의 종교 주도권에 따라 나뉜 수니파와 시아파의 갈등이 원인이다.

그런데 이들의 갈등을 미국과 러시아(과거 소련)가 자신들의 정치적 목적을 위해 활용하였다. 그리고 극단적 무슬림들은 이들 지역의 평화를 위해서라며 유럽 중심주의 주장을 이용해 자국의 이익을 취하면서 자신들과 대립하는 미국에 반감을 가지게 된다. 이와 관련해 아주 극단적 선택을 지지하는 대표적인 이들이 바로 IS(Islamic State)이다. 이들은 스스로를 근본적인 이슬람 정신을 바탕으로 한 국가 단체라고 주장하며, 이슬람교를 위한 성스러운 전쟁을 강조한다.

또한 무슬림이 오랫동안 거주해 온 팔레스타인 땅을 제2차 세계대전 이후 영국과 미국 등이 유럽에 흩어져 있던 유대인에게 돌려주어 이스라엘이라는 국가를 세우게 한 것도 갈등의 원인이다. 거주지를 잃은 팔레스타인 지역의 무슬림들이 이스라엘과 분쟁을 벌이자 미국과 서유럽 국가들이 이스라엘을 지지했다. 그래서 극단적 이슬람주의자들은 유럽과 미국에 적대감을 갖게 되었다.

사실 이 지역에 사는 다수의 무슬림은 평화를 강조하는 이슬람 교리를 따라 온건한 삶을 살아가길 원한다. 아랍 지역의 종교적 갈등과 극단주의자들의 무력 행위, 그리고 아랍과 미국의 전쟁 상황에서 이를 피하고자 하는 무슬림들은 분쟁 지역을 떠나 난민이 되었고 국경선에서 가까운 그리스 등을 거쳐 유럽으로 이주했다.

그런데 9·11 테러 이후, 미국과 유럽에서는 이들 난민을 배척하자는 의견이 지배적이다. 난민 대다수가 온건한 무슬림이라고는 하지만 극단적 세력도 함께 와서 테러가 일상이 될 것이라는 공포심이 커졌기 때문이다. 실제로 2015년 독일의 쾰른 중앙역 집단 성폭행 사건이 일어났을 때, 진위 여부를 확인하지 않은 채 가해자가 이슬람 난민이라는 이야기가 온라인에 올라오면서 이들을 추방해야 한다는 주장이 빗발쳤다.

이슬람에 대한 공포와 함께 이들에 대한 혐오 표현 등이 섞인 반이슬람주의가 유럽에도 형성된 것이다. 그러면서 유럽 내에서도 '통합과 관용'을 강조하는 정당보다 '유럽 문명의 우월성'을 주장하는 정당이 정치 권력을 잡는 경우가 많아졌다. 즉, 미국이나 유럽에서 유럽 중심주의를 바탕으로 하는 극우주의가 지지를 받고 있는 것이다. 이에 따라 무슬림 이주민에 대한 차별과 혐오 표현도 강해지고 있다.

최근 들어서는 이런 양상이 반이슬람주의 또는 이슬람 혐오(이슬람포비아, Islamophobia)를 넘어서 비유럽인과 이주민 전반에 대한 공포와 혐오로 확산되고 있다.

 ## 미국과 유럽의 렌즈로 바라보지 않으려면

미군정 통치 이후 우리나라에서 세계 여러 나라를 이해하는 방식은 유럽 중심주의를 바탕에 두고 있다. 앞에서 설명한 것처럼 우리는 유럽과 미국의 역사, 학문, 뉴스라는 프리즘으로 외부의 여러 나라를 이해한다.

중동 개발 건설에 참여하면서 우리나라와 이슬람은 경제 교류를 하게 되었지만 이슬람에 대한 우리의 인식은 아직도 대부분 유럽 중심주의에 따른 편견이 반영되어 있다. 아랍 지역의 뉴스도 CNN 등의 기사를 그대로 번역하여 전달하는 경우가 많다. 그런데 CNN 등이 이슬람에 대하여 보도하는 내용 대부분이 미국이나 유럽으로 온 난민이나 이슬람의 극단적 테러 단체가 일으킨 사건들이다.

미국과 유럽의 시각으로 이슬람을 이해하다 보니 이슬람은 극단적 테러주의자들이 모여 사는 곳이라는 고정관념이 작동한다. 이는 한국과 북한과의 대치 상황을 뉴스로 본 외국인들이 한국을 위기 국가로 이해하는 편견을 갖는 것과 같다.

2018년 제주도에 예멘 난민이 왔을 때, 이들에 대한 거부 의사를 강력하게 주장한 단체들이 많았다. 그들이 내세운 주장 중에는 독일 쾰른 역에서 일어난 성폭력 사건처럼 무슬림을 받아들이면 자녀들이 성폭력을 당할 것이라는 것도 있었다. 또한 이슬람교는 여자를 무시하고 함부로 대하여 여성에게 쉽게 폭력을 휘두르기 때문에 이들을 받아들이면 여성에 대한 폭력이 심해질 것이라는 주장도 있었다.

이렇듯 현재 우리가 합리적인 시각을 갖기보다 유럽 중심주의 사고로 다른 나라 사람이나 이방인, 이슬람을 이해하는 것은 아닌지 되짚어보아야 한다. 특히 미국과 유럽의 반이슬람주의, 또는 그들의 역사성에 근거한 이슬람포비아를 우리가 그대로 수용하는 것은 아닌지 고민해 보아야 할 것이다.

미국과 유럽의 시선으로 이슬람을 이해하면, 우리 사회가 이슬람과 어떤 관계를 맺고 국제 사회 일원으로서 어떻게 상호작용할 것인지 대해 부정적 영향을 받게 된다.

현재 우리나라와 이슬람 지역 간의 교류는 점차 증가하고 있다. 아랍과 동남아시아의 이슬람인들은 드라마 〈대장금〉을 시작으로 한류에 빠졌으며 케이팝의 열렬한 지지자들이다.

2020년 카타르 지역에서의 대규모 LPG선 수주는 우리의 경제 환경 개선에 긍정적인 영향을 미쳤다. 이는 우리나라가 1970년대의 중동 개발 과정에 참여한 이후 지속되는 현실이다.

　이런 점에서 보면 이제는 미국과 유럽의 렌즈 대신 우리가 직접 이슬람에 대해 알아가며 다양한 분야의 파트너로서 그들을 살펴보아야 한다. 그들 고유의 역사, 문화, 종교 그리고 그들이 겪는 갈등과 어려움을 파악하고 새로운 시각으로 바라보기 위해 노력해 보자. 그러면 그들에 대한 고정관념과 차별적 시선도 바뀔 수 있을 것이다.

노예, 인간이 아니었던
인간의 역사

　　노숙자였던 두 명의 장애인이 일자리를 구해준다는 사람을 따라간 곳은 염전을 하는 섬이었다. 이들은 섬에서 염전 주인에게 넘겨졌다. 그곳에서 하루 5시간도 자지 못하면서 일을 했다. 소금 생산 작업을 주로 하였고, 집안의 잡일 등 다른 일도 했다. 그러나 일의 대가로 월급은 전혀 받지 못했다.

　　몇 차례 탈출을 시도했으나 그때마다 다시 잡혔고, 또 도망을 가면 죽이겠다는 협박을 들었다. 이 와중에 주인의 눈을 피해 서울에 사는 어머니에게 "섬에 팔려 왔으니 살려달라"는 편지를 보내게 된다. 이 편지를 받은 어머니는 경찰에 신고했고, 소금 상인으로 위장한 경찰이 이들을 구했다.

　　결국 수년을 아무런 대가 없이 강제 노역을 하면서 감시받았던 이들은 풀려났다. 요즘 같은 세상에 어떻게 이런 일이 있느냐고 반문하겠지만 이 '염전 노예 사건[31]'이 알려진 시기가 바로 2014년이다.

이렇게 노동에 대한 대가 없이 강제 노역을 하는 경우 외에도, 월급을 받더라도 일을 하면서 인간 대접을 받지 못하는 사람들의 이야기를 우리는 종종 뉴스로 접한다. 신분제가 사라진 이 시대에 여전히 다른 사람을 노예처럼 부리려 하는 사람들이 있는 것이다.

 ## 인간이 아닌 재산이 된 사람들

노예 제도(slavery)란 주인이 노예를 소유하고 부릴 수 있으며, 양도·매매할 수 있는 권리를 합법적으로 허용하는 제도를 말한다. 노예는 물건이나 상품과 같은 위치에 놓인다.[32] 인간이 아니라 주인의 재산인 것이다.

노예의 주요 역할은 대가를 받지 않고 노동 서비스를 제공하는 것이다. 그래서 일반적으로 노예 제도는 인간이 수렵 채집하던 시기에는 존재하기 어렵다고 본다.[33] 최소한 인류의 역사에서 사적으로 재산을 소유할 수 있었던, 즉 개인이 사유 재산을 형성할 수 있는 정착 사회에서 경제 활동이 이루어진 시기 이후에 형성되었을 것으로 본다.

그렇다면 누가 어떻게 노예가 되었을까? 주로 정복 전쟁에서 승리한 자가 패배한 자를 노예로 삼았다. 어떤 사회에서는 지배 집단이 특정 정체성을 갖는 사람을 노예라고 규정하였다. 보통 극악한 범죄자나 부랑자, 반역자들을 노예로 정하는 경우가 많다. 종종 지배 집단과 다른 종교를 가진 사람들을 노예로 규정하기도 했다. 또한 남에게 빚을 지고 갚

왜 유엔에서는 그들을 '성노예'라고 하는가?

2019년 초, 일제 강점기 일본군 위안부로 가장 먼저 자신을 드러냈던 김복동 할머니가 세상을 떠났다. 일제의 사과를 받지 못하고 그 슬픔을 안은 채 말이다. 일본군 위안부에는 한국뿐 아니라 필리핀을 비롯한 동남아시아, 네덜란드를 비롯한 유럽 등 각지에서 온 다양한 여성들이 있었다.

우리나라에서 일본군 위안부를 이야기할 때 지칭하는 명칭이 몇 차례 바뀌었다. 처음엔 정신대, 다음엔 위안부, 그리고 최근엔 성노예라고 지칭한다. '정신대(挺身隊)'라는 표현은 일본이 전쟁 중 여성을 강제 징집하기 위해 선포한 「여자정신대근무령」(1944년)에서 따온 이름이다. 여기서 모집한 정신대의 경우 모두 위안부가 아니었다는 점과 이 법령 이전에도 위안부가 있었다는 점에서 정신대는 위안부를 정확하게 표현하는 명칭이 아니라고 하여 이름이 변경된다.

'위안부'는 일제 강점기에 일본군 문서에서 표현하던 '일본군 위안부'에서 따온 이름이다. 일본 정부가 공식적으로 개입했다는 것을 드러내기 위해서 위안부라는 표현을 일반적으로 사용해 왔다. 일본에서는 종군위안부라는 표현을 주로 사용한다.[34]

그런데 1998년 유엔인권소위원회에서 '위안부'는 당시 여성들이 당한 문제를 정확히 드러내지 않는다고 하여, 그때부터 '일본군 성노예(Japanese Military Sexual Slavery)'라는 명칭을 보고서에 공식적으로 기록하였다. 강제로 원치 않는 성적 노동을 강요받았다는 점에서 '노예'와 같은 취급을 당했다고 보았기 때문이다. 그러니 성노예라는 표현은 위안부를 낮추어 부르는 표현이 아니라 그들이 당한 피해를 강조하는 표현이다.

지 않아 노예가 되는 경우도 있었다. 이는 노예를 사유화하는 것이지만 그 사회에서 제도적으로 이를 보장하기에 가능했다.

사실 인류 역사를 보면 대부분의 나라에서 노예 제도를 실시하거나 이와 비슷한 제도들이 있었다. 한반도에 존재했던 여러 나라의 역사를 보면 노예나 천민으로 주인에게 예속된 삶을 살았던 계층도 많았다.

몇몇 나라들은 대규모 경제적 생산 활동을 위해서 노예 제도를 운영하였다. 여기에서는 대표적인 나라들의 노예제 운영 방식을 살펴보며 그 나라들이 탈취한 경제적 이득과 번영을 알아볼 것이다.

 ## 스파르타쿠스, 로마의 지배층에 맞서다

지중해 연안의 작은 국가였던 로마는 정복 전쟁으로 영토만 확장한 것이 아니라 수많은 노예도 확보하게 된다. 로마의 영토가 확장되는 과정에서 광활한 토지를 바탕으로 라티푼디움이라는 대농장이 생기게 된다.[35] 이 대농장을 경작하는 노동력을 제공한 이들이 바로 정복 전쟁에서 획득한 노예들이다.

대농장에서 농산물을 대량으로 경작하게 되자, 농작물의 가격이 내려가면서 로마에서 자영농을 하던 사람들이 빈민으로 전락하였다. 대농장에서 일하는 노예들의 원성은 더 높아지는 반면 라티푼디움을 소유한 지배층의 부는 급격히 증가하였다. 그러자 지배층은 더 많은 노예를 소유하기 위해서 정복 전쟁을 일으켰다.

이 과정에서 노예들의 반란이 일어났는데 여러 차례 영화의 주인공으로 등장한 스파르타쿠스가 일으킨 반란이 대표적이다. 현재의 터키 근

처인 트라키아 지역 출신으로 알려진 그는 BC 70년경에 살았던 인물이다. 노예였음에도 무예가 탁월했던 그는 당시 로마 국민의 오락물이었던 검투 시합을 위한 검투사로 활약하고 있었다.

그는 동료 검투사와 함께 검투사 양성소를 탈출한 후 도망치지 않고 집권 세력과 싸움을 시작한다. 당시 집권 세력에 불만을 품었던 이들을 모아서 대규모 노예 전투 군단을 만들어 맞선 것이다. 소설『스파르타쿠스』[36]에서 스파르타쿠스는 "우리는 로마를 끝장내 버리고, 노예와 주인이 없는 세상을 만들 것이오"라고 외친다.

로마 지배층이 자신들의 재산을 축적하고 노예를 만들기 위해 정복 전쟁을 한 것과 달리 스파르타쿠스는 노예에서 벗어나 자유를 얻기 위해 전쟁을 했다. 당시 화려한 문명 세계를 건설한 로마 제국, 그리고 그에 맞선 노예이자 검투사였던 스파르타쿠스의 전쟁은 외적으로는 야만이 문명에 맞선 전쟁이라고 볼 수 있다.[37] 그러나 스파르타쿠스가 지향했던 가치를 고려하면, 노예 제도라는 야만에 맞서 문명으로 가고자 한 전쟁이라고 볼 수 있다.

아프리카에서 아메리카로 팔려가다

십자군 전쟁에서 패배한 이후 인도의 향신료를 직접 수입하기 위해 지중해를 거치지 않고 인도로 바로 가는 길을 찾았던 유럽인들의 노력은 아프리카, 아메리카라는 대륙과 접촉하는 계기가 된다.

유럽에서는 이를 '지리상의 발견', '신대륙의 발견'이라고 하지만, 사실 유럽이 바닷길을 열어 항해를 시작한 이후 세계 역사는 요동쳤고 이때 새로운 노예들이 만들어졌다. 유럽의 입장에서 아메리카는 발견된 신대륙이지만, 아메리카의 입장에서 유럽은 침략자들이다. 아프리카의 입장에서도 그럴 것이다.

15세기경 유럽 남쪽에 위치한 포르투갈의 왕자 엔히크는 인도로 가는 길을 찾다가 아프리카 서해안에 도착하고, 그곳에서 만난 아프리카인들 일부를 유럽으로 끌고 온다.[38] 그는 끌고 온 아프리카인들을 노예로 팔아서 번 돈으로 새로운 항해 비용을 마련한다.

이런 상황을 본 유럽인들은 아프리카인들을 데려와 본격적으로 노예로 팔기 시작한다. 이방인을 데려와서 노예로 삼은 것이다. 이렇게 아프리카 흑인 노예 무역이 본격적으로 시작되었다.[39]

노예 무역은 유럽인들이 아메리카 대륙으로 가면서 새로운 전기를 맞는다. 서인도 제도와 라틴아메리카 지역 등을 식민지로 삼은 유럽은 광산 채굴과 사탕수수 재배에 투입할 인력이 필요해졌고 유럽에 노예로 팔렸던 아프리카인들은 이제 아메리카 대륙으로 강제로 끌려가 노예가 된다.

노예선은 이들을 강제 이주 시키기 위해 건조한 배였다. 배에는 수갑, 족쇄, 쇠사슬과 같은 이동을 막는 도구, 채찍과 나비나사와 같은 고문 도구, 강제 급식을 위한 스펙큘럼 오리스 같은 도구가 갖추어져 있었다.[40]

아프리카인들은 노예 무역 상인들에게 매우 중요한 상품이었다. 그들은 아메리카에 도착한 후 광산이나 농장에서 노예로 살면서 인간이 아닌 재산이 되었다.

당시 유럽은 아메리카에서 생산된 광물이나 사탕수수로 큰 이익을 얻었다. 그리고 이를 기반으로 산업혁명이 일어나고 현재와 같은 경제적 발전을 이루었다. 근대 이후 유럽 발전의 역사와 자본주의 시장 경제의 성장은 아프리카 흑인 노예의 피와 눈물과 땀의 결과라고 보아야 한다.[41]

이후 1791년 8월 23일, 지금의 아이티에서 노예들이 혁명을 일으키고, 이것이 확산되어 유럽과 아프리카 여러 지역의 노예들이 자유를 요구하였다.[42] 결국 1800년대 초에 노예 무역을 금지하겠다고 유럽의 여러 나라들이 결정하게 된다.

유엔은 아이티에서 노예들이 인간으로서 자신들의 자유를 주장한 8월 23일을 기념하여 '국제 노예 무역 철폐 기념의 날(International Day for the Remembrance of the Slave Trade and Its Abolition)'로 정했다. 그러니까 합법적이고 제도적인 인신매매 행위였던 노예 무역이 사라진 것은 지금으로부터 약 200년 전의 일이다.

미국의 노예 해방을 둘러싼 논쟁

북아메리카에서는 처음에는 담배 생산을, 나중에는 면화 수확을 위해 아프리카 노예의 노동력이 절실했다. 유럽의 산업혁명 이후 면방직 공업에서 면화는 매우 중요한 원료였고, 북아메리카의 면화 농장이 원자재 생산을 담당했다.[43]

미국이 영국으로부터 독립한 이후에 유럽 출신 미국인들은 여전히 흑인 노예 노동력을 이용하여 면화 농장을 운영한다. 1800년대 초반에 유럽 국가들이 노예 무역을 없애자, 미국은 흑인 노예의 후손을 노예로 삼아서 자체적으로 노예 매매를 지속한다. 이러한 행위는 그들이 버지니아 인권선언이나 미국 독립선언에서 내세운 "모든 인간은 태어날 때부터 자유롭다"는 주장에 모순되는 일이었다.

미국에서도 노예 제도에 대한 반대 여론이 나오자 반대로 노예 제도를 옹호하는 주장도 강력하게 형성된다. 노예 제도를 옹호하는 이들이 논거로 사용한 것은 바로 흑인의 생물학적 열등함이었다. "흑인은 태어날 때부터 열등하게 태어난 존재이기에 자유를 가질 자격이 없으며, 노예로 살아가는 데 문제가 없다"는 것이다.[44] 이는 향후 흑인에 대한 인종 차별의 논거로 전환된다.

당시 노예를 소유하지 않았던 남부의 많은 가난한 백인들도 노예 해방을 반대했다.[45] 흑인 노예가 있어서 상대적으로 자신들의 사회적 지위가 가장 낮지 않았기 때문이었다. 또한 해방된 노예들이 자신들과 같은 위치에서 경쟁하는 상황이 오는 것도 두려웠던 것이다.

이렇게 노예 제도를 옹호하는 사람들에게 강하게 반발한 이가 바로 미국의 정치가 조지 메이슨(George Mason)이다. 그는 "모든 노예주들은 작은 폭군으로 세상에 태어난다. ……가난한 사람들은 노예들이 수행하는 노동을 보면서 노동을 멸시하게 된다"고 주장한다.[46] 그의 주장을 보면 노예 노동은 인간에 대한 멸시이자 노동에 대한 멸시가 되는 셈이다.

이런 논쟁으로 미국은 라틴아메리카보다 늦게 노예 제도를 폐지하게 된다. 결국 미국 남북 전쟁 중 면화 농장이 많이 분포하던 남군 진영의 항복을 받기 위하여 당시 대통령이었던 링컨은 1863년 1월 1일 노예 해방을 선포한다. 비로소 아프리카계 아메리칸들은 노예의 신분에서 벗어나게 되었다.

노예 제도는 우리에게 무엇을 남겼나?

오늘날 제도로서 노예제는 사라졌다. 그러나 유럽의 오랜 역사 속에서 견고한 제도로 버텨 왔던 노예제는 아직도 망령으로 남아, 사람들의 인식과 행동 속에 떠돌고 있다. 노예 제도의 역사는 오늘을 살아가는 우리에게 무엇을 남겨 놓았을까?

로마의 라티푼디움에서 본 것처럼 노예 제도는 대규모 경제 활동을 유지하는 근간이었다. 노예 제도는 막대한 경제적 이윤 추구에 도움을 주었고, 산업혁명으로 자본주의가 성장하는 과정에서도 매우 중요한 역할을 하였다.

　노예제는 사라졌지만 자본주의 경제 체제에서 막대한 이윤을 추구하는 사람들은 노동자를 노예처럼 인식한다. 다른 사람을 나의 재산으로 여기고 돈을 버는 것이다. 앞에서 보았던 염전 노예가 가능했던 것도 바로 이런 인식의 결과일 것이다. 이렇게 오랜 세월 지속되어 온 노예 제도는 경제적·사회적 측면에서 불평등이나 차별을 당연한 것으로 여기는 네 가지 인식을 유산처럼 남겨 놓았다.

　첫째, 정신노동과 달리 육체노동을 낮게 평가하는 것이다. 노예는 교육을 받지 않고 수동적으로 주어진 육체적인 일을 하는 사람들이었다. 이는 노예 제도만이 아니라 신분 제도 사회에서도 나타나는 현상이다. 문제는 미국의 조지 메이슨이 염려했던 것처럼, 우리는 인류의 역사 속에서 오랫동안 노예의 일이었던 육체노동을 천대하는 경향이 있다.

　우리는 직업에 귀천이 없다고 이야기한다. 그러나 여전히 사회에서 선호하는 직업과 그렇지 않은 직업을 생각해 보면, 육체노동을 하는 직업에 대한 평가는 여전히 낮다. 그리고 정신노동에 비하여 육체노동은 단순한 것이라고 여겨 임금을 적게 주어도 된다고 생각한다.

　둘째, 누군가에게 노동 서비스를 제공하는 사람을 함부로 대해도 된다는 생각이다. 노동 서비스를 제공하던 노예는 인간이 아니라 재산이나 상품이었기에, 그들을 인간으로 대우하지 않았다. 요 근래 우리 사회에서 문제가 된 가진 자들의 갑질, 대표적으로 대기업 사주들이 직원을 마치 노예처럼 부리는 일들, 그리고 감정 노동자에게 함부로 대하는 일들을 생각해 보면 그들을 인간으로 대우한다고 보기 어렵다.

　셋째, 힘이 없는 사람은 마음대로 부려도 된다는 인식이다. 과거의 노예 제도는 대체로 정복 전쟁에서 이긴 사람들이 자행한 행위이다. 물리력을 가진 지배자들이 피지배자들을 노예로 삼고는, 그들을 열등하다고 규정하여 강제 노동을 시킨 것이 핵심이다.

그런데 오늘날에도 물리적·경제적 힘이나 사회적 지위 등에 따라 서열을 정하는 사람들이 여전히 있다. 낮은 위치에 있는 사람을 무시하고 일을 시켜도 된다고 생각하는 사람들도 있다. 마치 노예제의 지배자처럼 말이다.

넷째, 이주민에 대한 차별적 인식이다. 과거 대다수의 노예들은 정복당한 이민족이었다. 노예가 된 이민족이나 이주민은 함부로 대해도 되는 사람 혹은 열등한 사람으로 규정되었다. 오늘날도 여전히 질 낮은 노동을 해서라도 먹고살기 위해서 이주하는 사람들이 많다.

그런데 이 이주 노동자들을 질 나쁜 노동 환경에서 일을 시키려는 행위, 그들의 여권을 빼앗아 다른 곳으로 가지 못하게 하는 행위가 바로 노예제와 닮아 있다. 그들에게 보내는 싸늘한 혐오의 시선이 과거 노예제에서 이어받은 불손한 인식이 아닌지 생각해 보아야 한다.

 ## 위험의 외주화, 노동자이기 이전에 한 명의 인간으로

공식적으로 노예 제도는 없어졌지만, 대한민국을 비롯한 지구촌 여기저기서 노예 제도와 비슷한 노동의 모습이 남아 있다. 장애인을 속여 임금을 지급하지 않고 노동을 시키는 것과 같이 아직도 우리 안에 남아 있는 현대판 노예제의 양상을 살펴보자.

비정규직은 정규직에 대응되는 말로, 일정 기간 계약을 맺고 노동을 제공하는 고용 형태를 말한다. 아르바이트도 해당되지만 일정 시간만 일하는 파트타임 노동이나 일정 기간만 일하는 기간제 노동이 대표적이다. 그런데 최근 이런 비정규직 노동의 경우, 노동을 제공하는 회사에 직접 고용되지 않고 외주 회사에 고용되어 파견직으로 일하는 하청 노동 형태로 많이 나타난다.

하청 노동은 특정 노동에 대해 회사가 직접 고용한 직원들이 아니라 외주 회사에서 고용한 직원을 파견 보내 수행하는 형태이다. 그런데 우리나라의 하청 노동은 대부분 더럽고 힘들고 위험한 3D(dirty, difficult, dangerous) 노동이 많으며 임금도 낮은 편이다.

문제는 이처럼 위험하고 힘든 노동인데도 산업재해와 안전에 대한 대책이 거의 없거나 충분치 않은 경우가 많아서 위험한 사고가 자주 발생하는 데 있다. 그런데 기업들은 파견직 노동자가 일하다가 당하는 사고

에 직접적인 책임을 지지 않아도 되기에 이런 위험하고 힘든 일은 하청을 준다. 결국 위험한 노동은 파견 비정규직이 하게 되는 구조이다.

이렇게 위험한 업무를 주로 하청 노동자, 즉 파견 비정규직 근로자에게 맡기는 현상을 '위험의 외주화'라고 한다. 과거 노예 제도와 달리 임금을 준다는 점에서 노예는 아니지만 노동하는 인간에 대한 존중이 없다는 면에서 과거 노예 제도와 크게 다르지 않다. 어쩌면 인간을 상품으로 여기고 대가 없이 노동을 제공하도록 했던 과거 노예 제도의 모습이 현재 우리 사회에서 위험의 외주화로 나타나는 것은 아닌지 생각해 볼 문제이다.

2016년 5월 서울 지하철 구의역에서 스크린도어를 고치는 일을 하다 사망한 10대 청년 노동자도 하청 노동자였다. 2018년 충남의 한 발전소에서 일하다 컨베이어 벨트에 끼어 숨진 20대 청년 노동자도 하청 노동을 하던 파견 비정규직이었다. 이 외에도 많은 청년들이 파견되어 위험한 노동을 하다가 다치거나 사망하였다.

2018년 발전소에서 일하다 사망한 김용균 씨의 이름을 따서 하청 노동자의 안전사고를 막을 수 있는 '김용균법'이 통과되었다. 그러나 하청 노동자들의 노동 환경, 위험에 대한 대책은 여전히 부족하다. 노동자이기 이전에 인간이라는 생각을 할 수 있는 사회, 그리고 누구나 안전하게 일할 수 있는 대책이 마련된 사회, 정말 어려운 걸까?

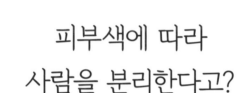

피부색에 따라
사람을 분리한다고?

2019년 1월에 남아프리카공화국의 한 초등학교에서 찍힌 사진이 SNS에 올라왔다.[47] 그러자 이 사진이 인종 차별을 나타낸다며 사회적으로 문제가 되었다. 그뿐만 아니라 이 사건은 세계 여러 나라에 알려져 인종 차별에 대한 문제의식을 다시 상기시켰다.

어떤 사진이었을까? 학급에서 학생들이 책상에 앉아 있는 모습이었는데 문제는 사진 속 학생들의 자리 배치였다. 백인 아이들 20여 명이 교탁 앞에 앉아 있고, 그 뒤쪽으로 흑인 아이들 3~4명이 따로 앉아 있었다.

남아프리카공화국은 아프리카 대륙 가장 남단에 위치한 국가이다. 과거 유럽 여러 나라가 아메리카 대륙으로 항해하기 위해서 전략적으로 거쳐 간 곳이다 보니, 유럽 여러 나라의 식민지가 되었다. 그래서 식민지에서 벗어난 이후에도 유럽 백인들이 만든 인종 분리 제도가 공식적으로 시행되었던 역사를 갖고 있다.

이 사진을 올린 학교 담임교사는 인종에 따라 학생들의 자리를 달리 배치하는 차별을 했다며 비판을 받았다. 그리고 얼마 후 담임교사는 해고된 것으로 알려졌다. 노벨평화상을 받은 넬슨 만델라 대통령을 비롯해 수많은 사람의 저항으로 흑백 인종 분리 정책이 사라진 지 20여 년이 넘었지만 이런 인종 차별적 양상은 여전하다.

이곳만이 아니다. 흑인 노예 해방 선언과 흑인 민권 운동으로 제도적인 흑백 차별이 없어진 미국에서도 여전히 흑인, 정확히는 유색 인종에 대한 차별은 노골적이다. 그리고 흑인을 차별한다는 점에서 우리나라도 자유로울 수 없다.

 ## 흑인 차별은 어디서부터 시작되었을까?

왜 백인은 흑인을 차별하는가? 인류의 역사에서 언제부터 시작된 일일까? 흑인 노예 무역을 시작한 그 즈음일까? 아니면 더 이른 시기일까? 사실 이 부분에 대한 역사적 기록은 분명하게 존재하지 않는다.

고대 사회에서는 이동 기술이 크게 발달하지 않아서 다수가 이동하는 일이 드물었다. 그리고 각 사회마다 자신들과 다른 곳에 사는 모든 이들이 삶의 영역을 침해하는 이방인이었기에, 피부색에 상관없이 이방인은 그 자체로 모두가 적이었다. 종종 문명이 발달한 지역에서는 자신들보다 낮은 문명에 사는 이들을 야만인으로 규정하기는 했지만, 딱히 피부색으로 인종의 위치를 서열화한 경우는 없었다고 보아야 할 것이다.

흑인에 대한 차별의 역사와 관련하여, 세네갈 출신의 프랑스 철학자인 크리스티앙 들라캉파뉴(Christian Delacampagne)는 그 근원을 성경에서 찾는다.[48] 그는 『구약성경』의 「창세기」 부분에 등장하는 노아의 세 아들에 주목한다. 「창세기」 9장에 따르면 대홍수 이후에 노아가 거나하게 술에 취해 벌거벗고 잠을 자는 장면이 나온다.

노아의 세 아들은 벌거벗고 자는 아버지에게 각기 다른 태도를 취한다. 두 아들 셈과 야벳은 이불을 덮어주지만, 막내아들 함은 벗은 몸을 보고 비웃는다. 술에서 깨어난 노아는 함이 자신을 비웃은 것을 알고는 대노한다. 더불어 "함의 자손은 야벳과 셈의 자손들의 종이 될 것이다"라는 저주를 내린다.

히브리어 성경에서는 이들 세 형제의 피부색이나 인종에 대한 언급이 없다. 그런데 기독교가 유럽으로 전파되면서 노아의 세 형제에 피부색을 부여하게 된다. 세 형제의 지리적 이동 계보를 보고 세 형제를 인종적 측면으로 구분한 것이다. 즉, 야벳은 유럽으로 가서 백인, 셈은 아시아로 가서 황인, 그리고 함은 아프리카로 가서 흑인이 되었다고 본다.

"함의 자손은 야벳과 셈의 자손들의 종이 될 것이다"라는 「창세기」의 내용은 세 형제에게 인종을 부여한 유럽인들에게 의해서 "흑인은 백인의 종이 될 것이다"로 새롭게 해석된다. 이 해석에 따라 흑인에 대한 백인의 차별은 거룩한 종교적 논리로 공고해지고, 종교 교리를 따르는 것이기에 전혀 문제가 없는 진리로 고착되어 갔다.

중세 이후 유럽의 기독교 미술에서 신과 연관된 상징물들은 대부분 흰색으로 그렸는데, 이 또한 흑인에 대한 인종 차별 논리를 공고하게 하는 근거로 작동했을 것이다. 대표적으로 성령*을 나타내는 흰 비둘기,

성령
기독교에서 강조하는 창조주의 거룩한 영(靈)을 말한다.

천사의 하얀 날개, 예수를 상징하는 어린양, 마리아의 하얀 수건 등[49]과 같이 거룩한 것은 모두 흰색이다. 반면 흰색과 대조를 이루는 검은색에는 악마와 저주의 의미를 부여한다.

이런 신화적 신념이 백인이 흑인에게 가한 차별에 영향을 주었을 혐의는 있지만 명확한 기록은 없다. 그럼에도 실제로 유럽인이 가한 흑인 인종 차별은 역사적으로 매우 오래되었고, 지금도 계속되고 있다. 문제는 근대 과학이 발달하면서 특정 인종에 대한 차별이 신화적 측면을 뛰어넘어 '의사 과학'이라는 이름을 달면서 강화되었다는 점이다.

의사 과학으로 포장된 인종 차별의 논리

제임스 왓슨(James Watson)은 1953년에 DNA 구조를 발견한 미국의 생물학자이다. 그는 이 공로로 1962년 노벨생리의학상을 받았다. 학자로서 승승장구하던 그는 하버드 대학교 총장직도 역임했다. 그런데 2007년 한 잡지와의 인터뷰에서 "진화의 역사에서 서로 다른 인종이 동일한 지능을 가지리라고 믿는 것은 희망일 뿐이다. 흑인 직원들을 고용해 본 사람들은 이 말뜻을 다 알 것이다"라는 인종 차별 발언으로 자신의 여러 직위를 박탈당한다.[50]

왓슨이 저명한 유전학자였기에 '흑인이 열등하다'는 그의 발언을 과학적 사실이라고 오해하는 사람들이 있다. 그런데 그의 전공은 유전자 구조와 유전자 정보 전달에 관한 것이지, 인종 간 유전자의 우월성과 열등성을 밝히는 것이 아니다. 더구나 그런 연구는 존재하지 않는다. 왓슨의 인종 차별 발언은 그가 연구한 과학적인 증거를 기반으로 한 것이 아니라, 편견이 가득한 한 개인의 헛소리일 뿐이었다.

문제는 흑인에 대한 편견을 과학의 이름으로 교묘하게 포장했다는 점이다. 일반적으로 '과학'은 정확한 실험이나 관찰과 같은 경험적 증거 자료를 바탕으로 하는, 즉 과학적 방법론을 사용해 논증하는 것을 말한다.

그런데 비논리적인 방법을 사용하는데도 과학의 이름을 다는 경우가 있다. 바로 의사 과학(유사 과학 또는 사이비 과학, pseudo-science)이다. 의사 과학을 자세히 보면 논리적으로 관찰한 결과를 제시하는 것 같지만, 비논리적인 방법을 적용하거나 논리가 왜곡되어 있다.

의사 과학으로 포장된 인종 이론 중에서 대표적인 것은, 흑인종은 백인과 원숭이의 교배로 태어났을 것이라고 주장하며 흑인을 원숭이와 유사한 종으로 보는 사례이다.[51] 이는 18~19세기 당시 초기 생물학에서 식물과 동물을 분류하던 방법을 인간 종 분류에 적용하여 내세운 의사 과학의 결과물이다. 이 주장의 근거는 오로지 흑인이 백인보다 열등하다는 당시 사람들의 편견에 따른 것이었다.

그런데 이런 주장이 나오면서 인간 종을 우월하고 열등한 정도에 따라 분류하는 논의가 나왔는데, 바로 프랑스의 외교관인 조제프 아르튀르 드 고비노(Joseph Arthur de Gobineau)가 저술한 『인종 불평등론』이다. 이 책에서 고비노는 "가장 우수한 인종은 백인종인 코카서스 인종이고, 이들이 세계 문명의 발전을 이끌고 있는데, 열등한 유색 인종과의 혼혈로 우월한 인종의 피가 손상되어 인류 전체가 쇠퇴할 것"이라는 비논리적인 주장을 하였다.[52] 특히 백인 중에서도 게르만이 속한 아리아인이 켈트인이나 슬라브족보다 더 우월하다고 하였다. 이 주장은 후에 독일의 나치 히틀러가 악용한다.

분리되었지만 평등하다?

흑인 노예 무역 이후 라틴아메리카에서는 '물라토'와 같이 혼혈 결혼으로 태어난 자손에게 차별적 용어를 붙였다. 그럼에도 이 당시에는 피부색이 다른 사람끼리 결혼을 많이 했다. 그 결과 피부색이 다양한 혼혈자녀들이 태어났다.

반면에 북아메리카, 특히 미국에서는 혼혈에 대한 거부감이 매우 강했다. 그래서 1660년대 메릴랜드주와 버지니아주에서는 인종 간 결혼 금지법을 만들었다. 미국에서 노예 해방 선언 이후 1865년에 「수정헌법」 제13조가 의회에서 통과되면서 흑인 노예 제도는 폐지된다. 그러나 흑인들이 많이 살았던 미국 남부의 11개 주에서는 백인의 지배를 강화하고자 공공장소에서 유색 인종과 백인의 분리를 인정하는 「짐 크로 법(Jim Crow Law)」을 통과시킨다. 인종 차별적인 이 법은 1896년 "분리되었지만 평등하다(Separate but equal)"라고 주장하며 연방법원에서 합헌 판결을 받는다.[53]

이 법에 따라 식당, 호텔, 병원, 학교, 화장실, 극장, 버스 등 공공장소에서 백인과 유색 인종이 사용할 수 있는 공간이 분리되었다. 식당 창에 "개와 흑인은 들어올 수 없다"라고 버젓이 써붙이기도 했다. 노예제를 폐지하기는 했지만 흑인을 동등한 인간으로 인정하지 않는 생활을 지속했던 것이다.

1955년 흑인 여성 로자 파크스(Rosa Parks)는 법에 정해진 대로 백인에게 버스 좌석을 내어 주지 않았다는 이유로 처벌을 받는다. 그러자 흑인들은 버스 승차 거부 운동 등 다양한 저항 운동을 시작한다. 이것이 흑인 인권 운동으로 확대되면서 결국 짐 크로 법은 폐지된다. 그리고

혼혈에 대한 차별적 용어, 물라토와 코시안

흑인 노예 무역을 통해 아메리카로 이동한 아프리카 흑인과 이들을 노예로 데려간 유럽의 백인 사이에 태어난 자녀들을 라틴아메리카에서는 '물라토(mulato)'라고 부른다. 그런데 이 단어의 어원인 'mule'은 수컷 당나귀와 암컷 말을 이종 교배하여 얻은 노새를 뜻한다. 과학적으로 이종 교배로는 다음 세대가 태어나지 않기 때문에 노새끼리는 자연적으로 다음 후손을 얻지 못한다. 백인과 흑인 간의 후손을 이종 교배에 따른 '혼혈'이라는 의미의 물라토라 한 것은 기본적으로 흑인을 백인과 다른 인간 '종'이라고 보아서이다.[54] 동물 분류학에 따르면 인간은 호모 속의 사피엔스 종으로 유일한 종이다. 또 물라토에게서는 자녀가 태어나니 과학적으로 흑인과 백인은 다른 인간 종이 아니라 동일한 종이므로 이는 명백히 잘못된 표현이다. 흑인을 백인과 다른 종인 것처럼 포장하려 했지만, 과학적으로 잘못된 논리를 적용한 셈이다.

우리나라에서도 동남아시아 출신 이주민과 한국인 사이에 태어난 아이들을 코시안으로 부르고자 시도한 적이 있다. 한국인(Korean)과 아시아인(Asian)을 합성한 표현이다. 이 용어는 한국은 아시아가 아니라는 논리가 담겨 있어 차별적인 용어라는 비판을 받았고 결국 사용하지 않게 되었다. 물라토와 코시안 같은 표현을 보면, 인간을 구별하려는 용어가 얼마나 차별적인 행위인지 다시 한 번 생각하게 한다.

1964년에 인종, 민족, 출신 국가, 여성을 대상으로 차별을 금지하는 연방법을 만들게 된다.

유색 인종을 차별하는 법은 또 있었다. 2016년에 개봉한 〈러빙〉은 「인종순결법(Racial Integrity Law)」에 대한 위헌 판결(1967년 6월 12일)을 다룬 영화이다. 백인과 흑인의 피가 섞이는 것을 막기 위해 백인과 유색인종 간 결혼을 금지한 「인종순결법」이 남아 있던 1958년 버지니아주에서 일어난 사건을 다루고 있다.

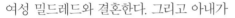

백인인 리처드 러빙은 미국의 수도였던 워싱턴 D.C.에서 고향 친구였던 흑인 여성 밀드레드와 결혼한다. 그리고 아내가 임신을 하자 이들은 함께 고향인 버지니아주로 돌아온다. 고향으로 온 지 얼마 되지 않아 이웃의 제보로 이들 부부는 「인종순결법」을 어긴 혐의로 경찰에 체포되어 재판에 넘겨진다.

1심에서 실형을 받은 부부는 항소를 했지만, 버지니아주를 떠나 25년간 돌아와서는 안 된다는 조건으로 풀려난다. 이때 재판부는 "전지전능한 신은 백인과 흑인, 황인, 말레이인, 홍인을 창조하고 각기 다른 대륙에 배치했다. 신이 인종을 분리한 것은 인종을 섞을 의도가 없다는 것을 뜻한다"고 판결문에 밝혔다.[55] 이 재판부의 주장을 생각해 보면, 노아의 세 아들에게 피부색을 덧입힌 유럽인들의 미신이 매우 오랫동안 지속된 셈이다.

워싱턴 D.C.로 돌아온 이들 부부는 시민단체의 도움을 받아 연방대법원에 해당 법률이 위헌이라며 소송을 한다. 결국 소송에서 이겨 「인종순결법」이 위헌이라는 판결을 받아낸다.

이후 인종 차별과 관련한 다양한 법들이 미국에서 대부분 사라진다.

그러나 사람들의 마음속에 남아 있는 흑인에 대한 편견과 차별이 완전히 사라진 것은 아니다. 여전히 백인이 아닌 유색 인종에 대한 혐오 표현은 불쑥불쑥 나온다.

 ## 아파르트헤이트는 분리가 아닌 차별이다[56]

남아프리카공화국의 공식 언어는 11가지로 그중에서 영어, 줄루어, 코사어 그리고 아프리칸스어가 대표적으로 사용된다. 줄루어와 코사어는 아프리카 지역의 언어인 반면, 아프리칸스어는 18세기에 이 지역을 점령한 네덜란드인이 사용하던 네덜란드어와 아프리카 언어, 그리고 다른 유럽어 등이 섞인 언어인데 기본적으로는 네덜란드어와 유사하다.

아파르트헤이트(Apartheid)는 아프리칸스어로 '분리', '격리'를 뜻한다. 그런데 이 표현은 남아프리카공화국에서 이전부터 있었던 흑백 차별을 공식화한, 1948년부터 1991년까지 실시된 흑인에 대한 인종 차별 정책을 의미하는 것으로 더 유명하다.

남아프리카공화국의 경우 기후대가 유럽과 비슷하여, 아프리카를 식민지로 삼았던 백인들이 선호한 지역이었다. 17세기 무렵 현재 남아프리카공화국의 케이프타운에 네덜란드가 동인도회사를 설립하고 이곳을 식민지로 삼았다.

여기에 네덜란드계를 주축으로 하는 유럽의 개신교도 출신인 백인 이주민 집단이 형성되었는데, 이들을 아프리카너(보어인이라고도 불림)라고 불렀다. 그리고 그들은 그곳에 살던 흑인 주민들에 대한 인종 차별을 종교적으로 정당화했다.

그러다 19세기 초 남아프리카공화국은 영국의 식민지로 변하게 되는데, 이에 따라 네덜란드 출신이 주축이었던 아프리카너는 케이프타운 등 해안가 지역을 영국에 내어주고 내륙으로 이동하여 '오렌지자유국'과 같은 국가를 세운다. 이후 19세기 말에 아프리카 지역에서 자원 확보를 두고 영국과 아프리카너 간에 보어 전쟁이 발발했다. 이 전쟁에서 승리한 영국은 1910년 남아프리카 연방을 세우고, 패배한 아프리카너의 국가는 연방의 지배 아래에 들어간다.

남아프리카 연방에서 영국은 막강한 자원을 차지하기 위해 흑인들의 토지 소유를 제한하고 특정 지역에서만 거주하게 하는 인종 차별법을 만든다. 그리고 1948년 선거권을 가진 백인들만의 선거에서 권력을 잡은 아프리카너 중심의 보수정당은 인종 차별을 강화하기 위해 아파르트헤이트 정책을 실시한다.

아파르트헤이트 정책에 따라 도심에 살던 모든 흑인을 외곽 지역으로 강제로 이주시키고, 흑인만의 거주 지역을 지정하였다. 당연한 듯이 인종 간 결혼도 금지하였다. 피부색에 따라 신분증을 달리하였고, 통행법을 만들어 백인 거주 지역에서는 일정 시간 외에 흑인의 출입을 금지시켰다. 그리고 20퍼센트가 채 안 되던 백인들의 인구수를 늘리기 위해 유럽의 백인을 이주민으로 받아들였다.

1960년 3월 21일, 인종 차별법을 반대하는 집회에서 경찰의 무력 진압으로 69명이 사망하는 사건이 발생하였다. 이를 계기로 넬슨 만델라가 가입되어 있던 흑인 인권 단체는 무력 투쟁을 선언한다. 이 투쟁 중에 체포된 넬슨 만델라는 종신형을 선고받았고, 감옥에서 아파르트헤이트 문제를 편지로 써 국제 사회에 알렸다.

극단적인 아파르트헤이트 정책을 이유로 영국이 이곳을 연방 국가에서 제명해 버리자, 1961년에 남아프리카공화국으로 독립하게 되었다. 이후에도 아파르트헤이트 정책과 이에 따른 시민들의 저항은 계속되었다. 이 과정에서 유엔을 필두로 여러 나라가 경제 제재를 실시하자 남아프리카공화국은 국제적으로 고립된다.

결국 1991년 아파르트헤이트 정책 폐지를 공식화한다. 1993년 인종 평등 원칙이 담긴 헌법이 채택되고 선거권을 얻은 흑인들의 참여 속에서 이루어진 선거를 통해, 마침내 1994년에 27년간 복역하고 자유를 찾은 넬슨 만델라가 대통령에 당선된다. 이로써 이 지역에서 300여 년에 걸쳐 진행된 인간 '종'에 대한 제도적 차별은 끝났다.

 ## 지금도 계속되는 유색 인종에 대한 차별

지금까지 살펴본 내용이 흑인 차별의 중요한 역사적 사건들을 정리한 것 같지만, 알고 보면 이 사건들은 '유색' 인종에 대한 차별이다. 미국에서의 인종 분리법이나 아프리카 공화국에서의 아파르트헤이트 모두 흑인을 포함한 유색 인종 전체에게 가한 차별 정책인 것이다. 이런 제도들의 근거는 바로 우월한 인종과 열등한 인종이 있다는 신화적 믿음, 그리고 그것을 마치 과학적인 것인 양 포장한 의사 과학이었다.

신화로 포장하여 특정 인종을 선택된 집단으로 묘사하고 다른 민족은 종속된 집단으로 그려내거나, 의사 과학을 내세워 유전적 우월에 따라, 그리고 피부색에 따라 '종'을 구분하는 것은 단순한 편견이나 차별이 아니라 인간에 대한 중대한 범죄이다. 인간 종은 생물적으로 '사피엔스' 하나이다. 다만 각기 다른 지역으로 흩어져서 적응하면서 각각의 환경과 종교 등의 특성에 따라 살아온 삶의 방식에서만 차이가 있을 뿐이다.

즉 인간의 문화는 다양하지만, 인간 자체는 하나이다. 그런데 여전히 근거 없는 신화와 비과학으로 포장된 인간 차별과 증오라는 범죄의 기운이 유색 인종과 혼혈 집단에 대한 일상적 차별과 혐오의 양상으로 지구촌 여기저기에 남아 있다.

2020년 5월 말 코로나19에 따른 봉쇄 명령으로 떠들썩하던 미국에서 벌어진 조지 플로이드 사건을 보자. 흑인인 조지 플로이드를 범인으로 여긴 경찰이 8분 이상 그의 목을 조르면서 체포하려다가 사망케 한 사건이다. 이에 "흑인의 생명도 소중하다(BLM, Black Lives Matter)"를 주장하며 항의하는 시위는 미국 전역과 다른 국가들에서도 일어났고, 다시 한 번 흑인 차별에 대하여 심각하게 문제 제기를 하였다. 이처럼 지금도 지구촌 곳곳에서 보이지 않게 또는 너무나 명확하게 다양한 인종 차별들이 이어지고 있다.

대한민국에 사는 우리도 사실 과거 유럽식의 인종 구분에 따르면 유색 인종이며 차별의 피해자가 될 수 있다. 그럼에도 현재 우리 사회에서 다른 유색 인종에 대한 차별과 혐오의 기운이 존재한다는 점을 다시 생각해 보아야 할 것이다.

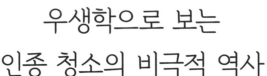

우생학으로 보는
인종 청소의 비극적 역사

　　베를린은 통일 이후 독일의 수도이다. 베를린을 여행하는 사람들의 대표적인 방문지는 분단과 통일의 상징이 된 브란덴부르크 문이다. 분단 시절에는 동독과 서독을 나누는 경계선에 위치한 이 문을 통해서 왕래를 했다. 이 문은 서독과 동독 주민들을 연결하는 관문이었으며 분단의 현실을 경험하게 하는 장소였다. 그래서 독일 통일의 상징이 되었다.

　　또 하나, 베를린 방문객이 많이 찾는 곳이 있다. 바로 브란덴부르크 문 근처에 위치한 홀로코스트 기념관(유대인 학살 추모 공원)이다. 이곳은 1930~1940년대에 일어난 유대인 학살의 가해자인 독일인들이 자신들의 과거를 잊지 않기 위해 만든 공간이다. 더불어 그 당시 희생자였던 유대인들의 고통을 기억하기 위한 공간이기도 하다.

이 기억의 공간에서 서게 되면, 한 인간이 또 다른 인간에게 가했던 학살과 학대라는 보편적인 인권 문제를 숙고하게 되고, 이를 통해 인류가 가진 편견과 혐오가 얼마나 추악한 결과를 가져오는지를 느낄 수 있다. 인간에게 이런 참담한 역사를 만들게 한 것은 무엇이었을까? 이를 알기 위해서는 '우생학'을 먼저 살펴보아야 한다.

 ## 우생학, 우수한 인종만이 살아갈 가치가 있다

싱가포르 정부가 매우 재미있는 프로젝트를 한 적이 있다. '러브 보트'라는 선상 미팅을 주선하여 미혼 남녀의 결혼을 적극적으로 밀어준 것이다. 그런데 이 프로젝트의 주 대상이 고학력 남성과 고학력 여성이다 보니 비판을 받았다. 머리가 좋은 사람들을 결혼시켜 우수한 아이를 출산하게 하려는 정책이라는 것이었다.

종종 일상에서 좋은 대학을 나온 사람인데 아직 결혼하지 않았다고 하면 "이렇게 머리 좋은 사람들이 결혼해서 아이를 낳아야 나라가 발전을 하지"와 같은 말을 하는 것을 볼 수 있다.

이 말 속에는 우생학(Eugenics)의 기본 주장이 담겨 있다. 우생학은 19세기 후반에 영국의 학자이자 유복한 집안 출신인 프랜시스 골턴(Francis Galton)이 내세운 것으로, 인간의 유전자를 우수 형질과 나쁜 형질을 구분하여 우수 형질은 사회적으로 보호하고, 나쁜 형질은 사회적으로 줄여야 한다고 주장한다.[57]

'학(學)'이라 이름 붙어 있으니, 많은 사람이 우생학이 논리적 증명 등을 갖춘 과학적 학문이라고 생각할 것이다. 그러나 이것은 과학적 방법에 따르지 않는 골턴의 개인적 신념이고 주장이다. 즉 동식물 종자를 개량하여 우수한 수확물을 거두듯이 인간 '종'의 형질을 우수 형질로 개선하자는 것으로 사회 운동적 성격이 강했다. 이를 지지하는 사람들은 인간을 우수 종과 불량 종으로 나누고 인간 종 개량 작업을 정책적으로 하자고 주장하였다.

의사 과학인데도 많은 나라가 이 주장을 수용하였는데, 우생학 연구소를 설립하여 이와 관련한 제도와 법을 마련하는 나라들도 생기게 된다. 인간 종 청소를 시행한 대표적인 사례가 바로 독일 나치의 유대인 대학살, 홀로코스트이다.

히틀러는 국민들의 불만을 돌리기 위한 정치적 전략으로 우생학을 활용한다. 우생학을 바탕으로 '우월한 게르만 민족'의 세계 지배 전략을 만들고 제시한 것이다. 그리고 이 전략의 희생자로 유대인이 선택되었다. 유럽에서 미움을 받던 유대인을 문제 있는 인간 종족이라고 선포한 후 이들을 없애려는 계획을 세운 것이다.

히틀러는 이 전략을 위한 전담 부서를 만들어 유대인을 집단 이주시키고, 결국에는 가스실에 몰아넣어 죽이는 일을 오랜 기간 자행하였다. 말 그대로 유대인이라는 특정한 인간 집단에 대한 소멸 작전을 시작한 셈이다. 이때 나치에 의해 희생된 유대인의 수가 대략 600만 명이 넘는다고 전한다.

독일이 전쟁을 통해 점령한 지역에서도 유대인은 유대인이라는 이유만으로 징집 당하듯이 끌려 나와서 어디로 가는지도 모르는 기차를 타고 수용소로 집결하였다. 그나마 건강한 사람들은 수용소에서 일을 하면서 생명을 유지했지만, 많은 사람들이 수용소에 도착하자마자 나체로 가스실로 끌려가서 죽음의 가스를 마시고 학살당했다. 그리고 시체

는 소각로에서 소각되었다. 종종 생체 실험에 희생당하는 사람들도 있었다.

글로 정리하면 간단한 일 같지만 그 실상은 같은 인간으로서 상상조차 하기 고통스러운 것이었다. 영화 〈사울의 아들〉은 수용소에 도착한 유대인들이 어떻게 가스실로 가는지, 어떻게 죽고 소각되는지를 적나라하게 보여준다. 또 수많은 지역에 남은 유대인 수용소와 가스실이 이 비극을 증명하고 있다. 대표적으로 그 당시 독일에게 점령당했던 현재 폴란드 아우슈비츠에 위치한 유대인 수용소가 있다.

한민족 강제 이주 역사가 만든 고려인

나치 독일이 유대인이나 집시 등의 집단을 모아서 강제로 이주시킨 뒤에 수용소로 보낸 것처럼 특정 집단을 강제 이주시킨 역사는 다양하다. 그중 한민족과 관련한 것이 바로 고려인 이야기이다.

조선 말부터 삶의 터전을 찾아 경계를 넘어 두만강 북쪽 연해주 지역으로 이동한 한민족들이 있었다. 일제강점기에 일제 압박을 피해 이동했던 사람들을 포함해 연해주 지역에 살던 한민족의 수는 거의 20만 명에 이르렀다. 이들은 자신들을 고려인이라고 불렀고, 러시아어로 카레이스키라고 불렸다.[58]

그런데 당시 연해주가 속한 지역을 통치하던 소련(소비에트 연방: 현재의 러시아와 주변의 독립국)에서 스탈린이 집권하자, 여러 소수 민족을 대상으로 강제 이주를 시행한다. 강제 이주 정책에 따라 1930년대 후반에 연해주 일대에 살던 한민족 대부분이 중앙아시아 지역으로 가는 야간 열차에 강제로 태워졌다.

당시 일본과 전쟁을 했던 소련에서는 일본인과 비슷한 외모의 고려인에게 이주의 자유를 제한하고, 배당받은 지역에서만 거주하도록 강제하였다. 황무지 같은 곳에 도착한 고려인들은 죽음과 싸우며 논농사를 지을 수 있도록 강제 거주지를 개간해 나간다. 그리고 집단 농장도 만들면서 새로운 거주지를 만들었다.

그리고 강제 이주 후 20여 년 만에 다른 지역으로 자유롭게 왕래할 수 있는 자유를 얻게 된다. 그러다 1990년대 초에 소련이 무너지고 고려인이 살던 곳에 여러 독립 국가가 세워지면서 고려인들은 다시 환영받지 못하는 사람들이 되었다. 이후 그들은 한국으로, 연해주로, 또 다른 외국으로 이주하여 살아가고 있다.

독일이 유대인에게, 소련이 고려인에게 한 것처럼 강제 이주를 실시한 이후 집단 거주지가 형성되는데, 이런 곳을 게토(ghetto)라고 부른다. 게토는 중세 이후 유럽에서 유대인을 강제로 격리하였던 곳에 붙인 이름으로 오늘날에는 특정 집단 사람들을 강제로 이동시켜 거주하게 하는 곳을 부르는 일반 명칭으로 사용한다. 현대에는 다른 나라에서 이주한 사람들이 모여 사는 곳을 게토라고 부르기도 한다.

히틀러의 독재에 유대인이 정치적으로 이용당하는 과정에서 우생학은 큰 역할을 하였다. 우생학이라는 의사 과학을 등에 업고 히틀러는 국민에게 유대인에 대한 편견과 고정관념, 증오와 혐오를 심어 준 것이다. 그리고 그것을 국민이 수용한 것이다. 그것도 오랜 기간 동안.

 ## 나쁜 형질을 가진 사람은 자식을 낳을 수 없다?

현재 독일 베를린에 있는 홀로코스트 기념관은 유대인 대학살 희생자를 기념한 곳이다. 그런데 이 기념관의 길 건너편에 또 다른 희생자 기념비가 있다. 바로 당시 희생된 동성애 성소수자를 위한 기념비인데, 홀로코스트 기념관보다 조금 늦게 세워졌다.[59]

당시 홀로코스트의 희생자들은 유대인만이 아니었다. 집시, 성소수자, 장애인도 나쁜 형질을 가진 인간 종이라고 보아서 학살의 희생자가 되었다. 집시는 동유럽 지역에서 유랑하던 민족을 통칭하던 표현인데, 나치의 학살 이전에도 역사적으로 유럽 지역에서 배척받아 온 민족이었다. 다만 이들의 수가 유대인에 비해 적었을 뿐이다. 즉, 독일은 유대인 외에도 우생학을 기반으로 그들이 원치 않는 다양한 집단의 사람을 강제 이주시키고 학살하였다.

그런데 우생학이 독일에서 발생한 엄청난 인종 청소를 가능하게 하는 기반이 되었다면, 그 당시 다른 나라들은 우생학에 대하여 어떻게 생각했을까? 우생학이 의사 과학을 바탕으로 한 것이니 이에 반대했을까? 그렇지 않다. 당시 독일의 나치만이 우생학을 받아들여 홀로코스트와 같은 비극을 자행한 것은 아니었다.

스웨덴의 작가 요나스 요나손(Jonas Jonasson)이 쓴 『창문 넘어 도망친 100세 노인』이라는 소설은 백 살 생일을 맞은 주인공인 한 노인의 삶과 최근 100년의 역사를 코믹하게 연결한 매우 유쾌한 소설이다. 과거와 현재를 오가는 이 소설에서 주인공은 어렸을 때, 혼자 폭탄을 만들어 실험을 하던 중 이웃 사람을 죽게 만든다. 그래서 가게 된 정신병원에서 생체 실험의 대상이 되기도 하고, 강제로 불임 시술도 당하게 된다.

그가 생체 실험의 대상이 되거나 강제로 불임 시술을 받는 장면은 당시의 역사적 맥락을 이해해야 한다. 바로 우생학을 받아들인 스웨덴이 실제로 그렇게 했기 때문이다.

21세기 들어 최근 스웨덴의 한 위원회는 1935년부터 1996년까지 스웨덴이 우생학에 근거하여 사람들에게 불임 시술 프로그램을 시행하였다는 사실을 밝혔다.[60] 정신장애를 가진 사람, 간질(뇌전증) 환자 등 사회생활을 하는 데 문제가 있다고 여겨졌던 사람들이 그 대상이었고, 해당 인원은 23만 명이나 되었다.

스웨덴만이 아니었다. 당시 많은 나라가 단종법(斷種法)을 만들고 의회의 통과를 받아서 합법적으로 강제 불임 수술을 강행했다. 단종법은

문제가 있는 인간 집단의 생식 능력을 없애서 그들의
후손이 태어나지 않게 하는 것을 인정하는 법이다.
바로 인간 '종' 중에서 나쁜 형질을 더 이상 남겨 두어
서는 안 된다는 우생학의 의견에 따른 조치였다.

한센인
만성 감염병인 나병(한센병)
에 걸린 사람을 이르는 표
현으로 나병 환자라고도 불
렀다.

　세계 최초의 단종법은 미국의 인디애나주에서 만
든 것으로, 1907년부터 환자, 범죄자를 대상으로 불임 수술을 의무적으
로 하게 하였다.[61] 1970년대 중반에 없어진 이 법은 스웨덴, 노르웨이 등
북유럽 국가들과 일본, 한국 등에도 영향을 주었다. 비슷한 논리에 따라
우리나라도 국가에서 한센인 *에게 불임 수술을 의무적으로 실시했다.

　특정한 정체성을 가진 사람들에게 우생학이라는 고정관념, 차별, 혐오
의 의도를 담아서, 그들의 후손을 학살하는 행위를 한 셈이다. 매우 최
근까지도 말이다.

　스웨덴의 경우, 최근 국가의 승인 아래 이런 행위가 이루어졌던 것에
대해 피해자에게 공식 사과하고, 이들이 입은 피해를 국가가 공식적으
로 책임져야 함을 밝혔다.

　진정한 문명화를 이룬 사회는 개개인의 정체성을 인정하여 다양성을
존중하고 제도적 지원을 해주는 사회이다. 그래서 문명화된 사회일수록
인간의 개인적 특성이나 자유를 비합리적인 이유로 억압하는 것을 문
제라고 인정한다. 또한 인간의 정체성이나 삶의 방식과 관련하여 차별과
억압이 있어서는 안 된다고 인식한다. 이러한 인식을 바탕으로 했을 때
과거의 편견이나 차별, 혐오를 청산하려는 사회적 책임 의식이 성장할
것이다.

　지금 우리는 문명화된 사회에서 살고 있는가?

우리나라에서 나타난 유전학과 단종법

소록도는 일제강점기였던 1916년 이후부터 한센인들을 격리 수용하던 곳이다. 당시에는 한센병을 전염병이라고 잘못 알아서 격리한 것인데, 그들은 육지와 단절된 소록도로 강제 이주 당한 이후 그곳에서 강제 노역을 하면서 살았고, 단종법에 따라 정관 수술을 받거나 낙태 수술을 받아야 했다.

일제강점기가 끝난 후 1980년대까지도 이 일은 지속되었다. 그래서 스웨덴처럼 한국에서도 단종법에 따라 낙태 수술 등을 강제로 받아야 했던 한센인 피해자들이 국가에 대하여 배상 책임을 따지는 소송을 하여 승소하였다.

그런데 일부에서는 여전히 낙태와 관련한 법에 우생학적 측면이 남아 있다고 주장한다. 2019년 3월 현재 적용되는 「모자보건법」에 우생학과 관련한 조항이 남아 있기 때문이다. 1973년에 제정된 「모자보건법」 제14조에 따르면 '본인이나 배우자가 대통령령으로 정하는 우생학적 또는 유전학적 정신 장애나 신체 질환이 있는 경우, 전염성 질환이 있는 경우'에 낙태할 수 있도록 규정하고 있다.

이에 대하여 국가인권위원회에서는 최근 이 법조항이 우생학을 바탕으로 한 차별적 조항이며, 당사자들을 열등한 존재로 보게 할 가능성이 있어 법조항의 개선이 필요하다고 밝혔다.[62]

 ## 아직 끝나지 않은 인간 종 선택의 역사

사실 우생학이라는 그럴싸한 학문의 명칭으로 이름을 달기 이전에도 인간은 단종법을 시행하거나 홀로코스트와 같은 학살을 해왔다. 이런 사례는 특별히 어떤 문명권이나 어떤 지역에 한정된 것이 아니라 여러 지역에서 다양하게 이루어졌다.

"우등한 사람들을 만들기 위해서는 가장 뛰어난 남녀를 부부로 만들고, 열등한 사람들의 결혼을 막아야 한다." 이 말은 어디에 적혀 있을까? 바로 고대 그리스의 대표적 철학자 중 한 사람인 플라톤의 책 『국가』에 나오는 내용이다. 그러니 우생학은 매우 오래된 기원을 가진 신념이자 편견이다.

과거 신분 제도 사회에서는 같은 신분 외의 결혼을 금지하였다. 이는 우생학의 주장처럼 나쁜 형질인 다른 신분 집단과 섞이지 않으려는 의도가 반영된 것이다. 미국을 비롯한 여러 나라에 있었던 다른 인종 간 결혼 금지법에도 이런 생각이 반영되어 있었다.

이렇게 인류 역사에서 외부인 또는 비정상이거나 문제가 있는 집단이라 규정된 이들과 혈통으로 엮이는 것에 대한 부정적 인식은 매우 강했다. 이 강렬한 부정적 반응이 인류 역사에서 가장 극단적으로 드러난 사건이 바로 홀로코스트인 것이다.

나치의 유대인 대학살, 이와 비슷한 현대사의 다양한 대학살 사건들은 인간에게 우생학의 위험을 알려주었고, 인간 '종' 차별이 갖는 문제를 인간 스스로 인지하게 해주었다. 큰 희생을 통해 얻은 이성적인 성찰인 셈이다. 많은 나라에서 과거에 제도적으로 행했던 인간 종에 대한 차별을 금지하는 것도 바로 이런 이성적인 성찰의 결과이다.

현재의 우리는 플라톤의 생각, 히틀러의 주장, 수많은 나라에서 시행된 단종법의 논리에서 자유로울까? 우리 사회에 만연한 정체성과 관련한 불평등을 생각해 보자. 우생학과 단종법을 가능하게 했던 잘못된 생각이 우리 사회의 불평등과 전혀 관련이 없다고 아무도 자신 있게 말하지 못할 것이다.

　사회에서 특정한 정체성을 이유로 차별, 증오, 혐오의 대상이 되는 사람은 바로 사회적 약자이거나 사회적 소수자이다. 환자, 정신질환자, 장애인, 이주민, 유대인을 제거하고자 하는 것은 사실 오늘날 사회적 소수자에 대한 증오나 혐오와 다름없다.

함께 토론해 봅시다!

1 우리가 접하는 미술, 문학, 영화 등은 대부분 미국이나 유럽의 콘텐츠이다. 유럽 중심주의 관점에서 이러한 문화 활동이 갖는 문제점은 무엇일까?

2 정치·경제적으로 미국이나 유럽 등에 대한 의존도가 높은 우리나라가 세계 여러 나라 중 미국이나 유럽을 중심으로 관계를 맺는 것이 당연한 일일까?

3 현대판 노예 제도와 같은 '위험의 외주화'를 막기 위한 법을 만들 때 핵심이 되어야 할 내용이 무엇인지 생각해 보자.

4 아프리카 지역을 위주로 활동하는 국제기구나 NGO 단체의 홍보 문구에서 종종 인종 차별이 나타나는 경우가 있다. 대표적인 것들을 찾아보고 이것이 왜 문제가 되는지 토론해 보자.

5 유전자 가위를 활용하여 태아의 유전자를 조작해 맞춤형 태아를 출산할 수 있게끔 만드는 일은 우생학적 사고가 반영된 것이라고 보아야 할까?

여성은 태어나는 것이 아니라 만들어지는 것이다.

_ 시몬 드 보부아르(프랑스 철학자)

3장

성별을 둘러싼
불평등 이해하기

성차별과 성불평등
그리고 페미니즘

『82년생 김지영』이라는 소설이 있다. 이 소설은 1982년에 태어난 김지영이라는 여성이 살아가면서 경험한 일상적 억압과 차별을 다룬 소설이다. 2016년에 발간된 이 소설은 베스트셀러가 되었다.

이 작품을 영화로 만든다고 하자 반대 의견이 제법 많이 개진되었는데 그중에 시선을 끄는 것 두 가지만 살펴보자. 하나는 청와대 국민청원 게시판에 〈"82년생 김지영" 영화화를 막아주세요〉라는 제목으로 올라온 청원이다. '이 소설은 급진적 페미니스트들이 지지하는 성 편향적 판타지 소설로서 국민 정서에 맞지 않는데 영화로까지 만들 경우 사회적 문제가 되니 이를 막아달라'는 것이 주요 요지였다.

다른 하나는 영화 주인공인 김지영 역을 맡기로 한 배우의 SNS에 달린 반대 댓글이다. 배우의 활동을 응원하거나 사회적 관심을 받는 작품에 참여하는 용기를 칭찬한 의견도 있지만, 페미니즘과 관련한 비난도 많았다. "실망스럽다", "아쉬운 행보다"와 같은 표현을 넘어 "혹시 페미니스트?"라거나, 아주 심각하게는 "무뇌한 페미니스트. 꼴페미 아웃!"과 같은 악성 댓글들도 달렸다.[63]

왜 이런 말들이 오가는지 알기 위해서는 먼저 페미니즘에 대한 이해가 필요하다.

페미니즘이란?

페미니즘(feminism)은 19세기 유럽에서 시작된 주장으로 '여성'을 뜻하는 라틴어 'femina'와 '이론', '주의' 등을 뜻하는 'ism'을 합한 말이다. 번역하면 '여성주의'라고 할 수 있다. 그런데 페미니즘에서 주로 다루는 문제가 성차별과 성불평등이고, 이를 극복하는 것을 지향점으로 하기에 '성평등주의'라고 번역하자는 의견도 있다. 반면 성평등주의가 페미니즘의 원래 의미를 정확하게 표현하지 못한다는 주장도 있다.

성평등주의와 페미니즘이 다르다는 주장을 고려하여 이 책에서는 이둘을 구분해 페미니즘이라는 표현을 사용하겠다. 먼저 유럽에서 시작 및 확산된 페미니즘의 주장과 운동의 흐름을 중심으로 페미니즘의 의미를 살펴보자. 일반적으로 페미니즘은 주장하는 내용에 따라 제1물결, 제2물결, 제3물결 페미니즘으로 나뉜다. 여기서 '물결'은 공통된 주장을 하는 시기를 묶어서 구분하는 표현이다. 종종 물결 대신 '세대'라는 표현을 사용하여 1세대, 2세대, 3세대 페미니즘이라고 부르기도 한다.

다음의 설명에서 제시된 연도는 우리나라에서의 페미니즘 주장에 관한 것이 아니라 미국과 유럽 등의 페미니즘 주장에 관한 것이다.

제1물결 페미니즘(19세기~1950년대):
여성의 참정권을 위하여

제인 오스틴의 소설 『오만과 편견』은 19세기 초 영국 남부 지방에서 살아가는 여성의 삶과 사랑을 다룬다. 주인공인 엘리자베스의 가족은 아버지와 어머니, 그리고 딸 넷으로 구성되어 있다. 그런데 아버지의 재산을 상속받을 수 있는 권한은 남자에게만 있어서, 딸만 있는 엘리자베스의 가족은 아버지가 돌아가시면 집은 물론 모든 재산이 남자 사촌에게로 넘어가게 된다. 이에 가족들은 엘리자베스가 재산 상속권을 가진 사촌과 결혼하기를 원한다.

이런 상황이 어떻게 가능했던 것일까? 당시 여성은 재산권을 가질 수 없었으며 법적으로 아버지, 남편, 남자 형제에게 예속되어 있었다. 시민혁명을 통해 민주주의가 이루어지고 있었던 당시 영국에서도 여자는 독자적인 인간 존재로 대우받지 못했던 것이다.

18세기 유럽 시민혁명은 "모든 인간은 평등하다"고 주장했다. 그러나 여기서 '모든 인간'은 국가로부터 자유를 얻은 '시민'인 '재산을 가진 백인 남성'뿐이었다. 고대 아테네에서 여성이 시민에 포함되지 않았던 것처럼, 19세기 유럽의 여성은 '모든 인간' 범주에 들어가지 못했다.

시간이 지나면서 백인 남성 중 노동자들도 선거권을 획득하면서 모든 인간의 범주에 들어가게 되었지만, 여성은 여전히 인간 범주에 들어가지 못했다. 그런데 여성도 '모든 인간' 범주에 들어가야 한다는 주장을 한 이들이 있었다. 18세기 시민혁명 당시 "여성도 당연히 인간으로서 권리를 가져야 한다"고 외친 여성들이다.

대표적인 이가 메리 울스턴크래프트(Mary Wollstonecraft)이다. 그는 프랑스 대혁명 후 3년이 지난 1792년에 『여성의 권리 옹호』[64]라는 책을 통해 여성도 남성과 마찬가지로 보편적 권리를 갖는 동일한 인간임을 밝힌다. 즉, 당시 여성들에게 '여성다움'을 이유로 제한하던 것과 여성의 미덕이라며 요구하던 것에 대하여 문제를 제기한 것이다.

이들은 여성이 남성에게 선택받기 위해서 또는 남성을 돌보기 위해서 태어난 존재가 아니라는 점을 강조한다. 그리고 여성도 남성과 마찬가지로 한 개인으로서 독립적이고, 한 인간으로서 존중받아야 하는 존재라는 점을 강조한다.

울스턴크래프트의 주장에 뒤이어 여성도 남성과 마찬가지로 '독자적인 인간'이라는 지위를 가져야 한다는 주장이 나왔는데, 이것이 바로 페미니즘의 시작이다. 이러한 주장은 당시 여성들뿐 아니라 영국의 경제학자 존 스튜어트 밀(John Stuart Mill) 등과 같은 남성들도 지지하였다. 이들은 독자적인 인간으로서 존중받는 지위를 획득하기 위해서 남성과 동등한 시민의 자격 및 참정권의 확보를 강조한다.

이런 노력으로 20세기 초 몇몇 나라에서 여성도 남성과 동일하게 선거권을 갖게 되었다. 울스턴크래프트의 주장과 그를 이어받은 페미니스트의 주장이 일부 실현된 것이다. 시민으로서 정치적 참여권을 갖게 된 여성들은 교육받을 권리와 함께 결혼으로 남성에게 예속되는 삶에서 벗어나 독자적으로 재산을 관리할 수 있는 권리도 갖게 되었다.

바로 이러한 권리 획득을 성취해낸 시기와 활동을 제1물결 페미니즘이라고 한다. 당시 페미니즘에서 강조했던 것은 여성도 남성과 마찬가지로 동등한 '시민'이 되어 인간으로서 보편적인 자유와 권리를 갖는 것이었다. 이는 외부로부터 강제받지 않을 권리, 개인의 자유로울 권리이기도 하다.

 ## 제2물결 페미니즘(1960년대~1980년대): 여성의 권리 확장

여성의 참정권 확보 이후, 다양한 방면에서 남성과 동등한 권리를 얻기 위한 페미니즘의 노력은 계속되었다. 남성과 마찬가지로 여성도 인간으로서 자유와 권리를 가져야 한다는 제1물결 페미니즘의 주장은 그 영역을 확장하면서 지속되었다. 그리고 교육, 직업 선택 등 다양한 제도에서 나타난 차별을 없애면서 여성의 권리를 확장해 나갔다.

1960년대 들어오면서 당시 미국과 유럽 등에서 활발하게 일어난 다양한 민권 운동과 페미니즘이 만나게 되는데, 그러면서 이전과 조금 다른 새로운 주장들이 나오게 된다. 당시 민권 운동의 핵심은 사회적 약자나 소수자들이 법 앞의 평등을 실제로 누릴 수 있도록 시민적 권리를 확보하는 것이었다. 대표적으로 미국에서 흑백 분리법에 반대하던 흑인 민권 운동이 있다.

민권 운동은 근본적으로 사회적 약자들의 평등한 삶을 저해하는 제도화된 차별과 사회구조적 억압에 저항하고자 하였다. 여성의 권리를 주장하던 페미니즘도 여성을 불평등하게 하는 근본적인 사회구조 문제에 관심을 갖게 된다. 이는 크게 사회 전반에 개입되어 있는 가부장제적 사회구조를 바꾸어야 한다는 주장과 노동에서 나타나는 성불평등 구조를 바꾸어야 한다는 주장으로 나누어볼 수 있다.[65]

가부장제적 사회구조를 바꾸어야 한다

① 젠더와 권력 관계에 의한 성불평등 구조

먼저, 가부장제적 사회구조란 무엇일까? 가족 조직에서 남성 어른인 아버지가 가족의 생사 여부를 비롯한 모든 일상의 것을 결정할 수 있는 권한을 가지고 가족을 지배하는 것을 가부장 제도라고 말한다. 또한 권력을 가진 가장인 남성이 가족 내에서만 아니라 정치 생활이나 경제 생활 등 사회 전반에서 주도적으로 의사결정을 하면서 지배하는 것이 일상화된 상태를 가부장제적 사회구조라고 한다.

프랑스의 철학자 시몬 드 보부아르(Simone de Beauvoir)는 『제2의 성』[66]에서 "여성은 태어나는 것이 아니라 만들어지는 것이다"라고 주장했다. 이 말은 여성은 자신이 어떤 정체성을 가져야 하는지를 스스로 결정하지 못하고, 사회적으로 정해진 '여성다움'에 따라서 살아간다는 것이다. 즉 남자와 여자는 태어날 때의 생물적 성별(sex)의 차이에 의해서가 아니라, 사회적으로 정해진 남자다움과 여자다움을 배우면서 사회적 성별인 젠더(gender)로 구분된다는 뜻이다.

예를 들어 남자는 '가볍게 행동하거나 나약해서는 안 된다'거나 '경쟁에서 이겨야 한다', '경제적으로 가족을 부양해야 한다'는 남자다움을 사회화하여 그렇게 행동한다. 여자는 '조신하게 행동해야 한다', '남자를 위해 희생해야 한다', '요리와 자녀 양육 등 집안일을 잘해야 한다'는 것을 사회적으로 학습하게 된다.

보부아르를 비롯한 많은 사람들은 이러한 젠더가 형성되고 남성과 여성에 대한 인식의 차이 및 불평등이 나타난 이유로 가부장제적 사회구조를 들었다. 즉, 초기 인류의 삶에서 신체적으로 여성보다 남성이 더 우월했기 때문에 남성이 권력을 잡게 되었고, 그 상태로 오랜 기간 사회를 통치하면서 형성된 남성 중심 사회에서의 가부장제적 사회구조 때문에 여성이 불평등을 겪는 것이라는 주장이다.

제1물결 페미니즘에서 본 것처럼 재산 상속권이나 참정권이 남성에게만 주어진 것도 결국은 남성이 지배하고 여성은 지배당하는 가부장제적 사회구조 때문이다. 이러한 사회구조에 따라 남성이 지배하는 사회에서, 남성의 지배에 따라 살아야 하기에 여성은 중심적이지 않고 주변화된 삶을 살게 된다. 이렇게 되면 남녀는 동등한 위치가 아니라 '중심과 주변', '정상과 비정상', '지배와 복종'이라는 불평등한 위치에 서게 된다.

가부장제적 사회구조가 어떻게 작동하는지 가까운 사례를 통해 살펴보자. 우리는 전통적으로 전쟁사나 제도사 위주로 역사를 서술한다. 왜 그럴까? 남성의 역사에 초점이 맞춰져 있기 때문이다. 역사에서 일어난 일 중에서 중요하여 기록에 남길 만한 것을 선택하는 사람은 남자였고, 그들은 자신들이 참여한 전쟁이나 제도 등을 기록으로 남겼다. 그 기록이 풍부하니 전쟁사나 제도사 위주의 역사가 이어진 것이다.

가부장제적 인식은 현대 사람들의 일상에도 영향을 미친다. 가부장제 사고를 가진 남자와 여자가 데이트하는 경우를 보자. 남자는 데이트에서 여자를 주도해야 하고 데이트 비용을 부담해야 하며, 여자는 남성에게 잘 보이기 위해 꾸미고 남자의 의견을 수용하면서 다소곳하게 행동해야 한다고 생각할 것이다.

또한 가부장제적 사회구조 아래에서 여성은 남성이 지배할 수 있는 대상이기에 남자가 여자에게 폭력을 휘두르는 것을 잘못이라고 생각하지 않는다. 범죄 행위가 아니라 남성성을 보여주는 행위라고 생각하기 때문이다. 그러나 페미니즘 관점에서 이것은 명백하게 차별에 근거한 폭력이다. 그런데 이것은 가부장제적 사회구조가 작동한 결과이기에, 행동을 처벌한다고 해서 해결되는 것이 아니다. 그러니 이런 문제를 해결하기 위해서는 단순히 여성에게 재산권이나 참정권을 인정하는 수준에 머물러서는 안 되고, 근본 원인인 가부장 제도 자체를 없애야 한다고 주장한다.

② 가부장제적 사회구조 개선하기

그렇다면 가부장 제도와 그에 따라 남녀를 '지배와 복종' 관계로 규정하는 규범이나 사회 제도를 없애기 위해 무엇을 해야 할까?

무엇보다도 성차별을 가져온 가부장제적 사회구조에 대하여 제대로 된 문제의식을 가져야 한다고 보았다. 즉, 우리가 무심코 행하는 성차별적 행동에 가부장 제도가 작동하는 것을 인식하고, 여성들이 이러한 남성 우월주의가 작동하는 사회구조에서 해방되어야 한다고 보았다.

전통적으로 여성에게 강조하던 '남자에게 잘 보이기 위한 아름다움 추구', '자녀에 대한 헌신적인 모성 실천'과 같은 것에서 벗어나야 한다고 주장하였다. 또 몸에 대한 여성의 자기결정권을 주장하였는데, 이에 따라 여성이 임신하고 출산하는 것과 관련한, 즉 사회 구성원을 태어나게 하는 '재생산에 관한 권리'를 여성이 스스로 결정할 수 있어야 한다고 보았다. 따라서 낙태에 대해서도 여성에게 선택권이 있다고 주장하였다.

성(性)에 대해서도 남성과 마찬가지로 여성도 자기결정권을 갖는다고 보았다. 이를 인정하지 않는 남성의 행동은 데이트 강간이 되고, 성폭력이 된다. 이와 관련해 더 급진적인 주장을 하는 경우도 있지만, 여기서는 그 부분까지는 다루지 않으려고 한다. 다만 이러한 문제의식을 강조하는 페미니즘의 핵심 주장은 불평등한 가부장제적 사회구조에 문제를 제기하고, 사회를 개혁하여 성불평등의 근본적인 해결 방안을 모색하려 했다는 측면에서 의의가 있다.

노동에서 성불평등 구조를 바꾸어야 한다

① 자본주의 생산 구조와 계급 불평등 속의 남과 여

마르크스는 자본주의 사회가 경제적 측면에서 재산을 가진 자본가와 노동력만 가진 노동자라는 두 계급으로 이루어졌다고 보았다. 또한 그의 사상적 동료인 프리드리히 엥겔스(Friedrich Engels)는 사유 재산 제도에서 상속권이 남성에게만 있기 때문에 여성이 남성에게 예속되어 있다고 설명하였다. 앞에서 본 『오만과 편견』의 엘리자베스를 생각해 보면 된다.

이러한 주장을 바탕으로 남성과 여성의 차별적이고 불평등한 관계를 자본가와 노동자의 계급 관계처럼 이해하려는 페미니즘 움직임도 있었다. 마르크스의 주장에 따르면 재산을 가진 자본가는 노동자의 노동을 바탕으로 부를 축적한다. 이를 남성과 여성이 하는 일의 성격과 그에 대한 사회적 평가로 연결시켜 보자.

남성들이 사회에서 하는 일은 그 대가로 임금을 받는 '생산 노동'이다. 반면에 여성들이 가정에서 하는 일은 그 대가로 임금을 받지 못하고 단지 남성이 사회에서 하는 일을 가능하게 돕는 일이다. 이것을 '재생산 노동'이라고 한다.

자녀가 있는 외벌이 부부를 생각해 보자. 남편은 직장 일을 하여 돈을 벌어오고, 아내는 요리와 청소, 자녀 양육 등 집안일을 한다. 남녀 둘 다 일을 하지만 남편의 일에서만 월급이 나오기에 여성의 일은 가족의 생활에 중요한 기여를 하는 일이 아니라는 평가를 받는다. 결국 가족의 생

계 유지는 남편이 벌어온 돈으로 하는 것이다.

　이런 구조에서 남자와 여자의 관계는 불평등할 수밖에 없다. 남편이 벌어온 돈으로 살아야 하는 여자에 비해 남자는 우월한 지위를 갖는다. 그래서 남자는 여자에게 순종을 요구하고, 여자는 이를 따를 수밖에 없게 된다. 더구나 이런 인식이 오랫동안 이어지면서 여성이 사회에서 일을 하더라도 여성의 일은 하찮은 것으로 평가받을 뿐만 아니라 여전히 가사 노동은 여성의 몫으로 남는다.

이렇게 가정과 사회에서의 주도권은 모두 남자에게 있고, 여자는 이를 수용해야 하는 불평등한 사회구조가 만들어진다. 직장생활을 하는 여성들이 증가했지만, 남성과 달리 여성의 임금은 낮다. 즉 동일한 일을 하더라도 여자라는 이유로 임금 차이가 나는 것이다. 더구나 여성의 고위직 승진은 유리천장이라는 말을 만들어낼 정도로 희박했다.

유리천장은 1986년 《월스트리트저널》에서 사용한 표현으로, '눈에 보이지 않지만 실제로 존재하면서 깨뜨리기 힘든 수평의 장벽'을 말한다. 바로 일하는 여성이 고위직으로 승진하는 것을 막는 조직 내 관습이나 관행, 바로 남성 중심의 조직 문화나 관행을 의미한다.

결국 이러한 '남성 노동과 여성 노동에 대한 다른 평가'라는 성불평등 구조가 사회 전반에서 여성 차별을 만들어내고 이는 다시 노동에서의 성차별과 불평등으로 이어진다.

② 가사 노동을 재평가하고 그로부터 해방되기

직장생활과 달리 가사 노동에서 대가를 인정받지 못하는 구조가 문제라면 어떻게 해결해야 할까? 해결에는 두 가지 방법이 있다. 하나는 가사 노동이 무의미하고 대가 없는 노동이라는 인식을 바꾸는 것이다. 다른 하나는 여성도 임금을 벌어들이는 직업 활동에 참여할 수 있어야 하고, 더불어 가사 노동은 여성이 당연히 해야 하는 일이라는 사회 인식을 바꾸는 것이다.

먼저 가사 노동에 대한 재평가 운동이 일어나, 이에 따라 가사 노동을 임금으로 환산하는 작업이 이루어졌다. 조금 늦기는 했지만 우리나라에서도 이 작업을 시행하였다. 2014년 실시된 '무급 가사노동가치 평가' 결과를 보면, 그 가치는 시간당 1만 569원으로 4인 가구의 전업주부 집안

일은 연봉 2,400만 원에 해당하였다.[67]

또한 요리와 양육 등의 가사 노동이 실제로 임금을 받는 노동 형태로 전환되기도 했다. 음식점이나 어린이집 등이 그 예이다. 여성들이 가족을 위해서 하던 무임금의 일들이 직업이 되고 이를 통해서 임금을 받는 노동으로 인정받은 것이다. 그러나 이러한 전환으로 인해 노동 분야에서 여성이 주로 일하는 직업과 남성이 주로 일하는 직업으로 양분화되는 문제가 나타나서 이에 대한 보완을 요구하는 목소리도 있다.

이에 따라 제2물결 당시 활동가들은 여성의 노동 형태와 현실에서 나타나는 불평등 구조에 대하여 관심을 가지고 이를 개선하여 성차별 문제를 해결하려 하였다. 구체적으로 가사 노동에 대한 재평가만이 아니라 성별에 따라 일하는 직업군의 차별이나 임금 격차 문제를 해결하는 등 다양한 측면의 개선을 추진하였다.

최근 우리나라에서도 이런 목소리가 나온다. 노동의 성불평등 문제를 제기하는 페미니스트들이 강조하는 것은 여성들의 취업 일자리를 구분하지 말아야 하며 취업과 승진 기회에서도 성차별이 없어야 한다는 것이다. 더불어 가사 노동도 남성과 여성이 평등하게 분담하는 것을 강조한다.

 ## 제3물결 페미니즘(1990년대 이후): 젠더 간 권력 대립이라는 이분법을 넘어

제2물결 페미니즘은 대학에서 '여성학'이라는 학문이 만들어지면서 기존에 강조해 온 정치적 불평등 문제만이 아니라 경제적·사회적으로 여성들에게 가해진 불평등의 근본 원인을 사회구조 안에서 찾고 해결 방안을 모색하기 위해 노력했다는 평가를 받았다. 그러나 비판도 함께 받았는데,[68] 성불평등이나 성차별의 원인 및 양상에 대한 다양성을 고려하지 못했다는 것이다.

남성 지배와 여성 복종이라는 이분법적인 사회구조에만 초점을 두다 보니, 페미니즘이 남성과 대립하는 여성의 무리한 주장으로만 보이게 했다는 비판이었다. 또한 백인·중산층·고학력 여성이 주로 경험하는 불평등과 차별에만 초점을 맞추고, 이외의 여성들이 경험하는 다양한 문제에는 관심을 갖지 않았다는 것이다.

이런 비판에 따라 페미니즘은 1990년대부터 다양한 집단의 정체성을 가진 여성들의 삶과 관련한 성차별, 성불평등에 대하여 관심을 갖게 된다. 그래서 '모두를 위한 페미니즘'[69]을 강조한다. 바로 이러한 주장을 한 시기를 제3물결 페미니즘이라고 한다.

남성과 여성이라는 두 집단을 지배와 복종의 관계로만 보면 다양한 여성들의 성불평등을 제대로 다루지 못하게 된다. 예를 들어 백인 여성과 흑인 여성이 경험하는 성불평등은 동일하지 않으며 그 정도에서 차이가 난다. 기독교, 불교, 가톨릭, 힌두교, 이슬람교 등 각 종교에서의 여성의 위치는 다르며 이로 인한 불평등도 다르다.

그리고 이성애를 하는 여성과 동성애를 하는 여성, 동성애를 하는 남성과 이성애를 하는 남성이 경험하는 성과 관련한 불평등은 모두 다르다. 제2물결 페미니즘에서 주장하는 것처럼 가부장제 사회구조가 성불평등의 원인이라고 하면, 동성애 남성과 이성애 남성은 모두 여성을 지배하는 위치에 있게 된다.

그러나 현실적으로 동성애 남성과 이성애 남성은 동등한 위치가 아니며, 이로 인해 여성과의 관계에서도 다른 위치에 서게 된다. 이러한 남녀 위치의 차이는 이외에도 다양한 측면에서 나타난다. 장애를 가진 여성과 그렇지 않는 여성, 경제적으로 여유 있는 계층의 여성과 그렇지 않는 여성, 이주 여성, 트랜스젠더 여성과 남성 등.

한편 가부장제 사회구조에서는 남성도 불평등을 경험한다는 주장이 있다. 남편에게 폭력을 당한 아내가 어머니로서 아들에게 폭력을 가하는 경우를 생각해 보자. 이렇게 되면 남성 우월주의는 여성뿐만 아니라 남성에게도 문제가 된다. 더불어 이 경우는 남녀 간의 문제로만 보아서는 안 된다. 어른과 아이라는 또 다른 권력 관계 측면도 살펴보아야 제대로 이해할 수 있다.

또 다른 경우, 가부장제적 사회구조에서는 일상적으로 가족을 부양하지 못하는 남성이나 용감하지 않는 남성도 불평등한 위치에 서게 된다. 이로 인해 그들은 사회적으로 소외된 삶을 살아간다.

이런 관점에서 볼 때 페미니즘에서 고려해야 하는 것은 단지 남성과 여성의 지배-피지배라는 이분법적인 대립 구조가 아니라, 결국은 가부장제적 사회구조로 인해 불행한 삶을 사는 모든 사람들이 된다.

 ## 페미니즘, 모두의 행복을 위한 연대

제1물결 페미니즘은 참정권 확보를 통해 정치적인 측면의 성평등을 위해 노력하였다. 제2물결 페미니즘에서는 가부장제 사회구조와 그에 따른 제도를 개혁하기 위해, 그리고 노동에서 남녀 불평등 구조를 개선하기 위해 노력하였다. 그렇다면 제3물결 페미니즘에서 말하고자 하는 바는 무엇일까? 바로 모두의 개별적인 성정체성을 고려하면서 개개인 모두의 성불평등이나 성차별을 해소하는 것이다.

우선 모든 여성과 남성이 그들이 가진 사회적 조건과 결부된 면에서 각기 다른 성차별이나 성불평등을 경험한다는 것을 고려해야 한다. 이에 따르면 남성과 여성은 서로 대립하고 투쟁하는 사이가 아니다. 더불어 동성애, 트랜스젠더 등 다양한 성소수자의 정체성 인정도 중요하다.

그뿐만 아니라 일상의 다양한 환경이나 공간, 문화 및 예술적인 측면에 깃든 성불평등 양상을 개선해야 한다. 더구나 한 국가 내의 사회구조적 성불평등만이 아니라 세계 내 여러 나라 간의 관계로 인한 성불평등 문제에 대한 인식과 해결도 필요하다.

예를 들어 어떤 가난한 국가의 여성들이 자기 몸에 대한 결정권 없이 성매매 대상이 되거나 전쟁에서 성노예가 되는 것은 단순히 그 국가의 성불평등 구조만의 문제가 아니다. 지구촌에 있는 국가들 간에 불평등한 권력 관계도 같이 작동하기 때문이다.

성차별과 성불평등을 끝내는 것이 모두를 위해 필요하다는 인식을 하면 그가 여자이든 남자이든 상관없이 페미니스트가 된다. 그렇게 되면 성차별적이고 성불평등한 사회구조 때문에 불편한 삶을 살아가는 모두가 서로 연대하면서 도움을 주고받을 수 있다. 결국 제3물결 페미니즘은 모든 개인이 각자 자신의 성정체성에 제한받지 않고 행복한 삶을 살아가는 평등한 사회를 만들기 위해 노력하자는 것이다.

페미니즘은 '주장'이기도 하고 '이론'이기도 하다. 사회 변화를 위해 여러 사람이 함께 모여 지속적으로 실천하는 '사회 운동' 성격도 동시에 갖는다. 지금까지 살펴본 것처럼 페미니즘의 주장 또한 하나에 멈추지 않고 그 내용이 변하면서 세부 주장이 나타나고 그 안에서 여러 방향으로 갈라져 발전했다.

그렇기에 페미니즘을 하나의 표현으로 정의하는 것은 여전히 쉽지 않다. 매우 극단적인 주장을 하는 경우도 있고, 온건한 주장을 하는 경우도 있다. 더구나 우리나라의 페미니즘의 경우 제1물결, 제2물결, 제3물결이 혼재되어 목소리를 내기도 한다.

그렇다면 페미니즘을 정의할 수는 없는 것일까? 여기에 대한 답은 '남자를 미워하지 않는 행복한 아프리카인 페미니스트'인 치마만다 응고지 아디치에의 TED 강연 〈우리는 모두 페미니스트가 되어야 합니다〉에서 찾을 수 있다. 그는 페미니즘을 "정치적, 경제적, 사회적으로 성평등을 지지하는 주장"이라고 정리한다. 그리고 이런 주장에 동의하는 사람들 모두를 페미니스트라고 부르면 될 것이다.

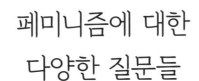

페미니즘에 대한
다양한 질문들

"페미니즘은 공산주의 사상과 비슷해요. 과격하고 선동적이에요."

"성평등은 지지하지만, 페미니즘은 지지할 수 없어요."

"페미니즘은 나쁜 건가요?"

"우리나라 사람들은 왜 페미니즘을 싫어하죠?"

"페미니즘은 여성 인권 운동인가요? 남녀 차별인가요?"

"페미니즘과 워마드, 메갈의 차이는 뭔가요?"

"여자친구가 페미니즘이나 여성 인권 운동에 관심이 많아요. 여자친구가 안 좋은 페미니스트가 되는 건 아니겠죠?"

"친구가 지금 한국의 페미니즘은 이상한 페미니즘이라고, 변질되었다고 하는데, 애초에 처음부터 페미니즘이 잘못된 거 아닌가요?"

"페미니즘에 무관심한 것이 여성 혐오인가요?"

　위의 질문은 한 인터넷 포털사이트의 지식 검색 창에 '페미니즘'이라
고 입력하면 나오는 여러 질문 중 빈번하게 나오는 것을 정리한 것이다.
대부분 2017년 이후 쏟아진 질문이다. 사회적으로 페미니즘이 많이 언
급되고 있음에도 그 구체적인 주장이나 관련 논쟁, 이에 대한 의견들을
잘 이해하지 못해 올린 질문들이 많아 보인다.

　여기서는 이 질문들에 대한 답을 함께 고민하고 찾아보자.

일반적으로 누군가가 어떤 대상을 보호하자는 것에는 보호 대상이 약하거나 어려움에 처했으니 도움을 주자는 의미가 담겨 있다. 이 '보호'라는 표현으로 보호받는 당사자는 사회적 약자가 된다. 그런데 페미니즘은 여성을 보호하자는 주장이 아니다.

페미니즘은 "여성을 독자적 인간으로 바라보자"는 것이기에 여성 보호가 아니라 남성과 여성을 차별하는 것에 반대하며, 성차별로 여성의 권리가 보장받지 못하는 것을 문제로 삼는다.

예를 들어 학교에서 무거운 짐을 들고 가는 여학생을 보고 남학생이 도와야 한다는 것은 페미니즘의 주장이 아니다. 이것은 그 여성에게 그냥 개인적으로 호의를 베푼 행동이다.

그러나 학교에서 여학생이라는 이유로 반장 선거에 나가지 못하는 규정이 있을 때 이러한 규정이 잘못되었다고 말하여 바꾸는 것은 페미니즘의 주장을 반영한 것이다. 즉 여성을 보호한 것이 아니라 성불평등 제도를 개선한 것이다.

그뿐만 아니다. 어떤 모임에서 여학생이라는 이유로 누군가로부터 의견이 무시당할 때, 나서서 그렇게 무시하는 것이 잘못되었다고 주장하는 경우는 어떨까?

이것도 한 여성에게 개인적인 호의를 베풀거나 여성을 보호한 것으로 보기보다는 페미니즘을 실천한 것으로 보아야 한다. 이러한 페미니즘 실천은 남성과 여성 모두가 가능하다.

질문 2 **페미니즘에서는 남녀를 어떻게 바라보는가?**

페미니즘이 성차별이나 성불평등에 반대하는 것이라면, 페미니즘에서 말하는 성평등은 무엇일까? 남성과 여성을 같다고 보는 것일까, 다르다고 보는 것일까? 답하기가 쉽지 않다. 인종과 관련해서는 피부색 이외 인간으로서의 조건이 동일하니 인종이라는 이유를 빼고 나면 모두 같은 인간이다. 따라서 인종과 상관없이 같게 대우해 달라고 이야기할 수 있다.

그런데 인간을 여자와 남자로 구분하게 되면 생물학적 성 이외에는 동일하니, 성과 상관없이 같은 대우를 해달라고 이야기할 수 있을까? 페미니즘의 대답은 각기 다르다.

"여성과 남성은 같다"는 주장을 하는 페미니즘은 '같기 때문에 차별을 반대'한다. 즉 여자도 남자와 마찬가지로 인간으로서 동등한 지위를 가지니 참정권이나 재산권에서 차별이 나타나서는 안 된다고 주장한다. 남자와 여자 모두 '인간'으로서 같은 위치에 서 있기에 성을 이유로 차별하거나 불평등하게 대우해서는 안 된다는 입장이다.

"여성과 남성은 다르다"는 주장을 하는 페미니즘은 여성의 경험과 남성의 경험이 다르지만 그로 인한 차별은 반대한다. 예를 들어 과거 여성이 주로 경험했던 일상적 삶의 역사와 남성이 주로 경험했던 전쟁의 역사에 대하여 동등한 가치를 인정해 달라는 입장이다.

최근에 독립 운동에 헌신한 사람들의 삶을 평가하는 과정에서 직접 무력 투쟁을 한 남성 독립 운동가뿐만 아니라 무력 투쟁을 지원하는 일을 한 여성 독립 운동가도 동일한 가치로 평가받아야 한다는 인식이 생겼다. 독립 운동에서 남성과 여성의 경험은 각기 다르지만, 남성 독립 운동가에 비해 여성 독립 운동가의 활동이나 경험을 평가절하해서는 안 된다는 것이다.

일부 페미니즘에서는 "여성이 남성에 비해 더 우월하다"는 주장을 하기도 한다. 여성이 평화 등 공존을 위한 가치를 강조하는 데 비해 남성은 갈등이나 전쟁 등과 같은 경쟁을 위한 가치를 강조한다는 측면에서 여성의 경험이 남성의 경험보다 더 우월하다는 것이다. 그러나 이런 주장은 여성 우월주의로서 또 다른 성차별 혹은 성불평등을 만든다는 비판을 받는다.

그런데 여성과 남성이 같다고 보는 페미니즘에서는 여성성이나 남성성을 구분하는 것을 반대한다. 반대로 여성과 남성이 다르다고 보는 페미니즘에서는 남성성과 여성성을 구분하고 그 차이 자체를 인정하면서도, 그것으로 인해 여성과 남성에게 가하는 불평등이나 차별을 없애야 한다고 본다.

다만 최근 등장한 '모두를 위한 페미니즘'에서는 "여자와 남자는 같은가 다른가?"라는 측면보다는 남자와 여자가 아니라 모두가 한 개인으로서 존중받기 위해서는 성불평등과 성차별을 어떻게 해결해야 하는가에 더 초점을 맞추고 있다. 그래서 이들은 성별에 상관없이 모두가 더불어 같아야 한다고 말한다.

❓질문 3 남자도 지지하는 페미니즘은 불가능한가?

페미니즘이 남자를 증오하는 것은 아니라고 하지만 많은 남자들은 페미니즘이 불편하다고 말한다. 그들이 페미니즘에 대하여 불편해하는 이유는 무엇일까?

우선 변화의 방향에서 성평등한 사회로 가는 것이 옳기는 하지만, 변화의 속도를 조금 천천히 하자는 입장이 있다. 급격한 변화에 따라 받게 될 충격을 줄여보자는 것이다. 이에 페미니즘에서는 수천 년 동안의 불평등한 삶을 살아온 사람과 과거의 불평등이 사라진다고 불편하다는 사람 중 누가 더 힘들겠느냐고 반문한다.

또한 페미니즘이 남성을 가해자로 만드는 것 같고 죄의식을 갖게 해서 불편하다는 주장도 있다.[70] 페미니즘이 남성 중심의 사회를 비판하는 것이니 그 중심에 있는 남성이 가해자로 느껴지는 것이다. 그런데 페미니즘은 이에 대해 남성 중심주의 사고를 하는 남성이 아니라면 죄의식을 가질 필요가 없다고 주장한다.

예를 들어 현재 독일인들이 자신을 나치의 유대인 학살 가해자라고 여기고 죄의식을 갖지는 않는 것처럼 남성들도 스스로 가해자라 느끼기보다는 불행한 과거를 기억해서 그렇게 행동하지 않으려 노력하면 된다는 것이다. 즉 성차별과 성불평등을 당연한 일이라고 지지하지 않으면 된다.

또한 인종 차별 문제를 해결하고자 할 때 불편해하는 백인도 있었지만 이를 지지하는 백인도 있었다는 점에서 남성이 페미니즘을 지지할 필요가 있다는 주장도 나온다. 즉 인종 차별을 잘못된 것이라고 생각해 개선을 주장한 백인처럼, 남자들도 페미니즘을 불편하게 바라보지 않고 지지할 수 있다는 것이다.

더구나 제3물결의 '모두를 위한 페미니즘'에서는 여자만을 위한 페미니즘을 비판하기도 한다. 앞에서 보았듯이 성차별적이고 불평등한 사회 구조에서는 남자도 피해자가 되기 때문이다. 이런 점을 고려하면 당연히 남자도 페미니즘을 지지할 수 있다.

❓질문 4 페미니즘을 실천하면 남성이 불평등해지는 것 아닌가?

페미니즘이 추구하는 성평등 사회가 이루어지면 남성이 불평등해진 다는 인식이 있다. 과거에 남성이 더 높은 사회적 지위에서 더 많은 것을 누리다가 성평등 사회에서는 그것을 잃게 되니 불평등해진다고 생각하 는 것이다. 이는 옳은 주장일까?

동일한 인간인데도 과거에는 남성이 사회적 혜택을 더 많이 누렸다. 페미니즘은 이것에 문제를 제기하고 조금씩 개선하려는 것이다. 따라 서 성차별적이거나 불평등한 것을 바꾸어가는 과정에서 많이 누리던 사람이 적게 누리게 되는 것은 불평등해지는 일이 아니라 평등해지는 일이다.

예를 들어 과거에는 간식 10개를 두 명이 나누어 먹을 때 누군가는 7개 를, 누군가는 3개를 먹었다. 그런데 이제 두 사람이 각각 5개씩 똑같이 나누어 먹게 되었다. 이것이 불평등해진 것일까? 그렇지 않다.

페미니즘도 마찬가지이다. 또한 최근에는 여성과 남성이 모두 인간으 로서 자신의 정체성에 따라 원하는 행복한 삶을 살 것을 강조한다. 따 라서 페미니즘은 불평등을 만드는 것이 아니라 불평등을 개선하려는 것이다.

❓질문 5 과격하고 폭력적인 페미니즘을 어떻게 보아야 할까?

페미니즘을 주장하면서 폭력적인 방식을 취하는 양상에 대해 가짜 페미니즘이라고 이야기하는 이유는 바로 '폭력성' 때문이다. '메갈리아'

나 '워마드' 등의 사이트에서 남성을 적으로 대하는 주장이 대표적이다. 이들의 표현 방식을 보면 과격하고 폭력적인 측면이 있다. 그런데 이는 페미니즘의 일부이지 전체가 아니다. 그래서 이들에 반대하는 페미니즘도 있다.

그렇다면 과격하고 폭력적인 페미니즘이 왜 나오는 것일까? 역사적으로 수많은 사회 운동 때마다 과격하고 폭력적인 주장을 하는 이들이 있었다. 온건하게 목소리를 내는데도 요구를 들어주지 않으면 급격한 행동을 통해 빨리 해결하려고 했기 때문이다.

아무리 주장하는 가치가 옳은 것이더라도 폭력은 방법적인 측면에서 정당하지 않다. 그렇다면 과격하고 폭력적인 운동을 하는 페미니즘을 어떻게 해야 할까?

역사적으로 보면 인종 차별에 저항하던 흑인 민권 운동에서도 폭력적인 방법을 사용하는 경우가 있었다. 이들의 운동 방법은 많은 비판을 받았고, 이에 반대하는 비폭력 저항 운동이 사람들의 지지를 받았다. 폭력적인 방식보다 비폭력적인 방식이 더 영향력이 있었고, 인종 차별 문제 해결에 더 도움이 되었다.[71]

페미니즘도 마찬가지로 페미니즘 자체가 아니라 과격하고 폭력적인 '방법'에 대해서 비판해야 한다. 그리고 비폭력적인 페미니즘 주장을 인정하고 지지하게 되면 폭력적인 방법의 페미니즘 운동보다 비폭력적인 페미니즘 운동이 더 주목받게 될 것이다. 따라서 페미니즘 자체를 반대하거나 비판하지 말고, 비폭력적인 페미니즘의 주장에 대하여 지지하는 방법을 고려해 보는 것이 좋을 것이다.

한 걸음 더 생각해 보기

일베, 그리고 메갈리아와 워마드

최근 페미니즘 논쟁과 함께 사람들의 입에 오르내리기 시작한 '메갈리아'와 '워마드'는 과격하게 페미니즘을 주장하는 사람들 중 일부가 만든 인터넷 사이트이다. 그런데 이 두 사이트를 알기 위해서는 우선 '일베'라는 여성 혐오 인터넷 사이트를 먼저 알아야 한다.

일베는 '디시인사이드'라는 사이트의 일간베스트저장소 게시판에서 시작해 독립된 커뮤니티를 운영하고 있다. 초기에는 유머 등이 올라오다가 어느 순간 특정 지역이나 특정 정치인, 그리고 여성에 대한 혐오 표현들이 많아지게 되었다.

'김치녀'는 일베에서 대표적으로 사용하는 여성 혐오 표현이다. 이 말은 사치스럽고 이기적이며 남성에 대하여 이중적 성격을 갖는 한국 여성을 비하하고 수치심을 갖게 하는 표현이 되었다.[72] 더불어 이 사이트에는 여성을 성적 대상으로 삼아 조롱하는 글이나 사진 등도 게시된다.

일베가 여성에 대한 혐오 표현을 담아내는 즈음에 나온 사이트가 메갈리아이다. 이 또한 디시인사이드의 메르스 게시판에서 시작되어 메르스의 '메'와 여성이 남성을 지배하는 사회를 묘사한 소설 『이갈리아의 딸들』의 '갈리아'를 결합한 메갈리아라는 사이트로 이어진다.

메갈리아는 일베의 여성 혐오와 똑같은 방식으로 대응하는 미러링(mirroring) 사이트이다.[73] 여기서 말하는 미러링은 거울에서 어떤 장면이 그대로 반사되듯이 일베에서 하는 것과 동일한 방식으로 여성을 혐오하는 남성을 비하하거나 그들에게 수치심을 갖게 하는 글이나 사진 자료 등을 올리는 것을 말한다. 혐오 표현에 대하여 미러링을 하는 이유에는 당신들도 동일한 고통을 당해 보라는 의미가 담겨 있다.

메갈리아에서는 김치녀에 대응하는 표현으로 '한남'이라는 표현을 사용한다. 여성의 권리를 주장하던 초기와 달리 남성을 비하하는 미러링 표현이 점점 더 심각해지면서 일베와 마찬가지로 사회적 비난을 받게 되었다.

최근 들어 메갈리아에서 분리된 사이트가 '워마드'이다. 이 사이트는 여성 우월주의를 주장하면서 남성 자체에 강한 반감을 표현한다. 메갈리아가 방법적으로 미러링, 즉 일베를 그대로 따라 남성을 혐오하는 것에 비해, 이 사이트는 아예 남성 자체에 대한 비난, 여성에 대한 절대적 지지를 하며 메갈리아와 차별화되었다.

한편, 미러링 사이트인 메갈리아의 글이나 사진은 혐오 표현이 아니라는 주장이 있었다. 혐오 표현은 사회적 소수자를 대상으로 해야 하는데, 메갈리아에서 비하한 대상은 주류 집단인 남성이니 혐오 표현이 아니라 미러링 표현이라는 것이다. 그러나 내용상 심각한 혐오를 드러낸다는 점에서 사회 비판을 받는다.

질문 6 ❓ 페미니즘 대신 그냥 이퀄리즘이라고 하면 안 되는가?

페미니즘이 기본적으로 남자와 여자를 동일한 인간의 위치에 서게 하는 것이 목표라면 그냥 '인권'을 주장하면 안 되는가, 즉 성에 초점을 두지 말고 모든 인간이 평등하자는 주장을 하면 되지 않을까, 그러니 페미니즘이 아니라 모든 인간의 평등을 강조하는 이퀄리즘*(equalism)이라고 하면 어떨까, 라는 의견이 있다.

페미니즘은 이퀄리즘으로는 성차별 문제가 해결되지 않는다고 주장한다. 앞에서도 말했지만 페미니즘은 기본적으로 남자가 아니라 성차별주의에 저항하는 것이다. 그런데 이를 인권 문제로 묶으면 문제가 무엇이고 해결해야 할 것이 무엇인지를 명확하게 정리하기 어렵다고 말한다. 즉 이퀄리즘은 지향점은 보여주지만, 세부적인 해결 방법을 제대로 찾기가 어렵다는 것이다.

이퀄리즘

이퀄리즘은 '모두의 평등'을 주장하지만, 페미니즘 측에서는 이퀄리즘이 페미니즘을 비판하는 주장이라고 본다. 반면 이퀄리즘에서는 페미니즘을 여성 우월주의 주장이라고 보며 비판한다.

우리가 인권이나 평등을 강조하면서도 인종 차별, 계층 차별, 외모 차별 등에 대해서 각각 문제를 제기하는 것처럼 성차별에 대해서도 독립적으로 문제 제기해야 한다는 것이다. 크게 보면 인권 측면에서 논의할 수 있는 것이지만, 성차별의 원인을 다각적으로 파악하고 사회구조를 개선하여 성차별을 근본적으로 해결하기 위해서는 페미니즘이라는 표현이 더 정확하다.

질문 7 1020 세대에게도 페미니즘은 필요한가?

『82년생 김지영』으로 대표되는 한국의 페미니즘 주장에 대하여 청소년들과 청년들의 반응은 어떨까? 그들은 한국 사회에서 어른들이 성차별적이고 불평등한 현실을 경험했다는 것을 인정하지만, 그것은 이전 세대의 경험이지 현재 자신들의 경험이 아니라고 반응한다. 자신들에게 책임이 없는 성불평등에 대한 대가를 왜 자신들이 치러야 하느냐고 주장하는 경우도 있다.[74]

그들은 여성을 차별하거나 지배-피지배라는 불평등한 위치에서 살아온 세대가 아니라는 점을 강조한다. 오히려 남성이라는 이유로 군대를 가고, 여자친구의 무거운 가방을 들어야 하고, 취업에서도 여자에 비해 사회적 부담이 더 많다며 남자들이 더 불평등하다고 주장한다.

이에 따라 한국의 젊은 남성들은 한국 사회에 페미니즘이 왜 필요하냐고 묻기도 한다. 여성에게 가했던 불평등은 줄어드는데, 남성에게 가했던 요구와 의무는 그대로니 남성 불평등에 관심을 가져야 한다는 것이다. 예를 들어 결혼할 때 남자에게 집을 요구하고, 맞벌이를 하지 않는데도 가사분담을 요구한다거나, 군대를 다녀온 남자들의 취업이 불리한 것은 이해하지도 않고 여성과 비교하면서 놀고 게을러서 취업을 못한다고 욕을 듣는다는 것이다.[75]

그런데 남성이 말하는 이런 성불평등이 페미니즘 때문에 발생한 것일까? 남성이 군대에 가는 것은 페미니즘 때문이 아니라 과거의 남성 중심 사회에서 만든 제도 때문이다. 결혼할 때 남성에게 일방적으로 집을 요구하는 것도 페미니즘이 만든 것이 아니라, 가부장제 사회구조에 의해서 형성된 잘못된 관습이다. 그렇다면 페미니즘이 아니라 남성 중심 사회나 가부장제 사회구조에 대하여 문제를 제기하면서 해결책을 찾아야 한다.

앞에서 보았듯이 페미니즘은 여성을 차별하는 사회구조를 비판하고 그것에 문제를 제기한다. 마찬가지로 현재 젊은 남성들이 경험하는 남성 불평등을 문제 삼을 때에도 여성이나 페미니즘이 아니라 성차별적인 사회 제도와 구조를 비판해야 한다.

더불어 어떤 경우에는 20대가 겪는 불평등이 이전 세대와 달리 성불평등이 아니라 젊은 세대가 경험하는 세대 측면의 불평등이 아닌지도 고민해 보아야 한다.

3

여성의 삶,
사회적 쟁점이 되다

사례 ❶ 뉴스에서 남성 진행자는 안경을 껴도 되었지만 전통적으로 여성 진행자는 안경을 끼지 않는 것이 불문율이었다. 그런데 2018년에 한 방송국의 여성 아나운서가 안경을 끼고 뉴스를 진행하였다.

당사자인 아나운서는 인터뷰에서 "평상시에 렌즈를 끼고 다녔는데 안구건조증으로 고생했다. 고통에도 불구하고 안경을 끼는 것은 뉴스의 여성 진행자로서 하면 안 되는 일이라고 생각하고 고통을 감수해 왔다. 그런데 별 부담 없이 안경을 쓰고 있는 남자 진행자 모습을 보면서 여자 진행자도 안경을 낄 수 있지 않을까 하는 생각을 했고, 이를 실천으로 옮긴 것이다"라고 했다.[76]

사례 ❷ 다음은 2018년에 중소기업에 근무하는 여성들이 임신·출산·육아 휴직 과정에서 받은 직장 내 불이익과 관련하여 인터뷰한 내용 중 일부이다.[77]

"결혼하고 애 갖기 전에 직장을 구하면서 면접을 열 번 넘게 봤는데 갈 때마다 임신 계획을 물어봤어요."

"임신하면 대신 임시로 일할 사람을 뽑는 게 눈치가 보여서 여직원들끼리 자발적으로 임신 순서를 정하는 경우가 있어요."

"임신을 하게 되어서 출산 휴가를 사용한 후 회사에 복직해 다시 일하려고 했어요. 그런데 회사에서는 출산 휴가를 사용하지 말고, 퇴직금을 조금 더 줄 테니 사표 내면 안 되겠냐고 이야기를 했어요."

"직장 내 여자 화장실에 갔더니 '저 임신했다고 그만두래요'라는 포스트잇이 붙어 있었어요."

페미니즘에서 여성과 남성이 다른가에 대해서는 관점마다 차이가 있었다. 이런 논쟁과 별개로, 생물학적 차이나 젠더적인 차이로 현실에서 남성과 여성은 다른 삶을 경험한다. 이로 인하여 여성의 삶에 대한 사회적 쟁점이 형성되었는데, 여성의 꾸밈, 임신, 가정 폭력 등이 대표적이다. 여기서는 주변에서 볼 수 있는 사례를 바탕으로 이 쟁점들에 대한 각각의 주장을 살펴보자.

 쟁점 1   여성의 꾸밈은 노동인가, 아닌가?

집에서 자고 일어났는데 연인이 집 앞에 왔으니 잠깐 보자고 한다. 일반적으로 이때 남자와 여자의 반응에 차이가 있다. 준비 시간이 짧은 남자는 반가워하며 바로 나갈 것이다. 반면에 여자는 반가우면서도 난감한 반응을 하는 경우가 있다. 화장할 시간이 필요하다고 생각하기 때문이다. 화장이나 옷차림, 몸매 관리 등 여성의 꾸밈, 어떻게 보아야 할까?

주장 1. 여성에게 꾸밈은 사회적 압력에 따라 행하는 노동이다

학교를 졸업한 후, 사회생활을 하면서 남성과 달리 여성들은 화장을 하지 않으면 "예의가 없다"는 평가를 받거나 "어디 아프냐?"는 질문을 받는 경우가 많다. 이처럼 꾸미지 않는 것에 대하여 외부의 압박 아닌 압박을 받고 나면 화장을 하지 않고 나가는 것이 부담이 된다. 즉, 화장을 하지 않으면 타인이나 자신에 대한 예의가 아닌 것 같은 느낌을 받는다. 이런 경험과 느낌 때문에 억지로 화장을 하는 경우도 있다.

여성의 꾸밈은 단순히 화장만이 아니다. 인공 눈썹을 붙이는 것, 제모를 하는 것, 브래지어 등 보정 속옷을 챙겨 입는 것, 사회가 기대하는 여성상에 비추어 어쩔 수 없이 다이어트하는 것 등 다양하다. 알게 모르게 여성의 꾸밈에 대한 사회적 압박이 있고, 여성들은 그러한 압박을 받아서 스스로를 꾸미게 된다.

어떤 사람들은 압박이라고 느끼면 안 해도 되는 게 아니냐고 쉽게 말한다. 이는 그런 압박을 받아보지 못한 사람이나 할 수 있는 말이다. 사회적 압박이 분명한데도 불구하고 그것을 따르지 않을 경우에 '이상한 사람'이라는 시선을 견뎌야 하는 상황이 발생할 수 있다. 이때 사회적 압박에 따르는 선택을 어쩔 수 없이 하게 된다. 그러니 뉴스의 여성 진행자는 안구건조증에도 불구하고 렌즈를 끼게 되는 것이다. 사회에서 기대하는 여성 진행자의 외모에 대한 압박이 있기에 고통을 견딘 것이다.

이처럼 여성의 화장, 옷차림 등과 같은 꾸밈 행위는 외부의 압박으로 어쩔 수 없이 하게 되는 일이다. 아무리 피곤해도 꾸밈은 해야 하는 일

이 된다. 자신을 위해서가 아니라 사회적 압력으로 하는 꾸밈은 노동이다. 꾸밈 노동.

주장 2. 여성의 꾸밈은 노동이 아니라, 자기 선택이다

여자들이 자신을 예쁘게 꾸미는 것은 다른 사람의 시선 때문이 아니라 스스로 멋져 보여서 자신감을 가지려는 자발적인 선택이다. 화장하는 것을 즐겁게 생각하는 여자들도 많다. 다이어트를 하고, 보정 속옷을 갖춰 입는 것도 자신을 매력적으로 만들기 위한 자발적 선택이다. 화장을 하지 않거나 꾸미지 않는다고 해서 여성을 처벌하는 것도 아닌데 그렇게 하는 것이다.

자발적 선택으로 자신의 몸과 삶을 결정하자!

여성의 탈코르셋 운동 여성이 스스로 원치 않음에도 사회적 압력에 따라 꾸며야 하는 것에서 벗어나서 꾸밈 노동을 하지 않는 상태로 나아가자는 사회 운동이다. 코르셋은 허리를 졸라매어서 날씬하게 보이도록 만든 여성 보정 속옷을 말한다. 코르셋에서 벗어나겠다는 것은 단순히 보정 속옷인 코르셋을 입지 않겠다는 의미가 아니다.

코르셋처럼 여성의 몸에 의도적인 무엇인가를 가하지 않겠다는 것이다. 여성이 타인을 위해서 또는 타인의 압력에 따라 자신의 몸을 꾸미는 행위를 하지 않겠다는 것을 말한다. 그래서 여성의 탈코르셋 운동은 노동으로서 꾸밈에서 벗어나서 몸에 대한 자기결정권을 실천하자는 것이다.

남성의 탈맨박스 운동 남성들이 자신의 몸과 행동에 대한 사회적 압력에서 벗어나려는 운동이다. 남성의 몸은 근육질이어야 한다든지, 남성이라면 운동을 잘해야 한다든지 등의 사회적 압력과 고정관념이 있다. 남성을 가두는 편견이나 고정관념에서 벗어나고자 하는 운동이 바로 '탈맨박스' 운동이다.

맨박스라는 표현은 TED에서 토니 포터(Tony Porter)가 〈남자에게 고함〉이라는 강연을 할 때, 남자를 둘러싼 고정관념을 맨박스(manbox)[78]라고 부른 것에서 연유한다. 탈맨박스 운동을 통해 터프하고 두려움 없이 항상 상황을 이끌면서 주도적으로 살아야 한다는 남성의 삶 전반에 나타나는 고정관념을 버리고 한 사람으로서 자신의 삶을 살자는 것이다.

결국 탈코르셋과 탈맨박스 운동 모두 외부의 압력과 상관없이 자발적인 선택으로 자신의 몸과 삶을 결정하자고 말한다. 서로 다른 것 같지만 사실은 같은 주장이라고 볼 수 있다.

수많은 화장품이나 액세서리를 개발하고 이를 자랑스러워하는 경우도 대부분 여성이다. 화장을 하지 않은 이에게 아프냐는 질문을 하는 사람도 대부분 여성이지 남성이 아니다. 더구나 머리 손질이나 손톱 손질 등으로 스트레스를 해소한다고 말하는 여성도 많다. 따라서 시간과 돈을 들여서 자신을 꾸미는 것은 여성의 자발적인 선택이라고 보아야 한다.

최근에는 개인의 매력이 중요하다 보니 남자들도 자신을 꾸미는 데 시간을 많이 사용한다. 이는 경쟁 사회에서 한 개인이 가진 외적인 매력이 중요한 자산이 되었기 때문이다. 남자도 여자친구에게 잘 보이기 위해 노력한다. 꾸밈은 여성만 하는 것이 아니다. 남자의 경우 확연히 드러나지 않을 뿐이지 여성과 마찬가지로 자신을 매력적으로 보이기 위해 꾸미는 활동을 한다. 그러니 여성의 꾸밈을 노동이라고 해서는 안 된다.

❗쟁점 2 임신, 출산, 낙태에 대해 여성은 자기결정권이 있는가?

임신은 여성의 몸이 남성과 달라서 가능한 현상이다. 또한 임신과 출산은 여성의 삶을 남성과 다르게 만드는 데 큰 영향을 미친다. 상대방이 원치 않은 임신을 할 경우 여성이 혼자서 책임을 져야 할 때도 있다. 또한 임신과 출산을 한 여성은 직장생활 등에서 불평등을 경험한다. 여성의 임신, 출산, 낙태를 어떻게 보아야 할까?

주장 1. 임신, 출산, 낙태는 여성의 자기결정권* 대상이다

아이를 임신하고 출산하는 과정은 온전히 여성의 몸에서 일어난다. 전통적으로 임신과 출산은 여성 자신의 선택이기보다 가문의 대를 잇는 일로 평가받는다. 또한 태아를 한 인간으로 보고 보호한다. 그러나 이 때문에 여성의 삶은 자유롭지 못하다.

자기결정권
인권을 가진 존재로서 모든 사람이 자신의 행복한 삶을 위해 외부, 특히 국가 등 권력기관의 간섭 없이 자신의 삶과 관련한 것을 스스로 결정할 수 있는 권리를 말한다.

종종 출산율이 낮아진 원인을 여성의 사회 진출 증가에 따른 것처럼 이야기한다. 임신과 출산은 여성의 몸에 일어난 사적인 일이지 사회나 국가가 결정할 대상이 아니다. 임신과 출산의 고통과 그로 인한 삶의 방식 변화는 오로지 여성의 몫이다.

출산 이후에도 아이 양육 책임의 상당 부분을 여성에게 부과한다. 직장생활을 하는 여성이 증가하지만 아이 양육을 부부가 분담하는 정도는 약하며, 아이 돌봄을 위한 사회적 지원도 부족하다. 남성과 달리 많은 여성이 임신과 출산으로 퇴직을 강요받는다. 임신과 출산, 육아를 위해서 여성의 경력이 단절되어도 사회는 이에 대한 특별한 해결책을 제대로 내놓지 않는다.

여성의 몸에서 일어나는 일인데도 태아의 생명을 더 중시하여 낙태를 범죄로 정하는 것도 문제이다. 어쩔 수 없이 낙태를 해야 하는 경우가 있다. 결혼하지 않고 임신을 했는데 남자친구가 출산을 원하지 않거나 경제적으로 어려운 경우이다. 그런데도 낙태를 선택하는 것을 범죄라고 하면 현실적으로 많은 여성이 범죄자가 된다. 더구나 이 과정에서 여성들은 불법 낙태를 해주는 병원을 찾아야 하는 어려움에 처하고, 범죄 행위를 했다는 수치심도 갖게 되는 이중적인 고통에 시달리게 된다.

결국 임신과 출산이 여성의 몸에서 일어나니 낙태를 여성 스스로 결정할 수 있게 해달라는 것인데, 마치 여성이 자신의 편리함을 위해서 태아를 죽일 수 있도록 허락해 달라고 인식하는 것도 문제이다. 태아에게 일어나는 일은 전적으로 여성의 몸에서 일어나는 일이다. 임신과 출산, 그리고 그 후에 일어나는 일이 여성의 삶에 결정적인 영향을 미친다면 낙태에 대한 여성의 자기결정권을 인정해야 한다.

주장 2. 임신, 출산, 낙태는 여성의 자기결정권 대상이 아니다

근본적으로 여성은 남성과 달리 임신하고 출산할 수 있는 존재이며, 이것은 축복이다. 또한 임신이 되는 순간부터 태아라는 새로운 생명체가 존재한다. 태아는 인간으로서 존중받아야 할 대상이다.

한 사회가 유지되는 것은 다음 세대를 이을 수 있어서 가능한 일이다. 임신과 출산이 여성의 몸에서 일어나는 일이지만 그것이 사회를 유지하는 데 매우 중요하기에 여성만의 일이 아니다. 출산에 대한 다양한 사회적 의례가 있는 것 또한 그것이 사회적으로 매우 중요하기 때문이다.

그리고 태아는 생명을 가진 독자적인 존재이지 몸 안에 생긴 혹 같은 것이 아니다. 즉, 여성의 몸에 있더라도 여성이 마음대로 처리할 수 있는 존재가 아니다. 태아는 스스로 자신의 생명에 대한 존중을 요구할 수 있는 상태가 아니기 때문에 가장 연약한 사회적 약자이다. 여성이 사회적으로 약한 존재라고 주장하면서 자신보다 더 연약한 존재인 태아의 생사를 마음대로 결정할 수 있다고 주장하는 것은 비논리적이다.

임신으로 위기에 처한 여성들의 경우에는 사회적으로 정한 합법적인 범위 내에서 제한적 낙태가 가능하다. 태아의 목숨과 임산부의 위기 상황을 고려하여 낙태의 가능성을 사회가 합의한 것이기에 이를 따라야 한다.

여성이 임신과 출산으로 사회적 어려움에 처하는 경우가 있다는 점은 인정한다. 임신 과정과 출산 이후에 여성들이 겪는 사회 문제는 정책

160

한 걸음 더 생각해 보기

낙태에 대한 여성의 자기결정권, 헌법재판소의 판단은?

우리 사회에서 낙태는 형법상 범죄에 해당했다. 낙태를 범죄 행위라고 규정하고 있는 「형법」 제269조와 제270조에 따르면 낙태를 한 임산부와 낙태 시술을 한 의사 모두가 범죄자가 된다. 이에 한 산부인과 의사는 이 조항이 위헌이라며 헌법 소원 재판을 요구하였다. 2019년 4월에 헌법재판소는 이 조항을 헌법불합치라고 결정하고 해당 법조항을 개정하라고 하였다. 헌법재판소는 이 결정에 대해, 낙태를 금지하는 해당 조항은 임산부의 자기결정권을 침해하기에 헌법에 위배된다고 이유를 밝혔다.

적으로 해결해야지 여성이 낙태에 대한 선택권을 갖는다고 해결될 문제가 아니다. 최근 임산부 전용 좌석, 아동에 대한 사회적 돌봄 등 다양한 지원 정책이 펼쳐지고 있으며, 사회가 발전하면서 이는 더 풍부해질 것이다.

특히 일부 페미니즘은 여성의 '재생산할 권리' 측면에서 안전한 출산 등을 위해 낙태할 권리를 주장하는데, 이는 여성의 권리를 위하여 태아의 생명권을 인정하지 않겠다는 것이다. 태아도 인간이고, 인간의 존엄과 관련하여 가장 기본적인 권리인 생명권을 빼앗을 권리는 그 누구에게도 없다. 태아의 생명권은 여성이 더 나은 삶을 위해서 선택할 수 있는 대상이 아니다. 따라서 낙태는 태아의 생명권을 침해하는 범죄로 보아야 한다.

쟁점 3 남성이 여성에게 가하는 폭력을 여성 혐오로 볼 수 있는가?

2017년 강남역 살인 사건, 한 여성이 공공 화장실에서 여성이라는 이유로 살해를 당했다. 데이트 대상이나 연인 혹은 부부간에도 싸움이 일어나고 여성이 살해당하는 경우도 많다. 2018년에는 이혼한 전 부인을 찾아내어 처참하게 폭력을 가해 살해한 사건도 있었다.

그런데 이렇게 남성이 여성에게 가하는 폭력이나 살인을 남성 중심 사회에서 여성에 대한 증오나 혐오 때문에 발생한 것이라고 보아야 한다는 주장이 있다. 반면 그러한 범죄는 여성을 특정 대상으로 삼은 것이 아니라 개인적 관계에서 문제가 있었거나 가해자 개인의 우발적인 폭력이나 살인으로 봐야 한다는 주장도 있다. 어떻게 보아야 할까?

주장 1. 여성에 대한 남성의 폭력은 여성 혐오 범죄이다

데이트 폭력이나 부부간 폭력의 대상은 대부분이 여성이다. 여성이 피해자가 되는 살인 사건도 자세히 분석하면 다른 이유보다는 그들이 여성이어서 당한 경우가 많다. 여성에게 가해지는 대부분의 폭력, 그리고 더 나아가 여성 살인은 그 대상이 '여성'이라는 이유가 결정적이다. 따라서 여성에게 가해지는 폭력은 대부분 여성 혐오(미소지니, misogyny) 범죄이다. 특히 살인은 페미사이드(femicide), 즉 여성 혐오 살인이라고 보아야 한다.

여성 혐오는 남성이 여성보다 우월하고 여성은 남성보다 열등하다는 생각에서 여성을 증오하는 것을 말한다. 남성 중심 사회에서는 여성에게 폭력을 가하는 것이 강한 사내다움을 증명하는 행위가 된다.[79] 더불어 부부 폭력은 아내를 남편의 소유물로 생각해, 집안 물건을 마음대로 다루듯이 아내의 생살여탈권을 자신이 가졌다고 여기기 때문에 나타나는 것이다.

이러다 보니 "내가 가길 수 없다면 누구도 너를 가질 수 없다"라는 생각으로 헤어진 여성을 살인하는 경우도 있다.[80] 또한 이혼한 전 부인을 폭행하고 살인하는 것은 전 부인을 여전히 자신의 소유물로 생각했기 때문이다.

종종 여성을 폭행하거나 살해하는 범죄의 가해자인 남성 중 대다수가 지위가 낮은 사회적 약자라는 점에서 여성 혐오 범죄가 아니라고 주장하기도 한다. 그러나 강남역 살인 사건의 가해자는 범죄 동기를 "평소 여자들이 자신을 무시해서"라고 하였고, 전 부인을 살인한 남성도 이혼 과정에서 쌓인 불쾌한 감정 때문에 살인을 계획하였다.[81]

사회적 약자의 위치에 있는 남성은 자신보다 우월한 위치의 남성에게 폭력을 행사할 수 없다. 반면 자신보다 열등한 지위에 있는 여성마저 자신을 무시하는 것은 견디기 어려운 일이다. "내가 무시해야 마땅한 여자인 너마저……"라는 생각을 하게 되는 것이다.[82] 결국 여성이 남성보다 열등하다고 생각해 폭력이나 살인을 하는 것이다.

따라서 여성에 대한 남성의 폭력이나 살인은 '여성이 아니었다면' 일어나지 않았을 여성 혐오 범죄로 보아야 한다.

주장 2. 여성 혐오로 일반화해서는 안 된다

사람들이 살아가면서 생기는 갈등을 지혜롭게 조정하지 못하면 폭력이나 살인이 일어난다. 실제로 성폭력 범죄를 제외하고는 살인 등의 강력 범죄의 피해자를 성별로 나누면 남성 피해자들이 더 많다. 피해자가 남자이든 여자이든 상관없이 강력 범죄 대부분은 사람들 사이에 갈등을 지혜롭게 조정하지 못한 결과이다.

여성에 대한 남성의 폭력이나 살해가 남성 중심 사회의 여성 혐오 때문에 발생했다고 보는 것은 과도한 일반화이다. 여성에 대한 남성 폭력을 여성 혐오 범죄라고 하면 이 세상에 모든 여성은 피해자가 되고, 반대로 남성은 잠정적 가해자가 된다. 세상은 그렇게 이분법적으로 움직이지 않는다. 더구나 모든 남성을 잠정적 가해자라고 보는 것은 전체 남성에 대한 모욕적인 전제이고 표현이다.

여성에게 폭력을 가하는 대부분의 남성은 사회적으로 소외받는 이들이다. 가해자인 그들의 개인적 환경 때문에 생긴 사회적 분노로 여성에 대한 폭력이 발생하는 경우가 많다. 오로지 남성이라는 조건에 따라 가해자가 되는 것이 아니다. 남성과 여성의 신체적 힘의 차이 때문에 우발적으로 여성이 피해자가 되는 경우도 있다. 이런 점을 고려하지 않고 남성이 여성에게 범죄를 저질렀다고 이를 무조건 여성 혐오 범죄라고 하는 것은 문제이다.

혹여 남성이 여성보다 우월하다는 생각을 가진 남자들이 있다고 해도 그들은 여성에게 폭력을 휘두르는 것이 아니라 자신보다 연약한 사람들을 잘 보호해야 진짜 사나이라고 배운다. 따라서 자신보다 여성이 열등하다고 생각하는 남성이 여성을 폭행하거나 살해한다는 것은 지나친 논리적 비약이다.

여성 대상 남성의 범죄는 남녀간 갈등 상황에서 개인적인 분노 감정의 결과로 일어나는 우발적 범죄이지 여성 혐오 범죄는 아니다. 물론 이는 분명히 나쁜 행위이다. 따라서 여성이 범죄 피해를 입지 않도록 치안을 강화하는 방식으로 해결해야 한다. 여성 혐오 범죄라고 하여 사회적 갈등을 새롭게 만들지 말고 범죄에 대한 방지책을 세우는 것이 중요하다.

 ## 당신이 만약 다시 태어난다면?

지금까지 살펴본 세 가지 쟁점에서 공통적으로 나타나는 특징은 무엇일까? 여전히 지금 한국 사회가 남성 중심주의 사회라는 주장과 그렇지 않다는 주장이 대립한다. 그리고 여성의 자기결정권이 중요하다는 생각과 여성의 자기결정권이 가져올 다른 문제에 대해서도 함께 고려해야 한다는 생각이 대립하고 있다.

현대 사회에서는 여성의 지위가 향상되고 남성과 여성이 평등해졌다고 한다. 또한 법과 제도로 성차별이나 불평등을 규제하고 있어서 실제로 사회에서 경험하는 성차별은 일부의 문제라고 말한다. 어떤 이들은 여성의 지위만을 존중하는 정책으로 남성이 힘들어진다고도 이야기한다.

이에 대해서 과거에 비해 평등해지기는 했지만 아직 부족하다고 이야기하는 이들도 있다. 또한 페미니즘에서는 여성은 사회적으로 여전히 불리한 위치에 서 있으며, 여전히 차별과 불평등을 경험한다고 이야기한다.

그래서 이에 대하여 문제 제기를 하거나 해결 방법을 이야기할 때 남녀 대립과 갈등이 일어나기도 한다. 또한 여성은 피해자이고 남성은 가해자라는 논의를 불편해하기도 한다.

일반적으로 한 사회에서 어떤 정체성으로 인해 누가 사회적 소수자 혹은 약자인지를 파악하는 간단한 방법이 하나 있다. 지금 해당 사회에 자신이 태어난다고 가정할 때, "어떤 정체성을 가진 존재로는 태어나지 않았으면 좋겠다"는 대상에 대한 비율을 계산하는 것이다. 이때 높은 비율로 원치 않는 경우가 바로 그 사회에서 여전히 차별받거나 불평등한 위치에 있는 사람이다.

지금 한국 사회에서 당신이 다시 태어난다면 남성과 여성 중 누구로 태어나고 싶은가? 여성으로 또는 남성으로 태어나고 싶지 않는 이유는 무엇인가, 그리고 태어나고 싶은 이유는 무엇인가? 앞에서 다룬 다양한 논쟁에서 드러나는 페미니즘의 주장과 그에 대한 반대 주장을 고려하며 생각해 보자.

4

성적 자기결정권과
미투 운동

행정부의 부처 중 하나인 법무부. 법을 다루는 기관으로 산하에 검찰청이 있다. 검찰청은 각종 범죄를 수사하여 법원에 재판을 청구하고, 재판의 집행을 지휘하는 국가 권력기관이다.

2018년 1월 26일 법무부 소속 검찰청의 내부 통신망에 "나는 소망합니다"라는 제목을 단 글이 올라왔다. 그리고 해시태그(#)를 단 'Me Too'라는 표시도 있었다. 8년 전 검찰청 관련 인사의 장례식장에서 법무부 간부였던 검사에게 강제로 성추행을 당했다는 내용이었다. 글쓴이는 "공공연한 곳에서 갑자기 당한 일로 모욕감과 수치심이 이루 말할 수 없었다"고 밝혔다.[83] 이 글을 작성한 사람은 여자 검사였다.

그리고 글쓴이는 그날 저녁 한 방송국 메인 뉴스에 나와 자신이 당한 성추행을 고발하였다. 검찰청 내에서 성추행 사건이 일어나도 그것을 이야기하면, 잘나가는 남자 검사 발목 잡는 꽃뱀이라는 비난이 쏟아진다는 이야기도 담담하게 했다. 그리고 마지막으로 앵커와 인사를 나누기 전에 한마디를 더 하고 싶다고 했다.

그 피해를 당하고도 내가 무엇을 잘못했기에 이런 수치심을 가져야 하나라는 생각을 오랫동안 했다면서, 공개적으로 뉴스 프로그램에 나온 이유를 밝혔다. "성폭력 피해자분들께 결코 당신의 잘못이 아니다"라는 말을 꼭 하고 싶다고 했다.[84]

해당 뉴스에 대한 사람들의 반응은 다양했다. 법무부에서 그것도 검사와 같이 사회적 직위가 있는 여자도 성추행을 당하느냐고 놀라는 사람도 있었다. 아마도 검찰 조직이 남자가 많고 권력도 더 가지고 있으니 그런 일이 있어도 이를 쉬쉬하다가 뒤늦게 터진 것 같다며 비판하는 사람들도 있었다.

이 사건에서 중요하게 살펴보아야 할 점은 무엇일까? 먼저 성적 자기 결정권에 대해 자세히 알아보자.

 동의 없는 성적 접촉은 누구라도 안 돼!

"열 번 찍어 안 넘어가는 나무 없다"는 말이 있다. 상대방에게 여러 번 애정 표현을 하다 보면 상대방이 이를 받아들인다는 의미로, 짝사랑을 하는 사람에게 용기를 줄 때 많이 사용한다. 그런데 요즘 이런 충고를 하는 것은 위험하다. 충고를 받아들인 사람이 상대방이 거절하는데도 여러 번 애정을 호소하면서 따라다니게 되면, 그 행위는 스토킹이 된다. 그리고 이는 사회적으로 범죄로 판단되어 처벌받을 수도 있다.[85]

　연인 사이에서도 상대방 동의 없이 성적인 접촉을 하면 문제가 된다. 예를 들어 연인 사이에 한쪽이 키스를 시도할 때 상대방이 거절하는데도 강제로 키스를 하게 되면 이는 폭력적으로 행한 성적 접촉이다.

　하물며 연인이나 부부가 아닌데 상대방의 동의를 구하지 않고 성적 접촉을 하는 것은 명백하게 잘못된 행동이다. 이는 개인의 성적인 측면에 대하여 스스로 결정할 권리인 성적 자기결정권을 무시하는 것이다.

　헌법재판소의 2002년 판례에서는 성적 자기결정권을 "각 인(사람마다) 스스로 선택한 인생관 등을 바탕으로 사회공동체 안에서 각자가 독자적으로 성적인 관(점)을 확립하고, 이에 따라 사생활의 영역에서 자기 스스로 내린 성적 결정에 따라 자기 책임 하에 상대방을 선택하고 성관계를 가질 권리"라고 정의하였다.[86] 따라서 성적 자기결정권은 남성이나 여성 모두에게 적용되는 권리이다.

여성의 성적 자기결정권, 왜 중요하게 다루어야 할까?

다른 사람에게 폭행을 당했다고 생각해 보자. 이때 피해자의 상처는 몸에만 남는 것이 아니다. 인간으로서 존중받지 못했다는 생각에 자존감 저하, 수치심 등 마음에도 상처가 남는다.

그렇다면 성폭력은 어떨까? 일반 폭력과 마찬가지로 인간으로서 존중받지 못했다는 정신적 고통이 발생한다. 이에 더하여 성적 정체성으로 인한 고통까지 남는다. 성폭력 피해자 중에 이성과의 건강한 애정 관계를 거부하거나 자신의 몸을 불결하게 여기는 것과 같이 해결하기 어려운 심리적 상처를 갖는 경우가 많다. 그래서 성폭력은 모든 폭력 중에서 가장 악랄한 폭력이고, 한 인간의 영혼까지 파괴하는 행위가 될 수 있다.

성폭력 피해자 대부분이 여성이다. 2017년 서울지방경찰청에서 밝힌 성폭력 범죄 피해자의 94퍼센트가 여성이었다. 성폭력 피해 여성들은 자신이 여성이어서 성폭력 피해를 당했다고 생각하고, 여성으로서 자신의 정체성을 거부하는 경우도 있다. 이렇게 되면 여성이라는 정체성을 가지고 살아가는 모든 순간이 고통이 된다.

남성 중심주의 사회에서는 남성이 주도하고 여성이 수동적으로 따라야 한다는 점을 연인이나 부부간의 애정 관계에도 적용하게 된다. 이런 사회에서 남성은 여성이 스킨십 등을 거절했을 때 이를 곧이곧대로 받아들이지 않는다. 여성이 성적으로 수동적이어야 하기 때문에 어쩔 수 없이 하는 거절 표시라고 생각하는 것이다.

더 나아가 남자가 애정 행위를 주도하는 것은 매력적이고, 여자는 조신하게 자기 몸을 잘 관리하는 것이 당연하다고 생각한다. 이런 인식이 수용되는 사회에서 남성의 성적인 접촉은 허용 및 장려되는 행동이지

불법 촬영 당하는 여성의 몸

공공 화장실 이용을 꺼리는 여성들이 많다. 불법 촬영에 사용하는 소형 카메라가 숨겨져 있는 일이 종종 발생하기 때문이다. 지하철 등의 계단을 올라갈 때에도 혹시 나를 찍는 카메라가 있는 것은 아닌지 걱정한다. 집 밖에서 옷을 갈아입어야 할 때에도 혹시 불법 촬영을 당하는 것은 아닌지 걱정하면서 경계를 늦출 수가 없다.

더구나 인터넷에 여성의 벗은 몸이나 신체 일부를 찍은 사진 및 동영상을 올려서 공유하기도 한다니 일상이 불안하다. 또한 연인 관계였을 때의 친밀한 성적 접촉 행위를 몰래 촬영하여 성인 사이트에 올리는 일까지 발생해 두려움은 더 커진다.

한 사람의 소소한 일상이 타인에게 성적인 즐거움의 대상으로 전락하는 것은 매우 고통스러운 일이다. 여성의 몸에 직접적으로 폭력을 행사하지는 않지만, 여성들에게는 성폭력과 동일한 수치심을 갖게 한다는 점에서 도촬과 그것을 유통하면서 즐기는 것은 성폭력 행위로 보아야 한다.

또한 불법 촬영 자체와 그것을 인터넷에 공유하여 아무런 죄의식 없이 보면서 즐거움을 느끼는 것은 여성의 성적 자기결정권을 침해하는 범죄 행위이다. 타인에게 수치심과 고통을 안긴다는 측면에서 자존감을 가진 동등한 인간으로서 해서는 안 되는 행위인 것이다.

더구나 2020년에 사회적으로 문제가 된 'n번방' 사건은 불법 촬영만이 문제가 아니다. 이것은 여성, 그것도 만 18세 미만의 미성년 여자들을 협박해 성적으로 착취하고 해당 영상을 촬영하여 유료 회원을 대상으로 텔레그램 비밀대화방을 개설해 운영한 사건이다.

우리나라의 경우 이러한 범죄에 대한 처벌 기준이 낮다는 의견이 나오고 있다. 여성의 일상에 대한 불법 촬영물, 강제 성 착취에 따른 영상물을 생산·유통·소비하는 행위에 대하여 강력하게 처벌해야 한다는 사회적 목소리가 커지고 있다.

만, 여성의 성적 접촉은 감추어야 하는 경험이 된다. 그래서 남성 중심 사회에서 성폭력 피해를 당한 여성들은 사회적으로 자신이 피해자라는 것조차 말하기 어려운 억울한 상황에 처한다.

여성의 성적 자기결정권은 여성이 성폭력의 피해자가 되었을 때, 이를 범죄라고 주장할 수 있는 권리가 된다. 또한 이를 넘어 여성이 자기 몸에 대하여 스스로 결정을 할 수 있는 주체적인 존재로서 살아가게 해준다. 따라서 여성에게 성적 자기결정권은 단순히 자신이 결정한다는 의미를 넘어 여성이라는 정체성을 가지고 행복하고 건강한 삶을 가능하게 하는 권리인 것이다.

유치원 다니는 아이들에게 외부인이 자신의 몸을 만지려고 할 때 제일 먼저 큰 목소리로 "싫어요!"라는 거부 의사를 밝히라고 가르친다. 이 것으로 상대의 폭력 행위를 모두 막을 수는 없지만, 상대방에게 정확한 저항 의사를 밝히는 것이 필요함을 배우게 하려는 것이다. 그리고 상대 방에게 자신의 거부에도 성적인 접촉을 강제적으로 하는 것이 범죄 행위임을 알게 하려는 것이다.

연인이나 부부일지라도 "싫어요"는 "싫어요"이지 "좋아요"가 아니다. "싫어요"는 정확한 거부 의사이지 수동적인 태도로 당신의 행위를 받아들이겠다는 의미가 아니다. 이 말을 하는 사람, 이 말을 듣는 사람 모두에게 그 의미는 동일해야 한다. "싫어요"는 "싫어요"이다.

상대방의 동의가 없는 성적 접촉을 비롯해 상대방의 몸을 촬영하는 것, 데이트 폭력을 행사하는 것 모두 성적 자기결정권을 침해하고 인정하지 않는 범죄 행위라는 점을 명심해야 한다.

권력 관계에서 성적 자기결정권 지키기

시속 60킬로미터 이하로 달릴 수 있는 도로에서 차가 시속 80킬로미터로 달리면 경찰이 운전자를 붙잡아서 벌금 등의 처벌을 가한다. 이때 잘못한 사람이 경찰의 처벌을 당연하게 받아들이는 것은 교통경찰의 행동이 국가로부터 위임받은 합당한 권력 행사라는 것을 인정하기 때문이다.

직장에서 높은 지위에 있는 사람이 아래 지위에 있는 사람에게, 또는 학교에서 가르치는 사람이 배우는 사람에게 무엇인지를 지시하고 따르도록 요구하는 경우를 보자. 보통 업무나 교육을 잘 수행하기 위해서 그렇게 하는데, 이 경우에도 권력 행사가 일어난다.

이때 권력 행사는 그 목적이 정당해야 하며, 인간 존엄성을 존중하면서 이루어져야 한다. 학교에서 체벌을 하면서 학생을 공부하게 하는 경우에 체벌이 공부에 도움이 된다고 핑계를 대지만 이를 증명할 근거는 없다. 심지어 체벌은 학생의 존엄성을 존중하지 않은 권력 행사로써 정당성을 가질 수 없다.

또한 회사에서 업무와 무관하게, 상대방이 원치 않음에도 권력 관계에 있는 상사가 팀원에게 성적 접촉을 하는 것은 주어진 업무를 해야 하는 인간관계의 목적에 맞지 않을 뿐만 아니라 상대방의 인간 존엄성을

성희롱과 성추행도 모두 성폭력일까?

기본적으로 성폭력은 1994년 제정된 「성폭력범죄의 처벌 및 피해자보호 등에 관한 법률(성폭력 특별법)」에 따른 법률적 용어이다. 그리고 피해자가 여성인 경우만 성폭력에 해당하는 것이 아니다. 남성이 피해자가 되거나 동성 간에 이루어진 경우에도 성폭력이라고 한다.

법에 따르면 성폭력에는 어린이 성추행, 권력 관계에서 이루어지는 성희롱 및 일상에서 일어나는 성추행, 강간미수, 강간 등 다양한 내용이 포함된다. 성추행은 상대방이 원치 않음에도 강제로 성적인 수치심이나 혐오감을 느낄 수 있는 신체 접촉을 하는 것이다. SNS 등을 통해 음란한 사진 등을 보내는 것도 성폭력에 해당될 수 있다.

권력 관계에서 이루어지는 성희롱은 직장이나 학교, 군대 등과 같은 곳에서 권력 관계를 이용하여 상대방의 동의 없이 성과 관련된 표현이나 행동으로 불쾌감이나 수치심, 불이익을 주는 행위를 말한다. 이에 속하는 행위는 성적인 농담, 외모를 성적으로 비유하는 행위, 원치 않는 신체 접촉, 성적으로 음란한 사진이나 그림을 보여주는 것 등 다양하다.

훼손하는 일이다. 또한 성적 자기결정권을 인정하지 않는 매우 위험한 권력 행사이다.

이것은 권력 관계에서 성을 매개로 폭력을 행사한 성폭력으로 볼 수 있다. 성폭력은 피해자가 원하지 않음에도 성과 관련하여 신체적·언어적·정신적 폭력을 행사하는 것으로 성희롱, 성추행, 성폭행 등을 모두 포괄한다.

예를 들어 검찰청이라는 직장을 보자. 검찰청에 근무하는 부장검사가 자신보다 직위가 낮은 검사에게 그가 원치 않음에도 성적 접촉을 한 것은 부당한 권력 행사이며 성폭력이다. 방송에서 이 사건이 다루어진 이후, 검찰청 이외 공공기관, 군대, 회사, 문화계, 스포츠계, 종교계, 대학, 고등학교 등 다양한 곳에서 조직의 높은 지위에 있는 남성이 낮은 지위에 있는 여성에게 원치 않는 성적 접촉이나 성희롱 표현을 한 사실들이 폭로되었다.

이후 사회의 다양한 공간이나 관계에서 이런 일이 여러 차례 발생했다는 사실이 밝혀졌다. 엄연히 범죄인 성폭력이 사회 전반에서 공공연하게 일어난 것이다. 이런 현상은 왜 일어났을까?

사회 전반에서 여성의 동의 없는 성적 접촉을 범죄라 인식하지 못하고 당연히 할 수 있는 행위라고 생각하는 것은 아닐까? 남성은 여성의 의사와 무관하게 성적인 접촉을 마음대로 해도 되는 존재라고 여기는 것은 아닐까? 더 나아가 남성이 여성보다 우월하니 여성은 남성 마음대로 해도 된다고 생각하는 것은 아닐까?

이런 점을 고려하면, 여성의 성적 자기결정권 주장은 단순히 연인관계에서 일어나는 성적 접촉에 대해서만 문제를 제기하는 것이 아니다. 근본적으로 사회 전반에 깔려 있는 남성과 여성의 권력 관계와 그로 인한 부당한 성적 접촉에 문제 제기를 하는 것이다.

 ## 우리 사회에는 성인지 감수성이 필요하다

직장이나 학교 등에서 성폭력 피해를 당한 여성에게 "남자를 유혹하는 옷차림을 하고 다녀서", "조신하게 자기 몸 관리를 안 해서" 피해자가 될 만하다고 비난하는 사람들이 있다. '꽃뱀'이라면서 피해 여성을 가해자로 만드는 이들도 있다.

또한 높은 지위에 있는 남성에게 성폭력 피해를 당한 경우, 권력 관계 때문에 저항하지 못하는 피해자의 입장은 전혀 고려하지 않은 채, "강력하게 저항하지 않았다"고 비난하기도 한다. 집안에 도둑이 들었을 때 "도둑이야!"라고 외치는 것처럼 "나는 성폭력 피해를 당했어요"라고 주변 사람에게 알리지 않았다고 성폭력이 아니라고도 한다.

이 모두는 '피해자다움'을 요구하는 것이다. 즉, 피해자로서 마땅히 할 수 있는 행동을 해야 하는데 그렇지 않으니 피해자가 아니라는 것이다. 어떤 경우에는 피해자인 당신이 잘못해서 그렇게 되었다고 피해자를 가해자로 만들기도 한다. 그들은 왜 그렇게 말하고 비난하는 것일까? 전형적으로 성인지 감수성이 없기 때문이다.

성인지 감수성은 젠더 감수성(gender sensitivity)이나 성인지 관점이라고도 한다. 이는 "사회에서 일어나는 성과 관련한 현상에 대하여 '성차별' 또는 '성불평등'이라는 사회구조적 측면을 고려하여 이해하려는 태도"이다.[87]

2018년 대법원 판결에서는 성인지 감수성에 대하여 "여성과 남성이 생물학적, 사회문화적 경험의 차이에 의해 다른 이해나 요구를 가지고 있다고 보고, 특정 개념이 특정한 성에게 유리하거나 불리하지 않은지, 성역할 고정관념이 개입되어 있는 것은 아닌지를 검토하는 관심과 태도"라고 하였다.

일반적으로 성폭력 사건이 드러났을 때 가해 남성 대신 피해를 당한 여성을 비난하는 것은 전형적으로 남성 중심 사회에서 일어나는 일이다. 남성은 당연히 성폭력을 할 수 있는 존재이니 여성이 조심해야 한다는 남성 중심 사고가 들어 있기 때문이다.

그런데 남성 중심 사회에서 여성은 자신보다 지위가 높은 남성의 요구를 거부하기가 쉽지 않다. 그것이 너무너무 불쾌한 성적 접촉일지라도 말이다. 이는 '싫다'는 표현을 정확하게 할 경우에 당할 수 있는 피해 때문이다. '당할 수 있는 피해'에는 승진을 못하거나, 내쫓기거나, 나쁜 평가를 받는 등의 불합리한 대우를 받는 모든 경우가 포함된다.

그래서 성폭력 사건에 대해 성인지 감수성을 갖는다는 것은 피해자인 여성이 경험하고 있는 성적 불평등이라는 사회구조적 조건을 고려하자는 의미이다. 성인지 감수성을 가지게 되면, 성폭력 피해를 당한 여성에 관한 정보를 수집하여 누군지 밝혀내려는 일을 하지 않을 것이며, 성폭력 피해를 당한 여성에게 "당신의 잘못이 아니다"라고 더 빨리 더 강력하게 말해줄 수 있을 것이다. 비록 일제강점기 위안부 할머니들에게 "당신의 잘못이 아니다"라고 말하는 데는 우리 사회가 매우 늦었지만 말이다.

종종 성인지 감수성을 이야기하고 성폭력에 강하게 문제 제기를 하면 일부 남자들은 괜히 여자들에게 친절을 베풀다 오해받겠다는 의견을 내놓는다. 그러면서 '펜스 룰(Pence Rule)'을 이야기하기도 하는데, 이는 미국 부통령인 마이크 펜스가 말한 것으로 "아내 이외의 다른 여성과 시간을 보내지 않기"로 선택하여 성폭력과 관련한 괜한 오해거리를 사전에 방지하겠다는 뜻이다.

그런데 이를 잘 살펴보면 남성이 동의 없이 여성에게 성적 접촉을 하는 것이 잘못이라는 생각이 아니라 '여성과 만나면 성폭력 가해자로 오해받을 수 있다'는 인식이 숨어 있다.

지위가 높은 남성들이 같이 일하는 여성들을 이렇게 인식하면 어떤 일이 발생할까? 남성들은 가능하면 여성들과는 사회적 관계를 형성하지 않겠다고 할 것이다. 그렇게 되면 직장생활을 하는 여성은 정상적인 업무에서도 여성이라는 이유로 소외당할 수 있다. 또 다른 면에서 성불평등 문제가 발생하는 것이다.

그런 점에서 펜스 룰 또한 여성의 성적 자기결정권을 인정하는 것이 아니며, 성인지 감수성을 갖추지 못한 주장이다. 여성을 피하는 것이 아니라 여성 또한 한 인간이라고 생각하고 동등한 인간으로서 적합한 사회적 관계를 맺으려는 자세, 진정 그것이 필요한 시점이다.

 ## "당신의 잘못이 아니다"

앞서 자신이 겪은 성폭력 피해를 밝힌 검사는 이것은 개인이 아니라 여성으로서 당한 피해임을 말하며, 다른 성폭력 피해자들을 향해 "당신의 잘못이 아니다"라고 이야기했다. 그 이후 자신 또한 비슷한 피해를 당했다는 여성들의 주장이 많이 나왔다. 특히 SNS에 그런 내용을 이야기하면서 '#MeToo'를 같이 표기하였다. 여성이라는 이유로 당한 성폭력에 대하여 사회적으로 문제를 제기하는 미투 운동이 일어난 것이다.

잘 알려진 것처럼 미투 운동은 미국에서 시작되었다. 2017년에 미국 할리우드에서 영향력이 큰 영화감독이자 제작자인 하비 와인스타인(Harvey Weinstein)이 행한 성폭력 사건과 관련하여, 한 영화배우가 "당신이 성폭력 피해를 봤거나 성희롱을 당했다면 주저 말고 '미투'를 써달라"고 호소하면서 시작되었다.[88]

SNS에 #MeToo를 다는 것은 자신 또한 성폭력을 당한 피해자임을 공개하고, 이를 통해 성폭력이 얼마나 큰 사회 문제인지를 알리고자 하는 행동이었다. 더불어 다른 사람의 성폭력 피해 내용을 자신의 SNS에 소개하면서 #WithYou를 달아서 당신을 지지하고 함께하겠다고 표현하기도 했다. 그래서 미투 운동은 여성의 성적 자기결정권을 강조하는 사회 운동이 되었다.

어쩌면 한국에서 미투 운동은 위안부 할머니들의 공개 증언에서부터 시작되었다고 볼 수 있다. 1991년 8월 14일 김학순 할머니가 처음으로 일본 군대에서 당한 일을 밝혔다.[89] 그 이후 다른 피해 여성의 증언이 이루어지면서 일본의 공개 사과를 위한 수요 집회, 관련 재판 등이 지금까지 이어지고 있다.

2018년에는 직장과 대학에서 피해를 당한 여성의 미투 운동이 이어졌다. 그리고 이 운동은 스쿨미투 운동으로 번졌다. SNS에 과거 자신이 학생이었던 시절 당한 성폭력 피해를 올리면서 #SchoolMeToo를 다는 것이다.

한 고등학교에서는 졸업생들이 미투 운동을 한 것을 알게 된 재학생들이 공개적으로 미투 운동을 했다. 학교 창문에 #MeToo, #WithYou를 붙였는데, 여학생들이 교사에게 성폭력 피해를 당한 것이 과거의 일이 아니라 현재에도 일어나고 있다는 것을 용기내어 증언한 것이다.

다른 학교에서도 교사에게서 "미투는 여자가 예뻐서 당한 것이다", "남자친구와 진도를 어디까지 나갔냐"는 등 모욕적인 발언들을 들었다는 것을 폭로했다. 요즘 뉴스에도 이런 이야기가 나오는 것을 보면 스쿨미투는 여전히 진행형이다.

미투 운동이 세상을 향해 말하려는 것

왜 성폭력 피해자들은 미투 운동을 선택했을까? 방송에 나온 여자 검사는 성폭력 피해 당시에 이 범죄를 조사해 달라며 신고했는데도 이를 처리하지 않았다고 밝혔다. 즉, 여성이 피해자인 성폭력 사건을 중요한 범죄로 여기지 않았던 것이다.

그래서 미투 운동은 성폭력 가해자의 처벌도 원하지만, 더 나아가 사회 변화를 요구하는 '사회 운동'으로 보아야 한다. 사회 곳곳에서 여성을 대상으로 하는 권력형 성폭력이 다양하게 발생함을 알리려는 것이다. 그리고 피해를 당한 당신의 잘못이 아니라 범죄를 한 사람과 그것을 아무렇지 않게 생각하는 사회가 문제라고 말하는 것이다. 성폭력을 범죄가 아닌 것처럼 생각하고, 관습적으로 용인하는 사회를 바꾸기 위해서 서로가 연대하는 것이다.

그런데 미투 운동에 대하여 반발하는 목소리도 있다. "한 사람이 한두 번 당한 것도 미투인가? 한 조직 내에서 권력을 가진 집단이 그렇지 않는 여성에게 한 것이나, 한 사람이 여러 여성을 대상으로 권력을 행사한 것만 미투 아닌가?"라는 것이다.[90] 알고 보면 과거에 남녀가 사랑한 사이였다거나, 그런 일이 일어났을 때는 가만히 있다가 해당 남성이 사회적으로 성공하니 문제로 삼는다는 등의 주장도 나온다.

또한 미투의 대상이 직장 내 상사이거나 교수나 교사처럼 피해자의 삶에 치명적인 불이익을 줄 수 있는 경우가 아니라면 미투가 아니라는 주장도 있다.[91] 가해자로 알려진 사람들이 명예훼손 소송을 내는 일도 있었다. 즉, 사회 변화를 요구하는 목소리에 대하여 반발하는 행동인 백래시(backlash)[92]가 나타나는 것이다.

　일부 남성들은 미투 운동을 불편하다고 생각한다. 그런 권력을 자신이 휘두르지 않았는데, 남자라는 이유만으로 가해자가 되는 기분 나쁜 경험을 하게 한다는 것이다. 이에 따라 미투 운동을 남성 가해자가 여성 피해자에게 가하는 남성 중심주의의 문제가 아니라 권력을 가진 사람이 권력이 없는 사람에게 가하는 인권의 문제라고 보아야 한다는 주장도 있다.

　그러나 앞에서 본 것처럼 성폭력이 신체에 가해지는 다른 폭력보다 훨씬 더 강력하게 한 인간의 삶을 파괴한다는 측면에서, 그리고 여성 피해자가 대다수라는 측면에서 이는 인권 문제이기도 하지만 여성의 문제이기도 하다.

　다른 폭력 피해자들도 피해를 기억하는 것에 힘들어하지만 성폭력 피해자의 경우는 피해에 대한 사소한 기억조차 떠올리기 싫다고 하며 피해 사실이 공개되는 것을 매우 두려워한다. 왜냐하면 성폭력 피해를 밝혔을 때 2차 가해가 일어날 가능성이 크기 때문이다.

대부분의 범죄에서는 가해자를 비난한다. 그런데 유독 성폭력 범죄에 대해서는 피해자를 비난하는 경우가 있다. 예를 들어 "네가 그때 좀 조심하지"라거나, "당할 만한 일을 했으니 그렇게 되었을 것이다"라는 발언이 대표적인 2차 가해이다. 성폭력 상황에 대하여 캐묻거나 개인 정보를 캐내는 것도 2차 가해 행위에 속한다.

2차 가해에 대한 두려움에도 불구하고 자신의 피해 사실을 공개적으로 드러내는 것은 엄청난 용기가 필요하다. 그러니까 '미투'는 자신의 영혼까지 파괴되는 폭력에서 생존한 자신을 용기 있게 드러내는 일이다. '위드유'는 엄청난 용기가 필요한 당신의 행동을 지지하고 함께하겠다는 의지를 드러내는 일이다. 이렇게 성폭력에서 같이 생존한 사람들이 미투를 주장하고, 남녀 불문하고 위드유를 통해 그들의 용기를 지지할 수 있을 때, 남녀 모두 건강한 성적 자기결정권을 확립할 수 있다.

인간으로서 성적 매력을 상대방에게 발휘하고 친밀한 접촉을 하는 것은 삶의 한 부분에서 매우 중요하다. 남자와 여자가 한 인간으로서 동등하게, 그리고 상호 간에 행복하고 건강하게 성적 친밀성을 나눌 수 있는 사회를 만들어가는 것, 그것이 미투 운동이 진정 지향하는 것이다.

함께 토론해 봅시다!

1 자신을 페미니스트라고 할 수 있을지, 페미니스트로서의 나의 모습, 그렇지 않은 나의 모습을 성찰해 보자.

2 현재 우리 사회의 성차별을 해소하기 위해서는 이퀄리즘과 페미니즘 중 어떤 관점을 더 중요하게 고려해야 하는가? 그 이유는 무엇인가?

3 앞으로 우리 사회에서 페미니즘이 강조해야 할 부분은 어떤 것일까?

4 여성의 몸에 대한 불법 촬영과 성 착취 불법 영상의 촬영·유통·소비 행위에 대하여 형벌을 준다면 어느 정도가 적정할까?

5 성폭력 피해자에게 가하는 2차 가해를 범죄 행위로 보아야 할까?

네 믿음은 네 생각이 된다.
네 생각은 네 말이 된다.
네 말은 네 행동이 된다.
네 행동은 네 습관이 된다.
네 습관은 네 가치가 된다.
네 가치는 네 운명이 된다.
_ 마하트마 간디(인도 비폭력 사회 운동가)

4장

일상 속 사회적 차별의
다양한 모습들

다양성

외모차별주의가
만들어내는 쓸쓸한 풍경

        아버지가 자녀를 양육하는 TV 프로그램에 등장하는 어린 여자아이에게 '역대급 미모'라고 말한다. 또한 외국의 한 연예인 자녀와 비교하면서 그 미모에 뒤지지 않는 얼굴이라고도 평한다. 다른 TV 프로그램에서는 같은 해에 출생한 연예인들의 얼굴을 비교하면서 누가 동안이고 누가 노안인지 평가한다. "돈을 들여서라도 그 얼굴 좀 고쳐라"라는 말을 들은 연예인은 "그러면 빌딩 하나가 필요하다"고 응대하면서 웃음을 끌어낸다. 사람들은 이를 재미있는 웃음거리로만 생각할 뿐, 심각한 외모 차별 혹은 인신공격이 된다고 생각하지 않는다.

  오랜만에 공개 행사에 등장한 연예인이 조금 살이 찐 모습을 보이면 관리를 하지 않았다는 악성 댓글들이 끊임없이 쏟아진다. TV 프로그램에서 한 가수는 "자신은 노래를 부르는 사람인데, 왜 뚱뚱하다는 이유로 비난받아야 하는지 모르겠다"며 외모 공격이 주는 고통을 호소했다.

연예인 기사에 등장하는 헤드라인에서 '패완얼(패션의 완성은 얼굴)'이라는 표현은 일상어가 되었다. 동안 연예인에게는 "누가 50대로 볼 것인가? 자기 관리가 철저한 연예인" 같은 말을, 출산 후의 연예인에게는 "애 엄마 실화?", "아이 엄마 맞아?"와 같은 외모를 강조하는 표현을 사용한다.

연예인에게만 해당되는 것은 아니다. 오랜만에 만난 친구 사이에 서로 누가 덜 늙었는지 비교하는 모습, 살이 쪘다는 이유만으로 문제가 있는 사람이라고 평하는 모습, 취업을 위해서 다이어트를 해야 한다는 사람들을 비롯해 실제로 취업에서 능력보다 외모를 더 중시하는 사회 분위기 등.

외모 비교, 동안에 대한 열망 등이 끊임없이 등장하는 우리 사회에는 도대체 어떤 편견과 불평등이 작동하고 있을까?

 ## 루키즘, 외모차별주의란?

오랜 기간 외모에 대한 차별이 있었음에도, 공식적으로 이것에 이름을 붙여 문제를 제기한 것은 그리 오래되지 않았다. 우리 사회에서 외모차별주의, 외모지상주의로 번역되는 '루키즘(lookism)'은 윌리엄 새파이어 (William Saphire)라는 미국의 칼럼니스트가 2000년 8월 《뉴욕타임즈》에서 처음 사용하였다. 이는 전통적인 차별과 다른 새로운 차별로 사회적 관심을 끌었다.

새파이어는 전통적인 차별 요소로 알려진 인종, 성, 종교, 그리고 이념을 넘어, 현대 사회에서는 개인의 외모가 중요한 차별 원인이 된다고 보았다. 개인의 외모에 따라 그에게 우월한 지위와 그렇지 않는 지위를 구별해서 부여한다는 것이다. 이처럼 외모가 사회적 지위로 작동하여 불평등을 만들어내는 현상, 그로 인해 구성원들이 외모에 집착하게 되는 현상을 외모차별주의 또는 외모지상주의라고 부른다.

여기서 말하는 외모는 얼굴만 해당하는 것은 아니다. 루키즘에서 말하는 'look'은 시각적으로 드러나는 모든 것, 즉 몸매, 키, 노화 정도 등 개인의 신체적 특징 모두가 해당된다. 그래서 얼굴의 '잘생김', '못생김'뿐만 아니라 '살 좀 찌워야겠다', '살 좀 빼야겠다', '키 좀 커야겠다', '키가 너무 크네', '너 요즘 늙어 보인다' 등도 외모에 대한 차별적 평가가 된다.

자신보다 키가 작거나 큰 사람을 데이트 상대로 원하는 경우를 보자. 어떤 사람들은 외모에 따라 친구나 연인을 정하는 것은 개인적 선호의 문제라고 말한다. 그런데 배우자나 친구를 선택할 때 사회의 대다수 구성원이 외모를 결정적인 조건으로 인식한다면, 이는 사회적으로 외모에 대하여 편견이나 차별이 작동하고 있는 것이기에 사회 문제가 된다.

특정한 몇몇 직업을 제외하고 업무에서 외모가 중요하지 않음에도 외모를 평가하여 직원으로 채용하지 않거나 공적 장소에 출입을 제한하는 것은 어떻게 보아야 할까?

취업에서 중요한 기준은 직무에 적합한 능력과 자격을 가졌는가이다. 따라서 대다수의 직업에서 외모는 직원 채용의 중요한 기준이 아니다. 그런데도 외모를 기준 삼아 누구는 선택하고 누구는 배제하였다면 이는 비합리적인 행위이며 차별이다. 더구나 외모를 문제 삼아 출입을 금하는 것은 매우 비이성적인 행위이다.

예쁘고 멋진 외모만이 '정상'인 사회

대중매체에 등장하는 연예인에 대한 외모 평가뿐만 아니라 일반인의 외모를 평가하는 것도 일상이 된 한국, 이는 언제부터 시작되었을까?

신분제 사회였던 조선 시대에는 외모가 아니라 신분 자체가 중요했다. 그리고 유교 사상에 따라 '신체발부 수지부모(身體髮膚 受之父母)'를 강조했다. 신체, 머리카락, 수염 등은 모두 부모로부터 받은 것이니, 이를 훼손하지 않는 것이 효의 시작이라는 뜻이다.

그런데 현대 사회로 접어들어 진학 및 취업을 할 때 사진을 붙인 서류를 제출하거나 대면 면접 등을 하게 되면서 외모가 개인의 삶에 미치는 영향이 커지는 환경이 조성되었다.

1990년대 기업은 공개 채용 광고를 하면서 '용모단정자 우대', '연령 몇 세 이상 또는 이하', '키 얼마 이상' 등을 조건으로 걸었다.[93] 특히 여성을 채용할 때 이런 외모 규정이 더 많았다. 직업 선택에서 여성에 대한 외모 차별을 금지한 「남녀고용평등법」이 이미 1995년에 국회를 통과하여 시행되었음에도 이런 차별은 지속되었다. 1998년부터 2002년까지 고졸 여학생의 취업 추천 의뢰서 여백에 교사가 '얼굴 예쁘장함', '키 165센티 이상임' 등과 같이 메모 형태로 외모를 기록한 일도 있었고, 채용 담당자가 담임교사와 통화하여 외모를 확인한 일도 있었다.[94]

영상 매체의 발달도 영향을 미쳤다. TV 프로그램 등에서 멋진 외모를 가진 연예인을 일상적으로 접하고 이들이 준거집단이 되면서 사람들은 연예인처럼 외모를 가꾸고 싶다는 생각을 하게 된다. 특히 청소년에게 인기 있는 아이돌 가수들의 경우, 남녀 불문하고 정말 건강이 염려될 정도로 마른 몸을 유지하기도 한다. 이들의 다이어트 방법은 연예 뉴스의 주요 메뉴이다.

문제는 대중매체에 등장하는 연예인의 마른 몸과 아름다운 얼굴을 단순히 동경하는 데서 그치지 않는다는 것이다. 그런 외모야말로 지향해야 할 지점이라고 학습한다. 즉, 연예인의 외모가 '정상'적인 것이고, 그렇지 않은 경우는 관리하지 못한 '비정상'적 상태라는 인식을 갖는다.

이렇게 연예인의 외모를 '정상'으로 학습하고 연예인을 꿈꾸는 이들도 이런 외모를 갖추려고 하니, 어느 순간 아이돌의 외모가 비슷해진다. 작은 얼굴, 하얗고 밝은 피부, 쌍꺼풀이 있는 큰 눈, 오똑한 코, 큰 키, 가늘고 날씬한 몸 등. 그리고 이런 외모를 가지지 않는 사람을 오징어라고 놀리면서, 비정상 상태로 만들어 버린다.

또한 대중매체에서 접하는 연예인의 외모가 사회적 표준이 되면, 일반인들도 그런 외모를 꿈꾸고 추구하게 된다. 이에 따라 외모를 위한 소비 시장이 점점 더 커진다. 기업은 연예인처럼 되고 싶어 하는 사람들을 대상으로 수많은 상품들을 개발하고, 사람들은 많은 비용을 지불하여 그 상품들을 산다.

대표적으로 연예인의 화장, 다이어트, 성형 시술, 외모와 몸매 관리 방법이 상품이 되어, 사람들에게 "당신도 저들처럼 될 수 있어"라며 소비 욕구를 자극한다.

또한 나이 들어 보이지 않게 외모를 가꾸는 것도 외모 관리를 위한 중요한 상품 중 하나이다. 외모를 꾸미는 것과 관련한 용어도 매년 새롭게 등장한다. 노무족(중년의 남성이 아저씨로 보이지 않으려 꾸미는 것), 루비족(중년의 여성이 아줌마로 보이지 않기 위해 꾸미는 것)과 같이 연령별 자기 관리를 강조하는 이름도 만들어진다. 그래서 외모 관리를 하지 않는 자신이 문제가 있다고 착각하게 만든다.

몸짱 열풍에서 보듯이 이제는 운동 자체도 외모 관리를 위한 상품이 되고 있다. 다이어트 열풍이 불면서 마약 성분이 들어간 식욕억제제가 처방되기도 하고, 홈쇼핑 등에서는 보조식품으로 수많은 다이어트 약을 판매한다. 다이어트 주사라고 불리는 약 처방을 정상 체중인 사람들에게 해주는 일도 발생한다.[95]

2012년 영국의 《이코노미스트》에서는 유엔 산하 국제미용성형수술협회가 발표한 '국가별 인구당 성형수술 건수(2010년 자료)'를 실었는데, 자료에 따르면 제시된 25개국 중 한국은 천 명당 16명이 성형수술을 받아서 1위를 기록하였다.[96] 성형공화국이라는 오명을 들을 정도로, 외모 관리에서 성형도 중요한 상품이 되었다.

 ## 성공을 위한 경쟁력, 외모가 자본이 되다

면대면 서비스직이 증가할수록 외모차별주의 사회에서는 소비자들이 서비스를 제공하는 사람의 외모를 평가한다. 또한 채용 면접에서 비슷한 능력의 예비 취업자들의 당락을 결정하는 요인 중 하나도 외모이다. 이렇게 되면 외모차별주의가 문제라는 인식을 하더라도 성형과 다이어트라는 상품을 소비하는 사람들이 증가하게 된다.

일반적으로 학자들은 개인의 사회적 성공에 영향을 주는 요인을 주로 세 가지로 꼽았다. 첫째가 부모의 재력인 경제 자본이다. 둘째는 부모의 사회적 관계 등 인적 네트워크를 의미하는 사회 자본이다. 셋째는 부모의 의식주 등에서의 취향이나 예술에 대한 이해와 연관된 문화 자본이다. 그런데 이에 더해 개인의 외모를 바탕으로 하는 매력을 네 번째 자본

외모로만 대통령을 뽑는다면 어떤 일이 일어날까?

워런 하딩(Warren Harding)은 미국의 29번째 대통령이다. 그는 미국인들이 가장 싫어하는 대통령 조사에서 항상 1위를 하는, 역대 무능력한 대통령 중 최고로 손꼽히는 인물이다.

그런 그가 어떻게 대통령이 되었을까? 그가 미국 역사상 최고 미남 대통령으로 손꼽힌다는 사실에서 힌트를 얻을 수 있다. 대통령으로 당선되기 전까지 정치적 기반도 부족했고 정치적 역량이나 성취도 거의 없었지만 그의 외모는 탁월했다. 조각 미남같이 생겼다하여 '로마인'으로 불렸으며, 사람들은 그의 외모를 보고 '대통령처럼 생긴 남자'라고 하였다. 외모로 미국 공화당의 대통령 후보가 된 그는 라디오 연설을 통해 매혹적인 목소리와 연설로 유권자를 유혹했다.

60퍼센트가 넘는 높은 지지율로 대통령이 된 워런 하딩. 그러나 대통령은 외모로 할 수 있는 직업이 아니었다. 대통령이 된 후 능력이 부족한 측근들을 주요 요직에 앉히는 인사를 단행했고, 사후에는 개인 비리도 드러나서 문제가 되었다. 그뿐만 아니라 그의 우유부단한 결정이 미국 대공황의 원인을 제공했다는 악평도 받았다.

이처럼 겉모습만 보고 잘못 판단하는 경우를 두고, '워런 하딩의 오류'[97]라고 한다. 선거를 통해 나의 정치적 대리자를 뽑는 일이 점점 많아진 요즘, 혹시 후보의 외모에 혹해서 그를 지지하는 워런 하딩의 오류를 범하지 않는지 생각해 볼 때이다.

으로 추가해야 한다는 주장이 나왔다.

캐서린 하킴(Catherine Hakim)의 책 『매력 자본』[98]에서는 자본으로 활용할 수 있는 개인의 매력으로 여섯 가지를 제시한다. 그중 하나가 '얼굴과 몸매의 아름다움'이다. 여기에 더하여 '상대를 즐겁게 하는 사회성', '건강미가 느껴지는 활력', '사회적 표현력'도 매력 자본으로 꼽았다. 그런데도 한국 사회는 오로지 '외모와 몸매의 아름다움'만을 개인의 지극한 매력으로 보는 문제가 있다. 더구나 외모와 몸매의 아름다움에 대하여 다양성보다는 '마른 몸'과 같이 천편일률적인 특징만을 강조하는 것도 문제이다.

그러나 요즘 들어 이런 인식은 조금씩 바뀌고 있다. 모델 등 특정 직업과 달리 외모가 일하는 능력에 중요한 요인이 아닌데도 외모를 기준으로 사람을 선발하는 문제를 개선하려는 움직임도 생겼다. 최근에는 외모 차별을 막기 위해 이력서나 자기소개서에 사진을 부착하지 못하도록 제도화하였다. 한국에서 이 결정을 한 것은 얼마 안 되었지만, 사실 이력서에 사진을 붙이지 않는 것은 이미 많은 나라에서 당연한 일이었다.

외모 평가가 만드는 '쓸모없는 사람'

외모가 경쟁력이다 보니 내가 보는 내 외모보다 타인이 보는 내 외모가 중요해졌다. 그래서 타인의 외모 평가에 민감해질 수밖에 없다. "너 얼굴이 피곤해 보인다 / 얼굴이 삭았다 / 살이 좀 찐 것 같다 / 취업 하려면 살을 좀 빼야 할 것 같은데"와 같은 타인의 평가는 그냥 흘려들을 수 있는 말이 아니다. 마치 내가 문제가 있는 상태라고 말하는 듯해 스트레스가 된다.

미국의 사회학자 찰스 호튼 쿨리(Charles Horton Cooley)가 주장한 거

울 자아 이론을 보자. 그는 한 개인
이 사회에서 살아가면서 타인의
평가를 받아들이고 이를 통해
타인이 나를 어떻게 바라볼
지를 이미지화하고, 이를 바
탕으로 자신의 외모나 태도,
성격 등을 형성하게 된다고 주
장하였다.[99] 이때 형성되는 것이
바로 거울 자아이다.

　거울 자아는 세 단계로 나타난다. 우
선 다른 사람의 눈에 비친 자신의 모습을 이미지
화하는 것이다. 그다음으로 자신의 모습에 대해 다른 사람이 어떻게 평
가할 것인지를 이미지화한다. 마지막으로 타인이 자신을 평가하는 것에
대해 스스로 의미를 부여해 다시 자기평가를 하는 것이다.

　그래서 누군가가 나에게 "살이 좀 찐 것 같다"라고 이야기하면 자신을
살찐 사람으로 생각한다. 그 후 살이 찐 사람에 대한 사회적 평가를 고
려하여 상대가 자신을 '게으르거나 매력이 없는 사람'이라고 평가한다
고 생각한다. 마지막으로 이를 받아들여서 '나는 매력 없는 사람', 더 나
아가 '쓸모없는 사람' 등으로 스스로를 비하해 평가한다.

　어렸을 때부터 부모가 자녀와 대화하면서 외모를 비교하고 누가 잘생
겼는지를 평가하는 사회, 오락 방송 프로그램에서 못생겼다는 이유로
바보라고 놀리는 사회, 특정한 외모를 가진 연예인을 멋지다고 추켜세우
는 사회, 외모 관리가 안 되면 자기관리를 못했다고 비난하는 사회. 이
런 사회에서 아이들은 어떤 거울 자아를 형성하게 될까?

차별받는 경험을 일상적으로 하게 되면 사람들은 우울감과 스트레스 등 정신건강의 위협을 받는다. 얼굴이나 체형, 신장 등에 대한 평가와 차별이 일상적인 한국 사회에서 사람들이 받은 불안, 스트레스는 심각하다. 심지어 자라나는 청소년들도 자신의 외모와 관련하여 불안을 가지며, 키 성장 시술이나 성형수술 등에 관심을 갖는다.

문제는 외모 평가와 차별로 인해 성형이나 다이어트 등에 대한 강박증에 빠질 수 있다는 것이다. 과도한 성형 중독에 빠지는 경우도 있고, 정상 체중보다 낮은데도 다이어트에 대한 강박으로 음식 먹는 것을 거부하는 거식증에 걸리는 사람도 있다. 결국 자신의 몸에 대하여 주체적이지 않고, 사회가 (그것도 상업적으로) 강조하는 표준 외모나 몸매를 이상적인 자아상으로 설정해 자신을 그 기준에 맞추려고 하면서 문제가 생긴다.

사람들이 외모에 대해 이처럼 예민해지는 것이 과연 개인의 문제일까? 아니다. 앞에서 말한 것처럼 외모나 몸매가 개인의 성공에 자본으로 작용하면서 생기는 문제이니 사회적인 문제이다. 더구나 외모 평가가 지나쳐 개인의 전인격에 대해서도 종종 '쓸모없는 사람'이라 평가한다는 점에서 사회구조적인 문제이다.

예를 들어 우리는 살이 쪘거나 화장을 하지 않는 사람들에게 "자기관리를 안 하는 사람이다", "인생을 포기한 사람이다" 등의 비난을 하는 경우를 경험한다. 그리고 여기서 그치지 않는다. "뚱뚱하다. 살 좀 빼야겠다"고 차별적인 말을 먼저 해놓고서, 상대방이 기분 나빠하거나 항의하면 "못생긴 사람이 성격도 나쁘다"고 공격한다. 이렇게 공격하는 사람이야말로 정말로 성격 나쁜 사람이며, 사회적으로 문제가 있는 비정상적인 사람이지 않을까?

건강한 아름다움이 건강한 사회를 만든다

사실 한 연예인에게 '얼굴천재'라는 별칭을 붙여주는 것에서 알 수 있 듯이, 얼굴을 비롯한 대부분의 외모는 개인이 선택한 결과가 아니며 노 력하여 얻을 수 없는 경우가 많다. 즉 외모나 몸매는 태어날 때부터 타고 나는 것이 일반적이다. 그래서 개인이 처절하게 노력하여 관리한 경우에 는 칭찬을 받아 마땅하다. 그러나 그렇지 않다고 해서 타고난 외모나 몸 매에 대해 비난하고 평가하는 것은 바람직하지 않다.

누군가는 어린아이들도 여러 사람 중 잘생기거나 예쁜 사람을 선호하 는데 외모에 따라 사람을 달리 대하는 것이 왜 문제냐고 한다. 인간과 다른 동물의 차이는 무엇일까? 학습을 통해 본능을 제어하면서 이성으 로 옳고 그름을 판단할 수 있는 문명화된 존재라는 점이다. 어린아이들 의 선택이 정말 특정 외모를 선호하는 행동이라고 보아야 하는지, 외모 차별을 문제라고 보는 이성적 인식보다 외모를 선호하는 본능적 인식을 따라야 하는지 생각해 볼 일이다.

한편에서는 어떤 사회나 아름다움을 평가하는 기준이 있고 아름다움 을 칭송했다고 말한다. 맞다. 아름다움은 사람들이 추구하는 가치 중 하 나이다. 그러나 사회마다 지향하는 미는 다양하다. 대다수 사회에서 외 모와 관련하여 아름다움을 이야기할 때 '외모' 그 자체보다는 '건강함'이 라는 측면을 더 많이 강조하였다. 또한 인간의 외적인 아름다움 이외에 인간 내면의 아름다움도 중요하게 여겨 왔다.

'나'라는 존재는 외모, 직업, 재산 등과 같이 외적인 조건으로 드러나 는 부분이 있고, 건강, 평안, 열정과 흥미, 자신감 등과 같이 내면의 나를 드러내는 내적인 부분도 있다. 그런데 외모차별주의가 만연하다는 것은 사회 전반에서 한 인간이 가진 내적인 특성은 무시하고, 몸과 관련한 외적인 특성만 이해 및 평가한다는 것이다.[100]

이렇게 되면 인간들이 가진 모든 특성 위에 오로지 외모만 존재하는, 정말 말 그대로의 '외모지상주의 사회'가 된다. 문제는 외모지상주의 사회에서는 다수의 사람이 자신의 외모에 대하여 자신감도 없고, 자기만족도 없다는 것이다. 그래서 모두가 불행할 수밖에 없다. 실상 다른 차별이나 혐오보다 더 무서운 것이 될 수 있다.

우리가 어떤 사람을 떠올리며 "그 사람 참 아름다운 사람이었어", "그 사람 참 멋진 사람이었어"라고 회고할 때, 이는 외모가 훌륭한 사람을 말하는 것이 아니다. 뛰어난 용기를 보여주었거나 지극한 인간애를 실천했거나, 최선을 다해 내면을 닦은 사람을 평가할 때 하는 말이다.

2018년 9월 유엔 총회에서 연설한 방탄소년단의 리더 김남준은 "9살 때 이미 타인의 눈으로 저 자신을 봤습니다. ……사람들이 만든 틀 안에 저를 가뒀습니다. (중략) 제겐 결점이 많고 두려움은 더 많지만 할 수 있는 한 최선을 다해서 저 자신을 있는 그대로 받아들이고 끌어안으려 합니다"라고 말했다.

그들이 여러 나라의 아미(ARMY)를 비롯하여 많은 팬에게 사랑받는 이유는 단순히 그들의 외모를 넘어 그들의 태도와 노래가 훌륭해서이다. 그리고 그들이 노래를 통해 전하는 아름다운 사회를 만들려는 열망에 대한 메시지를 지지하기 때문일 것이다.

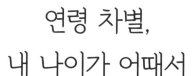

연령 차별,
내 나이가 어때서

퇴직한 회사원이 자신이 다니던 기업에 대해 '불합리한 연령 차별'을 당했다며 소송을 냈다. 회사가 50세 이상인 해당 직원을 임원 자리에서 퇴출시키고 업무 능력을 낮게 평가하여 연봉을 깎았는데, 이러한 행위는 나이에 따른 차별로, 정신적 피해를 받았다며 피해보상을 청구한 것이다.

기사[101]에 따르면 당사자는 자신이 50세를 넘기 전까지는 업무 능력이 낮다는 평가를 한 번도 받아본 적이 없었다. 50세 이후에 이처럼 낮은 평가를 받아 어쩔 수 없이 퇴직을 선택할 수밖에 없었다고 한다.

일반적으로 많은 회사의 퇴직 연령이 50대 중반인 우리 사회에서, 이 소송의 판결이 어떻게 날지에 따라 앞으로 유사한 소송이 계속될 가능성이 크다. 그런데 50대라면 경력이 높은 매우 중요한 전문 인력인데, 회사에서는 왜 이들을 내보내려고 할까?

대부분의 이유는 이들 한 사람을 고용하는 데 드는 비용으로 젊은 신규 직원을 두 명 가까이 고용할 수 있기 때문이다. 그렇다 보니, 고용 현장에서는 마치 윗 세대가 젊은 세대와 일자리를 놓고 싸움을 하는 것처럼 보인다.

이 외에도 현재 우리 사회에서는 세대 간, 연령 집단 간 다양한 갈등이 나타나고 있다. 특히 은퇴를 앞둔 장년층이나 노인 세대의 불만이 증가하고 있는데, 그렇다고 연령 차별이 젊은 세대를 비껴가는 것도 아니다.

Ageism 또는 Agism으로 표기하는 '에이지즘(연령차별주의)'은 연령을 이유로 차별하는 양상을 뜻한다. 노인 의학을 전공하던 로버트 버틀러(Robert Butler) 박사가 처음 제기한 이 표현은 연령 차별이라고 번역하지만 주로 노인들이 경험하는 차별을 설명할 때 사용한다.

일상생활에서 노인들이 경험하는 차별에는 어떤 것들이 있을까? 주변에서 들어봤을 청년들의 대화를 살펴보자. "아휴, 지하철에 틀딱충들이 너무 많아서 서서 왔더니 피곤해. 틀딱충은 집에서 안 나왔으면 좋겠어." '틀딱충'이란 틀니를 딱딱거리면서 잔소리하는 노인을 벌레에 비유하는 말이다.

유교적 전통을 가진 우리 사회에서는 노인 세대를 부모 세대와 동일하게 인식하고 그들을 공경하는 것을 중요한 사회적 예의라고 여겼다. 그러나 이제는 공경이 아니라 최소한 차별의 대상으로는 여기지 않았으면 하는 기대를 할 정도로 노인에 대한 연령 차별이 심해지고 있다.

'라떼는 말이야', 세대 간 소통이 줄어들다

2019년 뉴질랜드 의회에서 25세 의원이 기후 변화에 대한 문제점과 대응 부족을 지적하는 연설을 하자 나이가 많은 의원들이 야유를 했다. 연설을 하던 해당 청년 의원은 "오케이 부머(OK Boomer)"라고 대꾸했다. 여기서 부머는 제2차 세계대전 이후 태어난 베이비 붐 세대를 말하니, 연령으로 보면 대다수가 65세 전후에 속하는 이들이다. 이에 대해 누군가는 우리나라에서 '오케이 부머'의 부머를 대신할 표현으로 '꼰대'를 말하기도 한다.

'꼰대'는 권위적인 사고를 하는 어른을 이르는 표현이다. 나이 든 세대와는 의사소통이 어렵다는 부정적 의미를 담아서 사용한다. 젊은 세대는 노인 세대에 대하여 "기본적인 사회 질서를 무시하고 자신들 편한 대로 하면서 말도 안 통한다"라며, 말해도 바뀌지 않을 것이니 차라리 그냥 피하는 것이 낫다고 생각한다.

나이 든 세대도 마찬가지로 "쯔쯔쯔…… 요즘 것들은……"이라며 젊은 세대의 행동이 마음에 들지 않는다고 말한다. 그들과의 소통이 어렵다는 표현을 동굴 벽화에서도 찾을 수 있을 정도니 사실 세대 간 소통은 어느 시공간에서나 힘든 문제이다. 평균 기대수명이 30세 정도였던 시기에도 세대 간 소통의 갈등이 있었는데, 기대수명이 80세를 넘어 100세를 바라보는 요즘 세대 간 소통은 정말로 힘든 일이다.

우리 사회의 가족 구성을 보면 1인 가구가 지속적으로 증가하고 있다. 그런데 1인 가구는 대부분 65세 이상의 노인 가구이거나, 20대의 청년층 가구이다. 과거에 비해 기대수명이 증가하고 핵가족 제도가 강화되면서 대부분의 가족이 부모-자녀 세대 위주의 관계를 맺는다. 청년 세대

와 노인 세대가 직접적으로 대면할 기회는 매우 줄었다.

조부모 세대와 손자녀 세대가 만날 수 있는 경우는 명절 등 특수한 때뿐이다. 일상을 함께하지 않으니 의사소통을 할 내용이 사라진다. 1년에 한두 번 만나는 조부모 세대와 손자녀 세대, 또는 노년 세대와 중년 간에도 대화거리가 없다.

더구나 요즘 젊은 세대들이 주로 사용하는 말줄임 표현을 넣어서 "할아버지 생선으로 문상 보내주세요"라고 하면 도무지 알아들을 수 없다. 이해를 했다고 해서 해결되는 것도 아니다. 문화상품권을 인터넷으로 구매하여 손자녀에게 보내는 것 자체도 미션 임파서블이다.

이처럼 생활 양식이 변화하면서 세대 간 소통은 점점 어려워진다. 2017년 국가인권위원회에서 조사한 자료[102]에 따르면 노인층의 51퍼센트가 청장년층에 대해, 청장년층의 87.6퍼센트가 노인층에 대해 서로 대화가 통하지 않는 상대라고 인식하였다. 결과를 보면 청장년층이 노인과의 의사소통 문제를 더 많이 제기하는 것을 알 수 있다.

요즘 유머 중에 "라떼는……"이 있다. 주로 나이 든 사람들이 자신의 경험을 이야기할 때 "나 때는……"이라고 말하는 것에 대하여 '꼰대'라며 비난하며 쓰는 표현이다. 특히 오늘날 청년 세대가 경험하는 시대적 어려움을 전혀 이해하지 못하고 과거 자신들 세대의 이야기만 하는 장년이나 노년 세대를 비꼬는 표현이다.

이처럼 세대 간 소통 부족은 말 그대로 서로를 이해하기 어렵게 하며, 세대 간 격차를 만든다. 그리고 결국은 연령 차별 현상을 만들어낸다.

 ## 혐노: 노인에게 가해지는 연령 차별

어떤 사람이나 집단에 대하여 벌레 충(蟲)자를 붙여 혐오하는 요즘, 특히 노인 세대를 겨냥한 명칭은 더 다양하다. '틀딱충', '연금충'. 청년층은 노인 세대를 왜 이렇게 표현할까? 이는 기본적으로 '무임승차자' 혹은 '자신의 소득을 가져가는 자'라는 인식과 관련이 있다.

65세 이상 노인들은 서울 지하철을 무료로 이용할 수 있다. 그런데 노인 대상 무료 승차가 서울 지하철 운영에 따른 적자의 원인이라고 이야기한다. 이에 사람들은 노인 무임승차를 없애야 한다고 주장한다.

과거에는 당연하다고 여겼던 대중교통에서의 자리 양보에 대해서도 찬반 의견이 갈린다. 자리 양보를 찬성하는 사람들은 노인들이 신체적으로 약하니 젊은 사람이 양보하는 것이 당연하다고 주장한다. 더불어 언젠가 우리도 노인이 될 것이니 미래를 고려해서라도 자리를 양보하는 것이 맞다고 주장한다.

그러나 이에 반대하는 의견은 매우 다양하다. 우선 노인을 위한 우대 자리가 정해져 있으니 거기 앉으면 된다는 것이다. 또한 돈을 내지 않는 노인 세대와 달리 젊은 세대는 유료 승차자라는 점도 제시한다. 자신들도 낮에 아르바이트며 공부며, 피곤해서 힘들기로는 노인들과 마찬가지라는 점도 강조한다.

또한 '연금을 받는 사람'-'연금 지불을 위해 돈을 내야 하는 사람'이라는 이분법적 인식도 있다. 인구 규모에 큰 변화가 없고, 경제 성장이 일정하게 지속되는 사회에서는 일을 하는 세대가 은퇴를 하면 그 자리에 다음 세대들이 안정적으로 자리를 잡으면서 세대 교체가 원활하게 이루어진다. 그리고 일하는 시기에 자신의 임금 중 일부를 연금 제도에 꾸준히 넣으면 은퇴를 하더라도 다음 세대가 내는 기금을 통해 안정적인 경제 생활을 할 수 있다.

그러나 태어나는 아이들이 급격하게 줄어들어 노인 세대가 훨씬 더 많아지는 인구 구조와 경제적 활력이 줄어들어 새로운 일자리가 나오지 않아서 청년들의 취업이 어려운 사회가 겹쳐지면 위에서 기대하는 안정은 깨어진다. 노후를 위해 은퇴하지 못하는 노인과 일자리를 새롭게 잡아야 하는 청년들이 경쟁을 해야 한다. 노인이 은퇴하고 청년들이 취업을 하더라도, 청년들은 은퇴한 노인의 연금을 비롯한 복지 비용을 마련하기 위해 자신의 임금을 더 많이 내놓아야 한다.

이렇게 되면 노인 세대는 청년층에게 사회적으로 부담이 되는 존재가 된다. 특히 노인이나 나이 든 장년층이 경제 상황이 좋은 시절에 젊은 시기를 보냈다면, 이들은 학교 입학·성적·취업 경쟁에 힘들어하는 현재의 젊은 세대를 도통 이해하지 못할 확률이 높다. 그러니 노인 세대에 대한 연령 차별, 세대 차이는 단순히 의사소통의 문제로 끝나는 것이 아니다. 경제적 측면의 생존 경쟁으로 보아야 한다.

노인 복지나 경로 우대 정책을 다루는 신문기사에는 유독 노인을 비하하는 댓글이나 막말들이 많이 달린다. 그런데 가만히 생각해 보면 노인 개개인이 무엇을 잘못한 것은 아니다. 지금의 노인 세대는 현재 우리 사회의 경제 성장을 이룬 일꾼들이었다. 다만 현재의 문제는 우리 사회가 너무나 급속하게 압축적으로 경제 성장을 한 반면에 인구가 급격하게 줄어드는 사회구조적 문제로 인한 것이다.

프란츠 카프카의 『변신』이라는 소설을 보면, 외판원으로 힘겹게 일하며 벌어들인 수입으로 가족의 생계를 오랫동안 책임져 온 주인공이 나온다. 그는 여느 날과 마찬가지로 출근을 위해 억지로 눈을 뜨는데 곧 자신이 벌레로 변해 있음을 알게 된다.

가족은 벌레로 변신한 그를 방에 가두고 돌보지 않는다. 그는 끊임없이 가족 곁으로 나가고자 하나 가족들은 허락하지 않는다. 결국 그가 죽자 가족들은 집을 깨끗이 정리하고 새로운 기분으로 이사를 가면서 매우 홀가분해 한다.

열심히 세상을 살면서 자녀를 키우고 경제 성장에 자신의 젊음을 바친 우리 사회의 노인 세대들이 노인충이나 연금충이라 불리는 것을 보면, 어쩌면 그들이 하루아침에 벌레가 되어 가족에게 외면당하는 『변신』의 주인공과 같다는 생각을 하게 된다. 주인공이 힘든 노동으로 인해 벌레로 변했다는 것을 가족이 이해했다면 주인공의 삶은 달라졌을까? 그러니 방문을 걸어 잠굴 때가 아니다.

어리다고 놀리지 말아요, 아동과 청소년 차별

연령 차별은 노인 세대만 경험하는 것이 아니다. 아동이나 청소년도 연령 차별을 경험한다. 대표적인 것인 선거권에 대한 차별이다. 2019년 말 국회에서 통과된 법에 따라 선거 하한 연령이 만 18세로 되었지만, 여전히 많은 사람들이 고등학생의 정치적 판단 능력을 의심한다.

이는 2013년에 '선거권 하한 연령을 만 19세로 정한 「공직선거법」 제15조가 기본권 침해'라는 것과 관련하여 헌법재판소의 판결문에 나온 내용 때문이다. 당시 헌법재판소는 헌법에 비추어 「공직선거법」은 문제가 없다고 하면서 "선거권 행사는 일정한 수준의 판단 능력이 전제되어야 하기 때문이다. 고등학교 학생들의 경우 정치적 의사 표현이 민주시민으로서 독자적인 판단에 의한 것인지 의문이 있을 수 있고, 그러한 의존성으로 말미암아 정치적 판단이나 의사 표현이 왜곡될 우려도 있다"라고 주장하였다.

우리 사회에서는 아동이나 청소년을 '미성년자'라고 하여 성년이 안 된 사람 혹은 미성숙한 사람으로 보고, 그들의 권리를 일정 부분 제한하면서 아동이나 청소년의 주장은 사회적으로 잘 받아들여주지 않는다.

그러다 보니 온갖 공약을 쏟아내는 선거철에도 아동이나 청소년 대상 정책들은 보이지 않을 때가 많다. 그들의 요구나 의사를 반영한 정책 결정도 다른 경우에 비해 잘 이루어지지 않는다. 2020년 코로나19로 인해 학교 개학 일정을 조정할 때에도 아동이나 청소년들의 의견보다는 학부모나 교사의 의견을 먼저 조사하였다.

일상에서도 아동이나 청소년 대상 연령 차별을 볼 수 있다. 많은 사람들이 잘 알지도 못하는 아동이나 청소년에게 반말을 하는 것을 당연하게 여긴다. 아르바이트를 하고 정해진 임금을 요구하는 경우에 종종 "어린 게 돈만 밝힌다"는 말도 안 되는 비난을 하는 사례도 있다.

최근에는 '노키즈 존'이 사회적으로 문제가 되었고, 2017년 국가인권위원회는 이를 차별이라고 문제 제기하였다. 노키즈 존은 식당 등 일부 업장에서 특정 연령 이하인 사람의 출입을 제한하는 것이다. 해당 연령에 속하는 아이들의 부적절한 행동으로 다른 손님을 방해할 수 있다는 것을 출입 제한의 이유로 든다.

그런데 국가인권위원회는 이에 대해 식당 이용 기준을 연령으로 제한하는 것은 합리적이지 않으며 아동이 혼란을 일으킬 가능성만으로 출입을 제한하는 것은 일부 사례를 과도하게 일반화한, 문제가 되는 사안이라며 이를 개선할 것을 제안하였다.

우리 사회에서 유행하는 노래 중 〈내 나이가 어때서〉가 있다. 유치원에 다니는 아이들도 흥얼거릴 정도로 전 연령층이 다 좋아하는 이 노래는 '무엇을 위한 나이는 없다'고 말한다. 아동이나 청소년들이 부르는 이 노래를 듣고 있으면, 나이로 무엇인가를 제한하는 것이 얼마나 비합리적인지를 생각하게 한다. 내 나이가 어때서 ……그 모든 것을 해도 되는 딱 좋은 나이지.

'지속 가능성'으로 모든 세대의 행복을 모색하다

주변 사람들 중에 열심히 염색하고, 비싼 화장품을 바르면서 외모를 가꾸는 중년이나 노년이 많아지고 있다. 이들이 외모를 가꾸는 이유는 '젊어 보이기 위해서'가 아니다. 사실은 '나이 들어 보이지 않기 위해서'

이거나 '젊은 사람들에게서 냄새난다는 이야기를 듣고 싶지 않아서'이다. 반면에 젊은 세대는 '어리다고 무시당하지 않기'를 바란다.

그러나 이런 개개인의 바람이나 노력으로 연령 차별 문제를 해결하는데는 한계가 있기에 사회구조적 방안을 고려해 보아야 한다. '오케이 부머'라는 표현은 의회에서 환경의 지속 가능성을 강조하던 뉴질랜드의 젊은 의원이 노인층의 비난을 받자 한 말이다. 지속 가능성은 주로 환경문제와 관련해 "다음 세대의 필요를 고려하면서 현재 세대를 위한 적정한 발전"을 주장할 때 사용한다.

어쩌면 연령 차별 문제도 세대 간의 지속 가능성을 고려하는 것이 해결의 단서가 될 것이다. 모든 세대의 삶의 지속 가능성을 고려한 복지 정책을 고민하고 정의로운 판단을 하며 서로를 배려할 수 있어야 한다.

일자리, 연금 등 경제적 측면에서도 모든 세대의 삶을 적정하게 하는 최적의 선을 찾으려는 노력, 정치적 참여를 하지 못하는 다음 세대를 위한 정책을 마련하는 노력, 나이로 인해 무엇인가를 제한하지 않으려는 노력이 필요하다. 더불어 여전히 다른 연령과 세대 간의 소통을 위한 개인적 노력도 필요하다.

연령은 인간으로서 누구나 경험하는 모든 순간순간이다. 그러니 연령에 대한 차별은 사실 개별 인간들이 자신의 각 시기에 대하여 차별을 가하는 것과 같을 수 있다. 인간으로서 자신의 삶을 위해서도 지속 가능한 삶을 위한 세대 간 소통과 세대 간 정의가 필요하다.

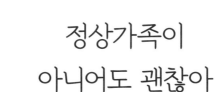

정상가족이
아니어도 괜찮아

사례 ❶ 설이나 추석 등 명절이 되면 '2019년 설 4인 가족 차례상 비용은 약 24만 원'과 같은 제목의 기사가 나온다. 또한 겨울이 다가오면 친절하게 4인 가족 김장 비용도 뉴스에서 알려준다.

사례 ❷ 누군가 대화하다가 "그 사람 좀 이상해"라고 말하면, 대부분 묻는 질문이 있다. "그 사람 결혼했어? 결혼 안 했지?"

사례 ❸ 배우자를 고를 때 중요하게 보는 점은 무엇이 있을까? 2018년 한 조사를 보면,[103] 여성은 배우자의 '성격 > 경제력 > 가정환경 > 직업 > 외모' 순으로 고려한다고 답했고, 남성은 배우자의 '성격 > 외모 > 가치관 > 직업 > 경제력' 순이라고 답하였다.

사례 ❹ 부부가 같은 회사를 다니는 경우, 한 사람이 직장생활을 그만두어야 하는 상황이 생긴다면 누가 그만두어야 할까? 사람들은 월급을 더 많이 받는 사람이나 일을 잘하는 사람, 혹은 두 사람이 의논해서 그만두기를 원하는 사람이라고 답하기보다 대체로 아내가 그만두어야 한다고 답할 것이다.

가족의 사전적 개념은 다양하다. 혼인이나 혈연과 같이 구성 방법에 초점을 두어 설명하는 경우도 있고, 부부와 자녀 등 구성원에 초점을 두어 설명할 수도 있다. 또한 사회집단이나 사회 조직이라는 가족의 사회적 역할에 초점을 둘 수도 있다. 그런데 이러한 가족의 개념 정의 안에 이미 가족을 바라보는 편견과 차별이 담겨 있다. 가족에 담긴 편견과 차별을 함께 살펴보자.

근대 공업화된 사회에서 적합했던 핵가족

최근 우리 사회에서 명절에 해서는 안 되는 질문 몇 가지가 있다. "대학 합격했어?", "취직했어?", "결혼 언제 해?", "아이는 안 낳니?" 등이다. 과거에 우리가 일상적으로 했던 질문이 명절 금지 질문이 된 이유는 질문을 받는 사람에게 상처가 되기 때문이다.

전통적으로 우리는 일정한 기간 교육을 받은 후 취업, 결혼, 출산을 순차적으로 하는 것이 정상적인 삶의 과정이라고 생각해 왔다. 또 부부와 최소한 2명 정도의 자녀로 이루어진 가족을 보편적인 가족이라고 생각해 왔다. 사실 이는 전형적인 핵가족의 모습이다.

가족을 핵가족과 확대가족으로 구분한 이는 조지 피터 머독(George Peter Murdock)이라는 사회학자이다. 머독은 가족을 '주거를 같이하고 경제적 협동과 자녀의 생산으로 특징지어지는 하나의 사회집단'이라고

정의하였으며, 핵가족과 확대가족이라는 두 가지 형태로 나누어 설명하였다.[104]

머독에 따르면 핵가족은 '부모와 결혼하지 않는 그들의 자녀들로 구성된 가족'이고, 확대가족은 '부모가 결혼한 자녀와 함께 사는 가족'이라고 설명한다. 확대가족은 주로 정착 농경사회에서 많이 나타나지만, 핵가족은 가장 단순한 형태의 가족으로서 원시 수렵 및 채집 시기와 근대화 이후 공업화된 사회에 많이 나타난다고 보았다.

확대가족과 핵가족이 많이 나타나는 시기가 다른 이유는 무엇일까? 머독의 가족에 관한 설명 중 '경제적 협동'이라는 용어에 주목해야 한다. 풍부한 노동력을 집중해야 하는 농경사회에서는 확대가족이 더 적합하다. 반면에 머독이 책을 빌간한 1949년 당시의 공업화된 사회에서는 각자 다른 일터로 이동하기엔 확대가족보다 핵가족이 더 적합하다.

핵가족은 부부의 결혼으로 시작되어 자녀 출산으로 완성되며, 자녀의 결혼 후 분가로 다시 축소되고 부부가 사망하면 사라지는 부부 중심의 가족 형태이다. 그래서 확대가족과 달리 핵가족에서는 부부 중 누군가 자녀의 돌봄을 책임져야 한다.

부부-자녀로 구성된 가족이 왜 정상가족일까?

공업화된 산업사회에서는 경제활동을 하는 남편과 집안일을 하는 아내로 역할을 분담한 핵가족이 최적이라는 평가를 받는다.[105] 가족은 사회의 구성 요소로서 사회 유지를 위한 적정한 기능을 해야 하는데, 공업화된 사회에서는 부부간 역할 분담이 된 핵가족이 확대가족보다 더 적합한 기능을 수행한다고 보았기 때문이다.

더불어 부부가 2명의 자녀를 낳아서 키우는 것은 사회 구성원을 재생산해내는 합법적인 사회집단으로서 가족의 중요한 기능이라고 보았다. 결혼한 남녀 2명이 최소한 2명 이상의 자녀를 생산해야 사회 구성원이 적정수를 이루면서 사회가 유지되기 때문이다.

다시 말해 직장생활 등의 경제 활동으로 가족 부양을 책임지는 '남편'과 가족 돌봄과 자녀 양육을 책임지는 '아내', 그리고 이들이 잘 양육하여 사회에 내보내야 하는 2명의 '자녀'로 구성된 핵가족은 근대 이후 사회에서 사회 전체적으로 유용한 집단이었다. 이런 가족은 가장 도덕적인 형태이면서 전형적인 형태이고, 그래서 정상가족이라고 여겨진다.

우리나라의 경우도 1980년대 근대화와 인구 성장 과정에서 부부와 2명의 자녀로 구성된 가족을 사회적으로 우대하였다. 이러한 가족 형태를 '행복한 가족', '건강 가족'으로 묘사하면서 모범으로 그려낸다. 교과서에서는 가족을 묘사할 때 아빠-엄마-딸-아들이라는 4인으로 구성된 핵가족이 밝게 웃는 모습으로 등장시켰다. 또한 직장인 남편의 월급에 가족수당을 넣거나 세금 부과 시에도 결혼하고 자녀가 있는 가족에게 혜택을 주는 것과 같이 국가는 다양한 정책에서 자녀가 있는 부부가족을 핵심 지원 대상으로 삼았다.

이에 따라 자녀가 있는 부부로 구성된 가족 이외의 가족 유형은 무엇인가 문제가 있거나 지원을 해주어야 하는 가족으로 규정한다. 대표적으로 호주제 폐지 이후 2005년에 만들어진 「건강가정기본법」을 보면 '한부모 가족, 노인 단독 가정, 장애인 가정, 미혼모 가정, 공동생활 가정, 자활공동체' 등을 사회적 보호가 필요한 가정으로 규정(「건강가정기본법」 제21조 4항)하고 있다.[106] 이를 보면 우리 사회는 정책적으로 선호하는 정상가족, 그리고 사회적으로 돌봄이 필요한 나머지 가족으로 그 유형을 구분하고 있음을 알 수 있다.

남편과 아내의 불평등한 성역할 분담

부부와 자녀로 구성된 핵가족을 정상가족이나 표준 가족으로 보게 되면서 가족 내 성역할 분담 또한 정상적인 것이 된다. 이 과정에서 가족관계는 경제적 부양이라는 측면에서 위계가 형성된다. 그리고 이 위계로 인한 권력 행사는 가족 구성원 간 불평등을 가져온다.

최근까지 고등학교의 급훈으로 남학생 반에서는 "10분 더 공부하면 아내 얼굴이 달라진다" 여학생 반에서는 "10분 더 공부하면 남편 직업이 달라진다"라는 문구를 적는 것을 이상하게 여기지 않았다. 이제는 성차별적인 문구라고 하여 사라지고 있지만 말이다. 이런 급훈을 만들어 낸 것은 우리 사회의 어떤 유산 때문일까?

기본적으로 부부와 자녀로 구성된 핵가족에서는 남편의 경제력과 아내의 자녀 출산 및 양육이라는 분업이 중요했다. 그러다 보니 배우자를 고를 때 여성은 남성의 직업이나 재산을, 남성은 여성의 성격과 외모, 음식 솜씨 등을 중요하게 여긴다. 결혼할 때 집은 남성이, 집안에 들어가는 가구와 가전제품은 여성이 준비하는 것을 당연하게 여기는 것도 이러한 역할 구분 때문이다.

그런데 최근 맞벌이가 대세가 되고 여성의 경제 활동이 증가하는데도 가족 내 남편과 아내의 역할 분담이라는 불평등한 전통은 그대로 남았다. 과거의 역할 분담 인식이 맞벌이를 하는 가족에도 여전히 적용되기 때문이다. 또한 중산층 가정에서 자녀 교육을 위해 경제 활동을 하던 아내에게 휴직을 권유하거나 여성 스스로 휴직을 생각하는 것도 이런 인식이 남아 있기 때문이다.

이처럼 공업화된 사회의 핵가족이 남긴 유산인, 가족 내 성역할 분담은 아직도 우리 사회의 많은 곳에 남아 불평등에 영향을 미치고 있다.

가족 내 약자에게 가해지는 폭력

마음을 아프게 하는 뉴스는 여럿이지만, 그중 가장 마음 아픈 것은 가난 등의 이유로 어린 자녀와 함께 극단적 선택을 한 가족 이야기이다. 이런 뉴스를 보면 그 가족의 고통이 얼마나 컸을까 하는 생각이 들다가도 부모의 선택으로 자신의 삶을 제대로 누리지 못한 아이들 생각에 더 고통스럽다. 특히 이런 기사에는 "제발, 자녀는 부모의 소유물이 아닙니다"라는 댓글이 많이 달린다. 사실 이러한 사건은 자녀를 소유물로 생각해 생긴 비극이다. 더불어 정상가족의 이미지가 가져온 불평등의 결과이다.

부부-자녀로 구성된 정상가족이 되기 위해서는 결혼 후 자녀를 낳는 것이 필수다. 그래서 어른들이 결혼 후 여성에게 아이를 언제 낳느냐고 지속적으로 묻는 것이 이상하지 않다. 아이 출산은 부부의 사적인 선택이 아니라 집안의 며느리로서 당연한 일인 것이다. 정상가족에서는 출산하지 않는 며느리를 쓸모없는 존재로 여기기 때문에 며느리에게 출산을 강요한다.

일상적으로 자녀 양육을 해보지 못한 아버지는 자녀와 관계 맺기를 어려워한다. 그럼에도 가족 내에서 경제력을 가지고 있어서 최고 위치에

있기에 종종 자녀를 폭력적 방법으로 훈육한다. 또
정상가족에서 자녀의 훈육과 교육은 어머니의 일이
기에 자녀가 잘못하면 남편이 아내에게 아이를 잘못
가르쳤다고 비난하는 경우도 있었다. 그래서 아직도
우리 사회에서는 자녀가 공부를 못하거나 문제 행동
을 하면 그 비난이 아내, 즉 엄마에게로 가는 경우가 많다.

이데올로기

인간이나 사회 현상 등에
대하여 이념적으로 이러저
러하다고 총체적으로 인식
하는 양상을 말한다.

또한 정상가족 이미지에 따르면 부모가 자녀에게 가하는 폭력은 자
녀를 잘 키우기 위한 정상적인 행위이다.[107] 부모가 자녀에게 폭력을 행
사하고도 "네가 미워서가 아니라, 다 널 위해서였다"고 합리화하는 것도
정상가족에서는 가능하다. 그래서 부모에게서 폭력을 경험하더라도 가
족 내 약자인 자녀는 당연히 견뎌야 할 뿐 다른 빙도가 없다. 아직까지
도 여전히 우리 사회는 가족 내 아동 폭력을 당한 자녀들을 다시 가해
자인 부모가 있는 집으로 돌려보내는 경우가 많다.

『이상한 정상가족』[108]이라는 책에서는 정상가족 이데올로기*로 인해,
부모가 자녀를 독립된 인격체로 여기지 않고 소유물로 생각하기에 자녀
에 대한 폭력이 일어난다는 주장을 한다. 더불어 가족이 위기에 처했을
경우에 부모가 자녀와 함께 동반자살하는 엄청난 폭력 행위도 일어난다
고 말한다.

 ## 결손가족으로 낙인찍기: 비혼, 이혼, 한부모

정상가족 이데올로기는 다른 형태의 가족에 대해서도 편견과 차별을
만든다. 대표적으로 결혼과 출생을 전제하지 않거나 부부-자녀라는 가

족 형태를 갖지 않을 경우에 그 가족을 결손가족 또는 위기의 가족으로 규정하는 것이다.

부부-자녀로 구성된 가족이 정상가족이라면 결혼을 하지 않는 사람은 비정상이다. 그래서 독신으로 사는 사람은 그 자체로 문제가 있는 사람이라고 생각한다. 한국 사회에서는 결혼하지 않으면 어른이 아니라고 하는데 이 또한 정상가족 이데올로기에 따른 것이다. 최근에는 이에 반대하여 결혼하지 않는 상태를 '아직 결혼하지 않은' 미혼(未婚)이 아니라 '자발적으로 결혼하지 않은' 비혼(非婚)이라고 표현한다.

정상가족 이데올로기에 따를 경우에, 미혼과 마찬가지로 문제가 되는 것은 이혼하는 것이다. 이혼을 하는 당사자는 결혼을 유지하는 것보다 더 나은 선택이기에 이혼을 한다. 그러나 정상가족 이데올로기를 적용하면, 이혼은 정상가족을 해체시키는 행위이다.

이혼이나 사별로 한쪽 부모만 있는 가족을 우리 사회에서는 편부모 가정이라고 부른다. 그리고 종종 이들을 결손가족이라는 범주에 넣기도 한다. 최근에는 이를 차별적 용어라고 보아 '한부모 가족'이라고 부른다.

사실 용어가 바뀌어도 정상가족 이데올로기로 인해 한부모 가족은 일상적인 차별을 쉽게 경험한다. 한 초등학교에서 성평등을 가르치기 위해 교사가 가정통신문을 보내면서, 집에서 아빠가 요리하는 장면을 찍어서 보내달라고 요청할 때 엄마 혼자서 아이를 키우는 가정은 어떻게 해야 할까? 아빠와 아이로 구성된 가족이 장을 보러 갔을 때 누군가가 "엄마는 왜 같이 안 왔냐?"는 질문을 하면 어떻게 답해야 할까?

종종 TV 드라마에서 부모가 이혼을 결심하고 자녀에게 알리는 경우, 자녀가 "엄마(혹은 아빠)가 나를 위해 좀 참아주면 안 되나요?"라며 이혼을 말리는 모습을 볼 수 있다. 이는 부모와 정서적 유대를 같이 하고 싶다는 개인적인 요구일 수도 있지만, 이혼한 부모를 둔 자녀가 우리 사회에서 당하는 차별을 알기 때문은 아닐까?

이처럼 정상가족을 전제로 하여 비혼, 이혼, 한부모 가족에게 가하는 사회적 인식과 부정적 평가는 해당 가족의 자녀에게도 심각한 고통을 가한다. 정상가족과 결손가족을 나누는 인식이 사라진다면, 여러 사람이 경험하는 차별과 그로 인한 고통을 줄일 수 있을 것이다.

결혼하지 않고 아이를 낳는다는 것

2019년에 큰 인기를 누린 TV 드라마 〈동백꽃 필 무렵〉은 미혼모 동백이의 삶과 사랑을 다루고 있다. 드라마 초반에 미혼모인 동백에게 편견을 드러내던 이웃 주민들은 후반으로 가면서 동백을 존중하고 보호하는 모습으로 변한다. 이러한 이웃의 변화는 동백이 스스로 사람들의 편견을 이겨내고 독자적인 인간 존재로서 살아갔기 때문이었다. 이 드라마가 끝난 후 미혼모 관련 시민단체는 우리 사회의 미혼모에 대한 편견을 없애는 데 큰 역할을 했다며 드라마에 감사패를 주었다.

사실 정상가족 이데올로기에서는 합법적으로 결혼한 부부가 가족의 근간이 된다. 그래서 결혼하지 않고 동거하는 것, 결혼하지 않고 아이를 출산해 키우는 것은 비정상적인 행위라고 본다.

아무리 사랑하고 일상적인 가족의 삶을 살더라도 우리 사회는 동거 가족이나 사실혼 가족을 문제가 있는 가족으로 낙인찍는 경우가 많다. 법적으로 가족이라고 인정을 못 받기에 더욱 어려움에 처하기도 한다. 대표적으로 아파서 병원에 입원할 때 합법적으로 결혼한 배우자와 달리 동거 가족은 보호자 역할을 제한받는 일이 발생한다.

더불어 미혼인 상태에서 자녀를 출산하면 미혼모나 미혼부라는 낙인을 찍는다. 정상가족이 아니기에 이는 사회적으로 문제가 되는 행위이고 아예 낙태나 출산 후 입양을 권유하는 경우가 많다. 그런데 미혼모나 미혼부는 아이를 입양 보내기도 쉽지 않다. 입양을 보내려면 가족등록부에 아이의 출생을 등록해야 하는데 미혼인 상태의 자녀 출산에 대한 사회적 낙인이 강하다 보니 미혼모나 미혼부는 아이의 출생 등록을 꺼린다. 그래서 미혼인 상태에서 한 출산을 들키고 싶지 않아서 아이를 살인하는 사건들도 발생한다.

사회적 낙인을 감내하고 아이를 키우는 미혼모나 미혼부가 겪어야 할 난관은 취업 과정에서의 차별도 있다. 혼자서 경제 활동과 자녀 양육을 다 해야 하는 이중고를 겪음에도 취업이 어려워 생계를 유지하기 힘들게 된다. 미혼모와 미혼부 그리고 그들의 자녀가 겪는 차별과 고통을 줄이기 위해서라도 정상가족 이데올로기는 사라져야 하지 않을까?

 ## 이성애가 아니라는 이유로, 자녀가 없다는 이유로

정상가족 이데올로기에서는 남성과 여성 간의 이성애를 바탕으로 하는 결혼이 정상이다. 자녀를 생산할 수 있기 때문이다. 그렇다 보니 이성애를 기본으로 하지 않는 결혼 자체를 인정하지 못한다. 따라서 동성 결혼은 비정상적이고 그 자체로 불가능한 것이다.

최근 우리 사회는 동성애와 관련하여 커밍아웃하는 사람의 성적 지향과 그들의 정체성을 인정하는 방향으로 변하고 있다. 그럼에도 여전히 동성 결혼에 대해서는 부정적인 인식이 강하다. 단순한 반대 의견을 내는 정도를 넘어 "동성애가 담배보다 유해하다"는 등의 혐오 표현을 서슴없이 한다.

이성애를 기반으로 한 결혼이 아니라며 차별과 혐오를 받는 또 다른 가족이 있다. 우리 사회에서 합법적으로 인정받는 트랜스젠더의 결혼에 대해서도 차별적 시선을 보낸다. 정상가족에서 강조하는 자녀 출산이 불가능하다는 점을 문제 삼으며 이들 가족이 입양하는 것도 반대한다.

정상가족 이데올로기는 합법적으로 결혼한 경우에도 자녀가 없으면 비정상이라고 보기에, 이들 가족에게도 사회적 편견과 차별을 가한다. 왜 아이를 낳지 않느냐는 질문은 그나마 점잖은 것이고, '국가 경제 좀먹는 무임승차자'라고 비난하는 경우도 있다.[109] 결혼을 했으면 당연히 자녀를 낳아야 하는데, 자녀를 낳지 않고 사회적 혜택을 누린다고 보기 때문이다.

무자녀 가족이 이렇게 비난받는 이유는 무엇일까? 자녀를 낳아야 그들이 자라서 경제활동을 하고 사회를 유지시킬 텐데, 그 역할을 다하지 않는다는 것이다. 이런 비난은 불임 등의 이유로 자녀를 갖지 못하는 부부에게도 가해진다. 결혼하지 않고 출산해도 비난하고, 결혼을 한 부부가 출산하지 않아도 비난하는 것이다.

 ## 정상가족을 넘어 가족 다양성으로

부부-자녀로 구성되어 부부간 역할 분담을 통해 유지되었던 정상가족 이데올로기는 근대 공업화 사회에 적합한 제도라고 여겨졌지만 정보

화 사회를 넘어 개인의 다양성을 강조하는 이 시대에 적합하지 않다. 그
럼에도 여전히 정상가족 이데올로기를 바탕으로 다양한 차별과 폭력이
발생하는 것이 현실이다.

　가족 내 사회적 약자들에 대한 폭력, 결손가족이라 지정하여 가하는
차별, 이혼을 가족 해체로 보는 것, 다양한 가족 결합을 인정하지 않는
것. 이 모두가 현재의 가족 양상을 제대로 이해하지 못하는 시대착오적
인 인식이다.

　가족 사회학 등 관련 학계에서는 오늘날 일어나는 비혼과 1인 가족의

증가, 한부모 가족, 이혼 및 재혼 가족, 동성 가족, 무자녀 가족 등은 비정상적인 상태가 아니라, 현재의 사회 변화에 적응하기 위해 가족의 다양성이 증가하는 양상이라고 본다. 이렇게 보면 부부-자녀로 이루어진 가족은 그냥 가족의 한 유형이다. 그리고 정상가족 이데올로기가 사라지면 모든 가족은 나름대로 의미 있는 삶을 선택한 가족이 된다.

오늘날의 여러 가족 형태를 다양성의 관점으로 보면 가족 내 성역할과 권력 관계 또한 새로이 정립할 수 있다. 가족의 생계 부양자로서의 남성과 가족 돌봄 행위자로서의 여성이라는 이분화를 하지 않아도 된다.[110] 그리고 자녀가 경험하는 가족 내 폭력에 대해 사회가 개입하여 새로운 해결 방법을 모색할 수 있다.

우리는 지금 다양성을 추구하는 사회로 변하고 있다. 정상가족 이데올로기를 붙들고 있으면 다양한 문제만 만들어낼 뿐이다. 정상가족 이데올로기를 벗어버리면 모든 가족이 다양성을 누리면서 살아갈 수 있다.

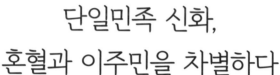

단일민족 신화,
혼혈과 이주민을 차별하다

사례 ❶ 2006년 미국에서 최고 인기 스포츠 중 하나인 미국프로풋볼리그(NFL)의 결승전 '슈퍼볼'에서 한국계 미국인 하인스 워드의 소속팀이 승리하고, 그는 최우수 선수의 영예를 누렸다. 한국인 어머니와 아프리카계 미국인 아버지 사이에서 태어나 부모님의 이혼 후 어머니가 키운 그는 이 영예를 어머니에게 돌리며 자신을 위해 헌신한 어머니의 지극한 돌봄과 사랑을 이야기했다.

그의 성공 스토리는 미국과 한국 모두의 관심을 끌었다. 한국에서는 그를 소개할 때 '한국계'라는 표현을 사용하기도 하고,[111] "미국 한인 사회의 영광이다" 등과 같은 미국 현지 반응을 전하기도 했다.[112]

우승 이후 어머니에 대한 보답의 마음으로, 그는 자신과 같은 혼혈 아동의 꿈과 성장을 돕기 위해 기부하겠다는 의사를 밝혔다. 그는 "피부색 등의 이유로 놀림감이 되고, 상처를 받으면서도 표내지 않는 게 얼마나 힘든지 잘 안다"며 자신을 위해 희생

한 어머니처럼 혼혈 아동을 돕겠다고 하였다.[112]

사례 ❷ 2018년, TV 예능 프로그램 〈이방인〉에 가나 출신 예능인인 샘 오취리와 고등학생 모델인 한현민이 만나는 장면이 있었다. 한현민은 나이지리아 출신 아버지와 한국인 어머니 사이에서 태어난 한국인이다. 방송에서 그는 친구들에게 놀림과 차별을 받았던 경험을 이야기하였다.

"얘랑 놀지 말라"는 친구 엄마의 말, 친구들이 무심코 던진 "넌 밤 되면 안 보이잖아"라거나 "넌 피가 무슨 색이야?"라는 말이 상처가 되었다고 했다. 모델이 되는 과정에서도 주변 사람들에게서 "넌 까매서 한국에서 안 먹힐 거다. 백인 혼혈은 그나마 나은데, 흑인 혼혈은 한국에서 힘들어"라는 이야기를 들었다고도 한다.

최근 국제결혼이 증가하고 있다. 그럼에도 여전히 이주민이나 국제결혼 가족에게 곱지 않은 시선을 던지는 경우가 있다. 이 시선의 뿌리를 찾아보면 우리나라의 단일민족 신화와 그로 인한 차별이 있다는 것을 알 수 있다. 여기에서는 단일민족 신화가 만드는 혼혈과 이주민에 대한 차별을 함께 살펴보자.

근대 국가 형성 시기 등장한 '민족'과 '국민' 개념

대한민국에서 살아가는 우리는 대한민국 '국민'일까 한'민족'일까? 이 질문에 많은 사람이 둘 다에 모두 해당한다고 답하겠지만, 사실 그렇게 쉽게 답할 질문은 아니다. 왜냐하면 여기서 사용하는 국민과 민족은 명확하게 정리하기가 어려운 개념이기 때문이다.

우리가 사용하는 국민이나 민족에 대응하는 영어는 모두 'nation'이다. 그런데 영어에서 nation은 대체로 '국민' 혹은 '국가'를 표현할 때 많이 사용한다. 국민은 국가의 3요소(주권, 영토, 국민) 중 하나이며, 해당 국가의 국적(시민권)을 가진 사람을 의미하는 것이 일반적이다. 따라서 대한민국 국민은 대한민국 국적을 가진 사람이다.

한편 영어 nation과 같은 표현의 독일어나 불어에서는 국민만이 아니라 '민족'이라는 의미도 들어 있다. 그런데 영어로 민족은 'folk'나 'ethnic group'이라고 표현하기도 한다. 이들 단어는 특정 집단의 문화나 예술을 말할 때에도 사용한다. 이렇게 보면 '민족'의 영어식 표현에는 문화적인 측면이 반영되어 있다.

대부분의 사람들은 민족을 '혈통에 의해 형성되는 집단'이라고 생각한다. 그러나 정치학이나 인류학에서는 '오랜 기간 특정 지역에서 함께 살아가면서 언어, 풍습, 문화, 전통 등에서 공통성을 가진 집단'을 민족이라고 보는 것이 일반적이다.

이 점에서 민족은 구분 경계가 명료하지 않은 상상의 공동체이다.[114] 민족이 상상의 공동체라는 것은 유대인의 경우를 보면 더 명확하게 알 수 있다. 유대인은 이스라엘 혈통을 가진 사람이 아니라 다른 지역에 흩어져 살더라도 유대교를 믿고 그 교리에 따른 삶을 사는 사람들을 말한다. 이렇듯 국민은 국적 여부에 따라 명시적으로 구분할 수 있는 반면, 민족을 구분하는 경계는 조금 모호하다.

사실 국민과 민족이라는 용어를 사용한 것은 그리 오래된 일이 아니다. '국민'은 근대 국가가 형성된 이후에 나온 개념이다. 시민혁명 이후 유럽의 근대 국가에서는 공동체의 결합을 위하여 국민으로서의 정체성을 강조하게 된다. 바로 이 시기에 국민 개념이 본격적으로 등장했다.

이 과정에서 유럽 국가 대부분이 동일한 역사와 전통을 공유한 민족을 중심으로 형성되었기에 민족국가라는 표현을 국민국가와 함께 사용한다. 반면 미국은 여러 민족으로 구성된 국가이기 때문에 국민의 개념과 민족의 개념을 구분하는 경향이 있다.

대한민국의 경우 근대적인 국민국가의 형성 시기에 대한 논란이 있다. 왕정 통치와 일제 식민지에 강력하게 저항하면서 세운 대한민국 임시정부 수립 시기라고 볼 수도 있고, 남한에 대한민국 정부를 수립한 시기로도 볼 수 있다. 그런데 우리는 대한민국에 대해 국민국가보다 민족국가라는 표현을 더 많이 적용하려고 한다. 이는 대한민국 국민 대다수가 한반도에서 오랜 기간 동일한 문화권을 형성해 왔다는 점 때문이다. 특히 '단일민족 국가'라는 표현을 주장하는 사람들도 있다.

 ## 단일민족 신화는 어떻게 만들어졌을까?

한국이 국민국가, 민족국가라는 점에 대한 합의를 하였다면, 이제 한국은 단일민족 국가인가에 대한 생각을 해보아야 한다. 그냥 민족국가라고 해도 되는데, 왜 '단일'민족 국가라고 할까? 대한민국의 민족적 배경을 일반적으로 한민족이라고 하는데, 앞에서도 이야기했듯이 민족이라는 표현은 혈통을 강조하는 개념이 아니다. 오랜 기간 한반도에서 한국어와 한글이라는 동일한 언어를 바탕으로 유사한 의식주 생활을 공유하면서 살아왔기에 한민족(韓民族)이라고 부르는 것이다.

그렇다면 언제부터 한민족이 단일민족이라는 점을 강조했을까? 여기에 대한 명확한 답을 찾기는 어렵다. 다만 한민족이 단일민족이라는 논의는 단군신화와 관련이 있다. 민족의 시조를 단군으로 보기 시작한 것은 고려 시대의 역사서 『삼국사기』이다.[115] 단군이라는 단일 시조를 바탕으로 하여 단일한 민족임을 강조하는 인식은 외세의 침략 등을 경험하면서, 특히 일제강점기에 일제에 대한 대응 방안으로 활용되었다.

그리고 1945년 독립 이후 북한과 남한 각각의 정부 수립으로 인한 분열을 막기 위한 방안으로 단일민족이라는 주장은 지속적으로 강조된다.[116] 1948년 남한에서만 대한민국 정부가 수립된 이후, 1949년에 10월 3일을 개전철로 정하면서 단군이 한민족의 혈통적 뿌리라는 점을 국가에서 공식화하였다.

한민족의 시조인 단군이 하늘을 열고(開天) 신단수에 내려와서 홍익인간을 이념으로 제시한 시점을 환산한 날인 10월 3일은 원래 단군을 신앙적으로 모시던 대종교의 기념일이었다. 이 날을 개천절로 칭하여 국경일로 기념하고 학교의 공식 교육에서 단군신화를 배우는 것은 단일민족 신화를 단일민족 공통의 역사로 인정하는 중요한 정책이었던 셈이다.

단순히 역사적 의미로만 보면 단군을 시조로 삼은 한반도의 오랜 역사는 그 자체로 자랑스러운 것이다. 단군신화를 바탕으로 한 혈통적 개념이 담긴 단일민족 신화는 외세의 침략을 방어하기 위한 민족국가로서의 좋은 전략이었고, 광복 이후에는 남과 북이라는 분열을 막기 위한 방안이었다. 그리고 지금도 남북통일의 당위성을 주장하는 전략으로 활용되고 있다.

그러나 한반도에 사는 모든 사람이 단군을 조상으로 한 단일민족이라는 것은 한민족을 '동일한 문화를 공유하는 집단'이 아니라 '한 조상을 뿌리에 둔 집단'이라고 오해하게 한다. 비록 단일민족 신화가 한국의 근현대사에 미친 긍정적인 역사적 의의가 있다고 할지라도, 현재 한국에서 발생하는 편견과 차별의 원인으로 작동한다면 문제의식을 가져야 하지 않을까?

 ## 한국인은 정말 순수한 단일 혈통일까?

혈통적으로 단일민족이라는 것은 이민족과의 결혼으로 인한 후손 없이 순수한 혈통을 이어 왔다는 의미가 된다. 그런데 인류 전체의 역사를 고려했을 때 순수 혈통으로 민족 혹은 국가가 유지되어 왔다고 믿는 역사학자는 아무도 없을 것이다.

2017년 현재 한국인의 게놈을 분석한 울산과학기술원(UNIST) 연구팀에 따르면, 한국인은 수천 년 전 아시아 남방계와 북방계 인류가 섞여서 탄생했다고 한다.[117]

또한 단군신화 이후 한반도 역사 기록이나 유물 등을 보면, 이 땅에 수많은 이민족이 살았고 그들과의 혼인도 있었던 것을 파악할 수 있다. 대표적으로 아랍인으로 추정되는 신하 석상이 있는 신라 원성왕의 괘릉 유물, 인도의 아유타 공주와 결혼한 것으로 알려진 가락국 김수로왕, 고려 시대 몽골인과의 국제결혼, 조선 시대의 네덜란드인 박연 등. 또한 외세 침략 시기에 한반도로 들어온 이주민 중에 이곳에 남아서 결혼하고 후손을 낳은 경우도 많다.[118]

이렇게 보면 한반도에서 살아온 한민족의 역사는 혈통적으로 한 뿌리라기보다는 다양한 혈통이 결합하여 기존 문화에 새로운 문화를 더하면서 문화를 발전 및 공유하며 살아왔다고 보는 것이 더 합리적이고 과학적이다. 즉, 한민족은 단군이라는 시조를 바탕으로 하는 혈통적 단일

민족보다 동일한 언어와 비슷한 문화 양식을 공유하는 측면의 단일민족으로 보는 것이 더 타당할 것이다.

혈통적으로 민족국가라면 한민족은 단군이라는 부계 혈통을 바탕으로 하게 된다. 또한 혈통적으로 '단일'이라는 점을 강조하면 다른 민족과 피가 섞이지 않은 순수 혈통이어야 한다. 그래서 다른 민족과의 결혼이나 한국 여성이 이민족과 결혼하여 낳은 자녀를 한민족으로 받아들이기가 쉽지 않을 것이다.

그런데 개천절을 공식 국경일로 정하면서 단일 혈통의 반만 년 역사를 내세우던 시기에, 이에 걸맞지 않는 아이들이 태어났다. 바로 한국에 주둔했던 미국 군인 남성과 한국인 여성 사이에서 태어난 자녀이다. 사람들은 이들에게 '순혈(순수한 혈통)'에 대응하는 '혼혈'이라는 차별적 이름을 붙이게 된다.

1950~1960년대 당시에 어머니가 한국인임에도 아버지가 외국인이면 그들의 자녀를 '혼혈아'라고 불렀을 뿐만 아니라, 한국 국적도 부여하지 않았다.

당시 아버지 나라인 미국 국적도, 어머니 나라인 한국 국적도 못 가진 혼혈 아동이 생기자, 정부가 나서서 이들을 미국으로 입양 보내는 정책을 실시했다. 더구나 혼혈 아동은 성장한 후에도 외국 취업이나 이민을 갈 수 있도록 입대를 면제해 주고 국가가 직업 훈련까지 지원했다.[119]

혼혈에 대한 차별이 과거에 비해 개선되었다고 하지만, 유럽계 혼혈 아동과 달리 아프리카계 혼혈 아동에 대한 차별은 여전한 것이 한국의 현실이다. 앞의 사례에서 살펴본 한현민이 들었던 혐오 표현도 이런 맥락과 관련이 있다.

1970년대 이후에도 이런 상황은 나아지지 않았다. 한국인 어머니와 스페인계 미국인 아버지를 둔 한 혼혈 여자 연예인은 당시 어머니의 자녀로 합법적인 주민등록을 할 수 없었다. 그래서 외할아버지의 자녀로 등록되었고, 이로 인해 법적으로 어머니와 자매가 되었다.[120] 2005년이 되어서야 호주제가 사라지면서 한국인 여성이 외국인 남성과 결혼하여 태어난 자녀도 어머니 나라인 한국 국적을 갖는 것이 가능해졌다.

그리고 1990년대 이후 국제결혼이 급격하게 증가하면서 혈통적 단일 민족이라는 신화의 영향력도 약화되고 있다. 또한 국제결혼으로 태어난 자녀에 대한 사회적 인식도 변하면서 '혼혈'이라는 표현도 사라지고 있다. 그런데 사실 혼혈이라는 차별적 명칭이 사라진 것은 유엔에서 "이 명칭이 매우 차별적이어서 이 명칭으로 불리는 사람들의 인권을 침해하고 있다"는 문제 제기를 한 덕분이다. 그래서 근래에는 '혼혈' 대신에

'다문화 가정 자녀'라는 명칭으로 부른다. 그러나 과연 이것은 차별이 아닐까?

 ## 문화를 공유하는 우리는 같은 민족!

문화의 공유성 면에서 민족을 이해하면 한민족의 문화는 어느 시점 의 문화를 말하는 걸까? 일반적으로 문화의 속성을 이야기할 때, 변동 성과 축적성을 강조한다. 문화는 일정하게 유지되는 것이 아니라 새로운 것이 더해지고 변하는 것이다. 이 점을 고려하면 한민족의 고유한 문화 란 무엇인가에 대한 의문이 생긴다.

삼국 시대의 문화, 고려 시대의 문화, 조선 전기의 문화, 조선 후기의 문화, 1960년대의 문화. 이 모든 문화가 전통 문화로서 한민족의 문화이 면서, 이것을 이어받은 지금의 문화도 한민족의 문화이다. 과거 한반도 의 어느 시기의 문화만이 한민족의 문화가 아니라는 것이다.

여전히 '민족'의 판단에서 문화의 공유가 아니라 혈통이 중요하다고 생각하는 사람이 있다면 한민족의 혈통과 관련한 객관적 자료를 같이 살펴보자. 2017년 한국인의 유전자 게놈 자료를 분석한 울산과학기술원 연구팀은 "유전자의 흐름을 살펴보면 한국인은 아시아 북방계보다 아시 아 남방계 특징이 더 많이 남아 있다. 일만 년 전에 아시아 남방계가 이 동하면서 한반도에서 아시아 북방계를 만나서 현재의 한국인 유전자가 형성되어 한국인 유전자에 남방계 특징이 더 많이 남았을 것이다. 아마 도 전체 동아시아인을 단일민족이라고 불러도 좋을 만큼 동일성이 높 다"[121]고 하였다.

우리의 혈통과 관련한 유전자 게놈 관련 자료를 증거로 보면 한민족을 어떻게 판단해야 할까? 순혈과 혼혈을 강조하던 판단에 비추어보면 이미 한국인은 그 자체로 혼혈이다. 따라서 혈통에 근거한 단일민족 개념을 주장하는 것은 오로지 신화일 뿐이지 현실적이지 않은 것이다.

그래서 현재 한국인으로 살아가는 누군가에게 "너희 나라로 돌아가라"거나, 피부색 등을 보고 "한국 사람이 아니다"라고 놀리는 것은 모든 한국인의 유전자 특성을 부정하는 것이다. 그리고 개인의 삶에 깃들어 있는 역사성과 정체성을 전면적으로 부정하는 것이다.

 피부색으로 이주민의 계급을 나누다

2009년 한국에서 동료 여성과 버스를 타고 가던 인도인 교수는 한 승객에게서 매우 불쾌한 말을 들었으며, 물리적인 폭력도 당했다. 그가 들은 말은 "너 어디서 왔어? 이 냄새나는 새끼", "유 아랍", "더러운 새끼" 등이었다. 옆에 있던 한국인 여성 동료도 "조선 년이 새까만 자식이랑 사귀니까 기분 좋냐?"라는 이야기를 들었다.[122] 더구나 이들이 사건을 신고하러 경찰에 갔을 때, 인도인 남성이 대학교수라는 것을 경찰이 믿어주지 않는 해프닝까지 일어났다.[123]

이 사건이 일어나기 2년 전인 2007년에도 나이지리아에서 온 사람이 식사를 하러 갔다가 흑인이라는 이유로 레스토랑에서 쫓겨난 사건이 있었다. 동남아시아에서 온 피부색이 검은 이주 노동자는 범죄자 취급을 받는 경우가 다반사라고 말한다. 그리고 이주민의 민족이나 국가와 연관하여 혐오적인 표현을 하는 인터넷 사이트도 많이 생겨나고 있다.[124]

이러한 일은 왜 생겨날까? 기본적으로 혈통적 단일민족 신화로 인한 배타적 민족주의가 있기 때문이다. 더불어 인종이나 민족에 대하여 계급을 붙여서 차별하는 경향이 있기 때문이다.

위에서 제시한 2009년 사건의 인도인 교수는 "내가 백인이었다면 이런 일이 일어나지 않았을 것이다"라고 말했다. 그러니 외국인을 유럽계 백인과 유색 인종으로 구분하고 적나라하게 차별하는 것이 오늘날 한국의 현실이다.[125]

이러한 태도는 바로 유럽계 백인들이 백인과 유색 인종을 달리 대하는 태도, 즉 계급적 차별 태도를 그대로 수용한 것이다. 다만 백인들이 한국인도 유색 인종으로 보는 점만 받아들이지 않았을 뿐이다.

한국 사회는 이주민을 인종이나 민족에 따라 나누고 그들을 높은 지위와 낮은 지위로 계급화하여 배치한다. 유럽계 백인-동남아시아 유색 인종-아프리카계 흑인 등으로 계급화하고, 유럽계 백인 중에서도 영어를 사용하는 사람과 그렇지 않은 사람으로 다시 구분하는 것이다.

부모 모두 아프리카계 미국인인 이주민 아동과 친구가 된 초등학생. 그런데 부모가 친구는 흑인이니 놀지 말라고 했다. 그러자 "아니야. 걔 미국 사람이고 영어도 정말 잘해"라고 답해, 영어로 대화하고 노는 친구로 지내는 것을 허락받았다는 사례도 만날 수 있다.

민족이나 인종을 구분하는 계급적 차별은 우리나라의 광고나 방송 프로그램에도 나타난다. 외국에서 온 변호사나 사업가는 모두 백인인 반면 외국인 범죄자나 문제가 있는 사람은 동남아시아계나 아프리카계로 그려진다. 마찬가지로 한국인과 백인의 국제결혼과 달리 동남아시아계나 아프리카계와의 국제결혼은 어려움에 처한 장면이 주로 나온다.

인종과 민족을 넘어 세계시민으로 살아가기 위하여

우리는 대한민국 국민으로 살아간다. 그러나 국경을 큰 제한 없이 넘나들 수 있으며, 외국인들도 대체로 그러한 세상에서 살고 있다. 지구촌에서 살아가니 대한민국 국민에 국한하지 않고 '세계시민'이라는 정체성도 우리 자신에게 부여하고 있다. 그럼에도 현재 한국에서 일어나는 인종 차별은 과거 20세기 초반까지 유럽이 행한 인종 차별과 크게 다르지 않다.

『세계 시민주의』[126]라는 책을 보면 인간인 우리는 나, 가족, 친구, 민족과 같이 자신이 속한 1차 집단을 편애할 수밖에 없는 나약한 존재이다. 그럼에도 지금 이 땅에 사는 이주민의 삶과 인권을 걱정해야 하는 이유는 무엇일까? 우리는 자신이 차별을 당했을 때 어떤 기분일 것인지 역지사지(易地思之)할 수 있는, 그리고 보편적 인류애를 인지할 수 있는 이성과 양심을 가진 인간이기 때문이다.[127]

1950년 6·25 전쟁이 발생했을 때 한국에 군인을 파병한 나라는 그리스, 남아프리카공화국, 네덜란드, 뉴질랜드, 미국, 룩셈부르크, 벨기에, 에티오피아, 오스트레일리아, 영국, 캐나다, 콜롬비아, 타이, 터키, 필리핀, 프랑스이며, 의료 지원을 한 나라는 노르웨이, 덴마크, 스웨덴, 이탈리아, 인도 5개국으로 전체 21개국이나 된다. 이들 나라의 젊은이들 상당수는 한국 사람들의 피부색에 상관하지 않고 민족과 인종도 고려하지 않고, 오로지 보편적 인류애라는 이름으로 전투에 참가하였고 그들 일부는 아무런 연고도 없는 한국 땅에서 죽었다.

우리가 보편적 인류애를 실현해 온 역사적 사건을 돌아보고, 인간으로서 무엇이 거룩한 행위인지를 판단할 수 있는 사람이라는 점에서, 현재 한국 땅에서 일어나는 이주민을 대상으로 하는 계급적 차별이 얼마나 가혹한 문제인지 인식할 수 있다. 그렇다면 우리가 할 수 있는 것은 무엇인가?

인종 또는 민족에 대한 계급적 차별이 사라져야 진정한 다문화 사회로 나아갈 수 있다. 지구촌 세계시민으로서 모두를 민족이나 인종으로 평가하지 않고 인간으로 인정하는 것, 그것이야말로 현재 한국 사회에서 가장 중요한 변화 방향이 되어야 할 것이다.

함께 토론해 봅시다!

1 연령 차별을 당한 경험과 자신이 연령 차별을 한 경험을 이야기해 보고 각 각의 상황이 왜 문제가 되는지 토론해 보자.

2 우리 사회의 경우 통계적으로 은퇴하는 평균 연령은 55세 정도이다. 그런 데 최근 65세로 퇴직 연령을 높이려는 논의가 제시되고 있다. 우리 사회 의 은퇴 연령으로 몇 살이 적정할까?

3 정상가족 이데올로기에서 벗어나기 위해서는 가족 내 개인들의 역할 분담 개선, 그리고 혼인 외의 경우도 가족으로 인정해 주는 제도 등이 필요하 다. 혼인 외의 가족을 지원하고 인정하는 제도를 만든다면 어떤 것들이 있 을까?

4 이주민의 음식 문화를 인정하게 되면 한국의 음식 관련 식품법에 맞지 않 을 때가 있다. 그 문화를 인정하기 위해 관련 법을 고쳐야 하는가? 아니면 식품법과 같은 것은 위생 등을 위한 것이니 그냥 두어야 하는가?

5 최근 들어 세계적인 전염병의 유행, 자국 중심주의로의 변화 등으로 인해 세계화 대신에 개별 국가의 독립성을 강화해야 한다는 이야기가 많다. 그 러나 수출 위주 정책을 사용하는 우리나라에서는 여러 나라와의 교류와 세계시민적 태도가 중요하다. 향후 지구촌 세계화의 방향은 어떻게 변화 할까? 이에 따라 우리나라는 어떤 방향성을 가져야 할까?

나무는 행동의 상징이다. 내일 당장 변화가 오지 않더라도 약간의
차이는 분명히 생긴다. 작은 차이의 첫걸음은 나무를 심는 것이다.
_ 왕가리 마타이(케냐 환경·평화·여성 운동가)

5장

모두가 존엄한 세상을 위해
생각하고 행동하기

타인의 고통을 생각하고 주체적으로 행동하기

한 대학교의 실험실. 체벌이 인간의 학습 효과에 미치는 영향을 실험하려고 한다. 실험에 참여할 사람을 모집한다는 공고를 내고, 이에 응한 사람들에게 실험 내용을 설명한다.

실험실은 두 공간으로 나뉘어 있다. 안에서 일어나는 일을 밖에서 볼 수 있으며, 밖과 안은 마이크를 통해 소리를 전달할 수 있다. 안에는 학습자 역할을 하는 사람이 들어간다. 그는 밖에서 묻는 질문에 대답해야 한다. 이때 답이 틀리면 전기충격이 가해지는 벌을 받는다.

밖에는 안에 있는 사람에게 전기충격을 가하는 정도를 조정하는 장치가 있다. 이곳에는 두 사람이 있다. 한 사람은 예일 대학교의 교수로 이 실험을 총괄하고, 또 다른 사람은 교사 역할로 안에 있는 사람에게 문제를 내고 틀린 답을 할 경우에 교수의 명령에 따라 전기충격을 가하는 장치를 작동한다.

실험이 시작되면 실험 대상자를 학습자 역할과 교사 역할로 나눈다. 실험을 총괄하는 교수는 밖에서 교사 역할을 할 사람에게 이렇게 이야기한다.

"이 연구는 체벌을 가할 경우에 사람들의 학습 능력이 향상되는지를 살펴보는 것입니다. 그래서 안에서 학습자가 학습을 제대로 못하면 전기충격이라는 체벌을 가할 것입니다. 전기충격의 강도는 다른데, 어느 수준에 이르면 사람이 죽을 수도 있습니다. 그런데 이 실험은 대학에서 허락을 받은 것이며, 안에 있는 사람이 죽는 경우를 포함한 모든 실험의 책임은 제가 질 것입니다."

만약 당신이 이 실험에 참가해 교사 역할을 맡게 된다면 당신은 계속 이 실험에 참여할 것인가, 참여를 거부할 것인가? 교사 역할을 하다가 만약 사람이 죽을지도 모르는 정도로 전기충격 장치를 작동하라고 하면 그 지시를 받아들일 것인가?

 ## "우리 모두는 아이히만처럼 될 수 있다"

위의 실험은 예일 대학교의 스탠리 밀그램(Stanley Milgram) 교수가 행한 '복종 실험'이다. 그가 이 실험을 한 이유는 1961년 이스라엘에서 열린 아돌프 아이히만(Adolf Eichmann)의 재판과 관련이 있다.

아이히만은 독일인으로 나치 독일 시절 정보부에 근무하였는데 그의 임무는 유대인 학살이었다. 그는 제2차 세계대전 당시 독일을 비롯하여 독일 군대가 점령한 유럽 지역에서 유대인을 모아 수용소로 보내는 일을 책임진 최고 실무자였다.

나치 독일이 제2차 세계대전에 패망하자 전범으로 잡힌 그는 포로수용소에서 지내다가 탈출하여 아르헨티나로 도망간다. 1960년까지 숨어지냈던 그를 찾아낸 이스라엘 정보기관은 예루살렘으로 강제로 데려와서 유대인 학살 및 전쟁에 대한 죄를 묻는 재판을 열었다.

제2차 세계대전과 종전 재판이 끝난 후 이루어진 1961년의 이 재판에 대한 사람들의 관심은 매우 컸다. 500만 명에 달하는 유대인을 수용소로 이송시키는 책임을 전적으로 맡은 그에 대해, 사람들은 인간이 얼마나 악하면 그런 일을 할 수 있는지 궁금해 했다. 그의 재판 과정은 방송을 통해 여러 나라에 중계되었고, 기자들의 취재 열기도 대단했다.

재판에 피고로 그가 들어오는 순간 사람들의 시선은 집중되었다. 그런데 피고석에 앉은 아이히만은 그저 50대 후반의 남루하고 자그마한 초로의 남자였고, 사람들은 그렇게 악랄한 범죄를 저지른 사람이 너무나 친숙한 모습을 하고 있어서 놀랐다.

더불어 재판 중 "나는 유대인 친위부대 군인으로서 성실하게 명령에 따라 일을 했을 뿐이다"라고 한 그의 말에도 놀랐다. 국가가 수여한 직책을 맡은 사람으로서 위에서 내려온 지시, 즉 상부의 명령에 따라 성실하게 일을 했을 뿐이라는 그의 주장에 많은 사람이 분노했다.

밀그램 교수 또한 동료들과 이 재판을 방송으로 보다가, 동료 교수가 "인간이 어떻게 저럴 수 있느냐?"고 하는 말을 듣는다. 이에 밀그램은 "우리 모두 아이히만처럼 될 수 있다"라고 답한다. 앞에서 보았던 실험이 바로 그의 답이 옳다는 것을 증명하기 위한 실험이다.

밀그램 실험, 악의 이유를 답하다

　밀그램의 실험 조건을 들은 사람들은 상당 부분 실험에 참여하였다. 실험이 시작되자 사람들은 안에 있는 학습자가 틀릴 때마다 교수의 말에 따라서 전기충격 장치를 조작해야 했다. 예를 들어 "자, 5의 강도로 충격을 주세요"라고 하면 그 강도로 작동하게끔 기계를 조작하는 것이다.[128]

　교사 역할자는 실험에 들어가기 전에 10의 강도로 전기충격을 주면 사람이 사망할 수도 있다는 이야기를 들었다. 실제로 안에 있던 학습자가 자주 답을 틀리게 되자, 교수는 교사 역할자에게 "자, 10의 강도로 충격을 주세요. 괜찮습니다. 그렇게 하기로 했으니 실행하면 됩니다"라고 말한다. 이때 실험에 참여한 교사 역할자는 어떤 선택을 했을까?

　우선 이 실험의 본래 목적으로 돌아가 보자. 눈치챘겠지만 이 실험은 체벌이 학습에 미치는 영향을 파악하는 실험이 아니다. 아이히만의 재판을 보고 동료와 대화를 나눈 밀그램 교수가 악한 행동의 이유를 파악하려고 한 실험이다. 그러니 실험 목적은 사람을 죽이는 정도의 악한 일에 대해서 권위를 가진 사람이 명령을 내릴 때 사람들이 그 명령에 복종하는가를 살펴보는 것이었다.

　사실 밖에서 조작하는 전기충격 장치와 학습자의 몸에 부착된 장치는 연결되어 있지 않았다. 교수와 같은 연구진이었던 학습자 역할의 사람은 전기충격이 가해질 때마다 그 정도에 따라 실제로 고통받는 것처럼 연기했다. 그리고 최고 단계의 전기충격이 가해질 때는 마치 죽을 것처럼 연기하면서 더 이상 작동하지 말라고 애걸하고 살려달라고 호소하였다.

사람이 죽을 수 있는 정도의 전기충격을 가하라는 명령을 받았을 때, 이 실험에 참여한 사람 중 몇 퍼센트나 그 명령에 따랐을까?

실제 밀그램 교수도 이 실험을 하면서 동료들과 최고 단계까지 조작하는 사람들의 비율을 예측했다. 그들은 많아야 0.1퍼센트, 즉 천 명 중 한 명꼴일 것으로 예측했다. 그러나 실험 결과는 달랐다. 참가자의 65퍼센트 정도, 즉 백 명 중 65명이 최고의 고통을 주는 단계에서도 장치를 작동하였다.

실험 결과를 바탕으로 밀그램은 사람들이 고통을 호소하면서 죽을 수도 있는 상황에서 그렇게 많은 사람들이 부도덕하고 악랄한 행위를 선택한 이유를 설명하였다. 바로 조직 내 권위 있는 사람이 책임을 진다고 하면서 명령을 내리면, 그 행위에 대한 문제의식을 가지지 않고 따르기 때문이라는 것이다. 즉, 아이히만이 재판에서 말한 "명령에 따랐을 뿐이다"라는 말은 맞았다.

여기서 말하는 명령에 복종했다는 것은 단순히 자기보다 직위가 높은 사람들의 말을 따른다는 것만이 아니다. 악한 일이지만 사회 전반의 수많은 사람들이 지지하는 것이라면, 사회적 권위에 따른 명령으로 인식하여 따르는 것도 복종에 속한다. 아주 선한 사람일지라도 자신이 속한 조직의 상부에서 혹은 사회적으로 주어진 상황에서 악한 행위를 하도록 종용받을 경우에, 대다수가 그런 상황에 복종하거나 굴복하여 악한 행위를 할 수 있다.

즉, 개인의 선악이라는 측면이 아니라 사회적 상황에서 그런 선택을 할 수 있다는 것이다. 이렇듯 사회적 압력은 우리 개인의 행동에 영향을 미친다.

인간은 어느 순간에도 주체적으로 행동할 수 있다

당시 나치 친위대 일원으로서 어쩔 수 없이 명령을 따라야 했으니 그의 죄는 용서받아야 하는가? 아니다. 그는 공개 재판에서 교수형을 선고받았다. 왜 그에게 무죄가 아니라 최고형인 교수형 선고가 내려졌을까?

첫 번째 답은 밀그램 실험에 참가한 사람에게서 찾을 수 있다. 그들 중 35퍼센트, 즉 100명 중 35명 정도는 사람이 죽을지도 모르는 고통을 주는 행동을 선택하지 않았다. 밀그램이 자신이 모든 것을 책임진다고 이야기했고, 조작을 하지 않으면 아르바이트 비용을 받을 수 없다는 계약 조건도 말했다. 그러나 35퍼센트의 사람이 중간에 포기를 선언하고 그만두었다.

그들이 그만둔 이유는 무엇일까? 단 하나, 자신과 마주하고 있는 사람이 겪는 고통을 보고 인간으로서 차마 그럴 수 없었다는 것이었다. 실험에 참가하면서 한 계약, 교수의 명령에 따라야 하는 사회적 위치, 전기충격을 가했을 때 받을 보수 등과 같은 것을 고려해 보면, 35퍼센트의 사람들도 그 실험과 관련된 사회적 압력을 받았을 것이다. 그러나 그들은 그 압력에 따르지 않고 자신이 받을 이익도 포기하면서 자신의 내면에 있는 인간으로서의 목소리를 듣고 악의 편에 서지 않았다.

사회적 압력을 받아 어쩔 수 없이 행동해야 하는 상황에서도 인간은 여전히 '주체적으로 행동할 수 있는 존재'이다. 이편 아니면 저편 중에서, 악인이 아니라 인간으로서 할 수 있는 선택지가 있는 상황에서, 개인은 여전히 자유롭게 선택할 수 있으며 그런 선택에 대한 책임은 자신이 져야 한다는 것이다.

또 다른 답은 정치 이론가 한나 아렌트의 주장에서 찾을 수 있다. 아

이히만과 동일한 해에 독일에서 출생한 유대인인 아렌트는 독일에서 공부하여 박사학위를 받았다. 나치의 유대인 박해를 피해 프랑스로 이주했지만 독일이 프랑스를 점령하면서 유대인 강제수용소에 갇혔다가, 지인들의 도움을 받아 미국으로 이주할 수 있었다. 독일 나치 정권에 저항했던 그는 자신의 연구에서 "나치와 같은 파시즘*은 정치의 한 형태로 인정할 수 없으며, 그러한 전체주의는 인간에게 가하는 폭력일 뿐"이라고 주장하였다.

아이히만 재판이 있을 때, 미국 프린스턴 대학교 여성 최초의 전임 교수였던 아렌트는 한 신문사의 취재

> **파시즘**
> 이탈리아로 결속, 단결의 의미를 갖는 파쇼(fascio)에서 유래한 말이다. 특정한 주장이나 전통, 이데올로기를 강력하게 내세우는 경우를 말하는데, 정치적으로는 전체주의 정치의 한 유형으로 본다.

요청을 받아서 예루살렘으로 가게 된다. 그 재판을 본 후 집필한 책이 바로 『예루살렘의 아이히만』[129]이다.

여기서 아렌트는 인간 속에 내재해 있는 '악의 평범성'에 주목한다. 악한 의도를 가진 악인이 악을 행하는 것이 아니라, 아이히만처럼 누구나 사회적으로 자신의 삶을 충실히 살아가는 과정에서 의도치 않게 악을 행할 수 있다는 것이다.[130] 즉, 우리 모두 누구나 일상에서 의도하지 않아도 악을 저지를 수 있는 존재라는 것이다.

그러나 그것을 이유로 용서받을 수는 없다. 재판 당시 검사 측은 아이히만이 명령을 받았을지라도, 인간으로서 "생각할 수 있었음에도 하지 않은 것"이 죄라고 하였다. 아렌트 또한 아이히만이 인간으로서 '세 가지 무능함'을 가졌다고 말한다. 바로 타인의 위치에서 그 고통을 생각하지 않는 무능함, 말하지 않는 무능함 그리고 행동하지 않는 무능함이다. 따라서 그는 유죄이다.

 ## 내 안에 있는 악의 평범성

역사적으로 그리고 지금까지도 특정 집단에 대한 무시·차별·혐오를 가하는 악한 행위가 일상적으로 일어난다. 그들이 자신에게 무엇인가를 잘못해서가 아니라 오로지 그 집단에 속했다는 이유만으로 무시와 차별 그리고 심각하게는 인간적으로 참기 어려울 정도의 혐오 표현을 가하는 것이다. 단지 그들이 인종, 민족, 종교, 성적 지향, 성, 외모 등 바꿀 수 없는 정체성을 가지고 특정 집단에 속해 있다는 이유로 말이다.

특정 집단에게 가하는 무시·차별·혐오 표현은 오로지 유대인이라는 이유만으로 죽음의 장소인 수용소로 보냈던 아이히만의 행위보다 가벼우니 문제가 되지 않는 것일까? 생각해 보자. 같은 교실에 있는 친구가 날마다 나의 정체성에 대하여 비아냥거리고, 내 교과서에는 "죽어라"와 같은 혐오 표현이 적혀 있다면, 나를 차별하고 혐오 표현을 일삼는 사람이 아이히만보다 덜 악한 인간이라고 볼 수 있을까?

밀그램 실험에서 사람들은 낮은 전기충격을 줄 때는 상대방이 고통스러워해도 별로 죄책감을 가지지 않았다. 상대방이 크게 고통스러워하지 않기 때문이다. 그런데 점점 충격의 크기가 강해지면서 상대방이 살려달라고 해도 전기충격을 주는 조작을 멈추지 못한다. 낮은 수준에서 천천히 강도를 높이면서 상대방의 고통에 무감각해져서 그럴 것이다.

아이히만도 낮은 계급일 때 자신이 처리한 일의 영향력을 제대로 파악하지 못했을 것이다. 고위직으로 올라가면서 자신의 행위가 타인의 고통에 미치는 영향이 강해졌음에도 이미 그 일을 수용하고 해왔기에 더 큰 악한 행위에 대해서도 무감각해졌을 것이다.

마찬가지로 우리가 일상에서 어떤 사람에게 가하는 사소한 편견, 사소한 차별을 별 문제의식 없이 하는 사이 편견과 차별은 과격해지고, 종국에는 심각한 혐오 표현이라는 인식을 하지 못한 채 계속하게 된다.

교실에서 같이 공부하는 어떤 친구에 대하여 오로지 그들이 특정 정체성을 가졌다는 이유만으로 미워하고 차별하고 혐오한다면, 나에게도 아이히만이 가졌던 악의 평범성이 작동하는 것이다. 나에게 아무런 잘못을 하지 않았음에도 어떤 사람에 대한 차별과 혐오 표현을 SNS로 퍼 나르며 즐기는 행위를 하고 있다면, 나도 아이히만과 같이 죽음의 수용소로 사람을 이동시키는 역할을 하고 있는 셈이다. 정치인이나 아는 선배와 같은 사람들의 선동에 따라 특정 집단을 혐오하는 것을 그대로 따라 하고 있다면, 세 가지 무능함을 바탕으로 아이히만이 가졌던 악의 평범성을 내가 실행하고 있는 것이다.

편견, 차별, 혐오에서 어떻게 벗어나야 할까?

우리가 일상 속 악의 평범성의 위험에서 벗어나기 위해서는 무엇을 해야 할까? 밀그램 실험과 한나 아렌트의 '생각의 무능함'에서 답을 찾을 수 있다.

밀그램 실험으로 다시 가보자. 밀그램의 복종 실험은 그 후로 다양하게 진행되었는데, 실험실에서의 상황을 약간씩 변경하면서 여러 차례 진행되었다. 실험 조건을 달리한 여러 실험 중에서 전기충격을 실행한 비율이 10퍼센트 이하인, 즉 10명 중 한 명 정도만 악한 행위임에도 복종한 상황이 두 경우 있었다.

첫 번째 실험 조건은 전기충격을 가하는 교사 역할이 두 명이면서 그들 중 한 명이 불복종, 즉 최고 강도의 전기충격을 주라는 명령에 따르지 않겠다고 선언하는 경우였다. 사회적 분위기나 압력으로 인해 어쩔 수 없이 악한 행위를 하게 되는 경우에, 그것이 문제이니 하지 않겠다는 사람이 있다면 그런 행위는 압도적으로 줄어든다는 의미이다.

학급에서 특정한 정체성(민족, 인종, 성, 성적 지향, 외모 등)을 가진 학생이 다수 학생들에 의해서 차별이나 혐오 표현의 피해자가 되는 경우를 생각해 보자. 이때 그것이 잘못이라고 인식하는 사람들이 방관자가 되지 않고, 잘못된 행위이니 하지 않아야 한다고 선언하면 된다. 악한 일을 보고도 방관하는 것 역시 악한 행위의 편에 서는 것이기 때문이다.

그것이 잘못되었다고 명시적으로 이야기해야 방관자에서 벗어날 수 있다. 누군가에게 차별이나 혐오 표현을 하는 상황을 목격했을 때 과감하게 반대 의사를 표현하는 용기가 필요하다.

두 번째 실험 조건에서 거의 0퍼센트에 가까운 수치로 교사 역할을 하는 사람이 전기충격 조작을 하지 않았는데, 바로 실험 책임자인 교수가 두 명이고 이들이 서로 다른 의견을 냈을 때이다. 책임을 지는 위치에 있는 한 사람이 악한 행위를 하라고 할 때 또 다른 책임자가 그 행위를 해서는 안 된다고 대립하는 경우이다. 이 경우에는 교사 역할을 하는 대다수 사람들이 최고 강도의 전기충격을 주지 않았다.

이 실험으로 사회 지도자들이 편견, 차별, 혐오 표현을 하는 것이 얼마나 큰 문제인지를 알 수 있다. 그러니 특정 집단에 대한 편견, 차별, 혐오 표현을 조장하고 그것을 정치적으로 이용하는 지도자가 있다면, 그 위치에 있는 다른 지도자들이 그것이 문제라고 이야기해야 한다. 더불어 악한 행위를 가하라고 주장하지 않는 좋은 지도자를 선택하는 것도 매우 중요하다.

사회적 약자를 대상으로 하는 편견, 차별, 그리고 혐오를 지도자가 주도하고, 그래서 사회 전체 분위기가 그것이 선한 행위라고 주장할 때 나는 어떻게 해야 할까? 우리는 한나 아렌트가 말한 '생각의 무능함'을 고려해야 한다. 우리 사회에서 특정 집단에 가하는 편견, 차별, 혐오가 일상적일지라도 생각 없이 무의식적으로 따라 하는 무능함을 보여서는 안 된다.

그래서 우리가 앞에서 봤던 편견, 차별, 혐오를 불러일으키는 무수히 많은 신화, 신념, 이데올로기 그리고 주장에 대하여 생각하고 판단해 보아야 한다. 더불어 지도자의 주장에도 맹목적으로 따르지 말아야 한다. 어떻게 그렇게 할 수 있을까?

차별이나 혐오 표현을 하는 정치인들

정치학에서는 '다른 주장을 하는 집단 간에 발생하는 일상적 갈등을 조정하는 것'을 정치라고 한다. 정치 활동은 다양한 집단들이 내세우는 주장으로 인한 사회적 갈등에서 서로의 이익을 조정하여 갈등을 제도적으로 해결해 나가는 것이다. 따라서 사람들 간에 갈등을 만드는 것이 아니라 조정할 수 있는 사람이 훌륭한 정치인이다.

그런데 최근 들어 많은 나라에서 갈등을 조정하기보다 갈등을 조장하는 정치 활동을 하는 지도자들이 늘고 있다. 선거에서 자신이 당선되기 위해서, 또는 자신이 속한 정당의 지지율을 높이기 위해서 갈등을 만들어내는 것이다. 사회적 약자 집단을 차별하거나 혐오 표현으로 공격하고 이를 통해 지지표를 얻는 정치 지도자들이 많다.

밀그램의 실험에서 보면, 책임을 져야 하는 위치에 있는 사람들이 이처럼 악한 행위를 하는 것이 얼마나 큰 문제인지 알 수 있다. 더 문제가 되는 것은 사회적 약자와 관련하여 사실이 아니거나 근거가 없는 가짜뉴스를 인용해 차별과 혐오 표현을 조장하는 정치 지도자들도 있다는 것이다.

그렇다면 좋은 지도자와 나쁜 지도자를 어떻게 구별할까? 정치 지도자가 자신의 이익을 위해 사회적 약자에 대한 차별과 혐오를 하지 않는지 살펴보면 된다.

특히 선거에서 자신 혹은 자신의 정당에 유리하도록 사회적 약자 집단을 공격한다면, 그 사람은 파시즘 정치를 할 수 있는 나쁜 지도자가 될 가능성도 있다. 그리고 그런 지도자를 맹목적으로 지지하는 것은 '악의 평범성'이 가득한 사회를 공고하게 만드는 일에 도움을 주는 것이라는 점도 잊지 말아야 한다.

피해자의 위치에 서서 생각하기

『블랙 라이크 미』[131]는 백인인 저자가 흑인 차별이 심했던 1959년에 미국 남부 지역을 50일간 여행한 기록을 담은 책이다. 피부과 전문의의 도움을 받아 흑인처럼 변장한 그는 여행 내내 자신의 행위와 상관없이 사람들이 던지는 일상적 적대감, 오로지 피부색으로 인해 자신에게 가해지는 혐오를 경험했다. 흑인들이 태어나면서 우연하게 가지게 된 피부색이라는 정체성으로 받게 되는 고통을 경험한 것이다.

최근에도 이주민이나 노인 분장을 하고 1년 가까이 살아보거나 장애인 체험으로 그들이 어떤 불편이나 차별을 받는지를 경험하는 사람들이 있다. 물론 타인의 삶을 모두 체험할 필요는 없다. 그 위치에 서보는 상상 경험만으로도 가능하고, 내가 피해자가 되어 고통받았던 경험을 떠올려 봐도 된다.

중요한 것은 그런 경험을 통해, 특정 집단에 대한 차별과 혐오의 비합리성을 판단해 보는 것이다. 더불어 편견과 차별, 그리고 혐오 표현을 당한 대상의 고통에 감정이입해 볼 수도 있다. 이를 통해 생각의 무능함에서 벗어날 수 있다.

더 나아가 특정 집단이 그러한 상황에 처했을 때 나 스스로 방관자의 위치에서 벗어나려고 해야 한다. "나는 차별이나 혐오를 하지 않았으니 문제없어"라고 생각하는 것. 이것도 생각의 무능함이다. 그런 생각을 하는 순간 이미 편견과 차별, 혐오 표현을 용인하는 것이다.

선한 사마리아인 법. 이것은 성경에 나오는 선한 사마리아인의 이야기를 적용한 것이다. 한 사람이 길을 가다 강도를 당해 죽음의 위기에 처했을 때 많은 사람들이 그냥 지나쳤다. 그러나 사마리안인은 그를 가까운 숙소에 데려가서 주인에게 돈을 주면서 그가 낫도록 돌봐달라고 부탁해 그의 생명을 살리게 된다. 사마리아인이 그 순간 그를 돌보지 않았다면 그는 죽었을 것이다.

선한 사마리아인 법은 위기에 처한 사람을 돕지 않는 사람을 처벌하는 법이다. 몇몇 나라에서는 사회적 약자가 당하는 사회적 폭력을 방관할 때 선한 사마리안 법을 적용한다. 미국에서는 학교 폭력을 방관하는 학생들을 처벌하기 위한 선한 사마리아인의 법 제정을 논의하기도 했다.

생각의 무능함에서 벗어나면 궁극적으로 한나 아렌트가 말한 '판단의 근거로서 보편적 합리성'을, 그리고 아모르 문디(Amor Mundi), 즉 '인류와 세계에 대한 사랑'을 적용할 수 있다. 한나 아렌트는 유대인 학살에 동조한 유대인의 잘못에 대해서도 엄격하게 비판하였다. 또한 비록 아이히만의 죄가 명확하지만 그를 납치하여 강제로 공개 재판한 것은 절차적으로 문제가 있다고 주장했다.[132] 이런 주장으로 그는 유대인 사회에서 배신자라는 소리를 듣기도 했다.

어떤 선택의 순간마다 인간은 자신의 생존에 유리한 방향을 선택한다. 그러나 자신만을 중심으로 맹목적으로 행동하는 것이 나와 동일한 인간인 타인에게 얼마나 끔찍한 일이 되는지를, 우리는 밀그램의 실험과 아이히만의 재판을 통해 배울 수 있었다. 그러니 인간으로서 끊임없는 자기 성찰과 비판을 통해 '생각의 무능함'에서 벗어나 보자.

사회 운동으로
연대하기

한 초등학교의 교실, 학생들이 모여서 사회적 편견이나 차별을 찾아서 고쳐보는 수업을 하고 있다. 어떤 학생이 교실을 둘러보면서 이렇게 말한다. "선생님, 우리가 보는 신문 이름이 차별에 해당해요." "어떤 점에서 차별일까요?" "신문 이름을 '소년 OO'이라고 했는데, 소녀와 소년이 있으니까, 신문 이름이 성차별적이에요."

선생님이 이렇게 말한다. "그러면 우리 반 다른 학생들은 이 생각에 동의하나요?" 대다수가 동의 표시를 한다. "그래도 우리 학급에서만 그렇게 생각할지 모르니, 더 많이 조사해서 정말로 차별인지 같이 확인해 볼까요?" 학생들은 전교생을 대상으로 자신들이 생각하는 것처럼 차별이 맞는지 조사한다.

이 문제가 많은 지지를 받자 학생들은 해결 방법을 고민한다. 같은 학교 학생만이 아니라 주변 지역의 학생들과 합심해서 신문사에 의견을 제시하기로 한다. 신문 이름을 '소년' 대신 차별적 의미가 없는 다른 명칭으로 변경해 달라는 의견서를 만들어 여러 학생들의 지지 서명을 받는다.

그리고 해당 신문사의 게시판에 이러한 의견을 올린다. 신문사에서는 이 내용을 보고 답신을 올렸다. 신문을 창간할 당시부터 써 왔던 이름으로 신문사의 역사성을 고려할 때 쉽게 바꾸기는 어렵지만 학생들의 의견도 타당하니 이름 변경에 대하여 회사 내에서 충분히 논의해 보겠다는 것이 주된 내용이었다. 그리고 얼마 되지 않아, '어린이 OO'으로 신문 이름, 즉 제호를 변경하였다.

바꾸는 것이 당연하지만 오랜 기간 별 문제의식 없이 지내면서 편견, 차별, 그리고 혐오에 해당할 수 있는 표현들이 일상적으로 사용되는 경우가 많다. 그뿐만 아니다. 일상에서 사람들이 경험하는 불평등을 당연한 것으로 여겨서 제도로 계속 유지되기도 한다. 이런 것을 어떻게 바꿔야 할까? 우리는 그 답을 신문 제호를 바꾼 초등학생들의 행동에서 배울 수 있다. 이제 또 다른 답도 찾아보자.

 ## 권력층의 성찰과 공개 사과가 사회를 변화시킨다

영국의 공업도시인 코번트리에 허버트 아트 갤러리가 있다. 이곳에는 19세기 말에 존 콜리어(John Collier)가 그린 〈레이디 고다이바〉라 불리는 그림이 있다. 11세기에 살았던 실존 인물인 레이디 고다이바의 에피소드를 그린 작품이다.

이 작품은 홀로 말을 타고 동네 길을 가는 가녀린 한 여성의 모습을 담고 있다. 그런데 여성과 그녀가 타고 있는 말, 그리고 그를 둘러 싼 집이 독특하다. 레이디 고다이바는 아무런 옷도 입지 않고서 자신의 머리로 몸의 일부를 가린 채 말을 타고 있다. 그리고 낮인데도 그녀가 지나가는 길 주변 집의 모든 창이 닫혀 있고 커튼이 쳐져 있다.

레이디 고다이바의 이런 모습은 이 그림 외에도 많은 작품에 남아 있으며, 코번트리 지역에 동상이 세워져 있다. 그녀의 이름을 딴 유명 초콜릿 회사의 상표에도 등장한다. 이 장면에는 조롱의 의미가 아니라 존경의 의미가 담겨 있다. 레이디 고다이바는 왜 이 모습을 했을까? 그리고 왜 사람들의 존경을 받을까?

레이디 고다이바가 실었던 11세기 영국은 지역의 영주들이 농민들에게 엄청난 세금을 징수하였다. 당시 세금을 못 내는 농민들은 영주의 노예로 전락했다. 레이디 고다이바의 남편인, 코번트리의 영주 레오프릭(Leofric)도 자신의 영지를 경작하는 농민들에게 과한 세금을 부과하고 있었다.

그런데 레이디 고다이바는 농민의 고통을 염려하여 남편에게 세금을 내려달라고 간청한다. 영주는 이를 거절하기 위해 그녀에게 실천하기 어려운 제안을 한다. 그녀가 아무런 옷도 입지 않은 채로 말을 타고 나가서 마을을 한 바퀴 돌면 그렇게 해주겠다는 것이다. 당시의 풍속으로 고귀한 여성이 할 수 없는 일을 조건으로 내민 것이다.

레이디 고다이바는 고민하고 망설인다. 그러나 부인은 남편의 제안을 실행하겠다고 말하고, 마을 사람들은 이 이야기를 듣게 된다. 자신들을 위해 영주 부인이 희생한다는 것을 알게 된 그들은 그녀가 말을 타고 가는 그 시간에 모두 문과 창을 닫아서 그녀를 보호해 주기로 한다. 이것

이 바로 그림 속 장면이다. 결국 레이디 고다이바와 마을 사람들의 행동에 감복한 코번트리 영주는 자신의 잘못을 뉘우치고 세금을 내린다.

레이디 고다이바의 이 에피소드가 수많은 화가들의 그림으로 지금까지 남게 된 것은 사회적 약자에게 억압과 고통을 가할 수 있는 위치에 있는 사람이 자신을 희생한 모습을 기억하기 위해서이다.

우리는 이런 일을 오늘날에도 종종 본다. 가톨릭계를 대표하여 로마 교황청은 얀 후스(Jan Hus)와 같은 종교 개혁가들과 갈릴레오 갈릴레이를 이단으로 처리하고, 나치 치하에서 박해받는 유대인을 돕지 않았던 것 등 자신들이 차별했거나 사회적 약자의 고통을 함께 하지 않은 일들에 대해 공개 사과하고 있다.[133]

또한 앞에서 본 것처럼 스웨덴 등 많은 나라에서 우생학을 바탕으로 국가가 강제로 불임 시술 등을 자행한 것을 공개 사과하고 보상하였다. 우리나라에서도 최근에 과거사에 대한 조사를 통해 국가 권력에 의해 차별과 불평등을 경험한 사람들에게 대통령 등 책임 있는 자리에 있는 사람들이 공개 사과하는 모습을 볼 수 있다. 제주 4·3 사건이나 부산 형제복지원 사건 등에 대한 정부의 사과, 잘못된 법원의 판결로 해고되어 복직 운동을 해온 KTX 여승무원에 대한 사과 등이 대표적이다.

이러한 모습은 자신의 민낯, 맨몸을 드러내는 것과 같은 수치스러운 일이다. 그러나 그렇게 함으로써 코번트리 마을 사람들이 레이디 고다이바를 지지한 것처럼, 권력층의 사과를 받아들이고 지지할 것이다. 오랜 기간 레이니 고다이바가 칭송받는 이유는 그가 한 일이 결코 쉽지 않기 때문이다. 그럼에도 기득권과 권력을 가진 자들이 차별과 불평등 문제의 해결에 관심을 가져야 하는 이유는 바로 그것이 불평등 문제를 가장 쉽게 해결할 수 있는 방법이기 때문이다.

 ## '우리도 동일한 인간'이라는 피해자의 외침

통영에서 태어나 진주에서 학교를 다녔던 박경리 작가가 하동을 배경으로 쓴 소설 『토지』는 일제강점기를 살아간 다양한 계층의 이야기를 다룬 대하소설이다. 이 소설에 진주 지역에서 있었던 형평 운동을 짧게 언급하는 장면이 나온다. 농민이었지만 백정의 딸과 결혼하여 자신과 자녀들이 백정과 마찬가지로 차별받게 된 송관수라는 등장인물이 참여한 것이 바로 형평 운동이다.

신분제 사회였던 조선 시대에 모든 사람에게 극심한 차별을 받던 집단이 있었으니, 바로 백정이다. 소, 돼지 등 가축을 도축하던 이들을 '백정'이라고 불렀는데, 그들은 천한 노비보다 못한 대우를 받았다. 사람들이 사는 마을과 격리되어 살아야 할 정도였다.

1894년에 갑오개혁으로 신분제가 제도적으로 철폐되었지만, 사람들에게 백정은 천한 신분이라는 인식이 여전히 남아 있었다. 사실 당시에는 천하다고 손가락질을 받았지만, 재산을 축적한 이들이 많았다. 진주 지역에 살던 백정 중 하나였던 이학천도 재산이 상당한 사람이었다.

1923년 즈음에 진주 지역의 한 교회에서 사람들이 백정과 같이 예배를 볼 수 없다며 예배를 거부하는 사건이 발생한다. 또한 학교에 간 백정의 자녀들과 같은 교실에서 수업을 받지 않겠다고 거부한 사건도 있었다. 더구나 백정들의 모임에는 당시 천하다고 여겨지던 기생들도 참여하지 않을 정도였다.

이에 이학천은 엄청난 경제력을 바탕으로, 백정이 차별받는 것을 개선하기 위하여 지역 백정들의 모임을 만든다. 그 이름이 바로 '형평사'이다. 박경리의 『토지』에 등장하는 송관수가 활동한 모임도 바로 이 형평사이다. 여기에는 이들의 뜻을 지지하는 진주의 양반도 몇 명 참여하였다.

전국에 조직을 둘 정도로 크게 성장한 형평사의 이름에 들어 있는 '형평'이라는 말은 '저울대 형(衡)', '평평할 평(平)'을 사용한다. 말 그대로 형평 운동은 백정들이 고기의 무게를 공정하게 잴 때 사용하는 저울처럼 모든 사람이 평등하게 대접받는 사회를 만들려는 신분 해방 운동이다.

사실 사회적으로 편견과 차별, 혐오 등을 당하는 피해자들은 그것에 오랫동안 익숙해져서 자신들에게 가해지는 불평등한 사회적 대우를 당연하게 받아들이는 경우가 많다. 그러나 그들이 자신들도 가해자와 마

258

찬가지로 동일한 인간 존재라는 것을 깨달으면, 자신들에게 문제가 있는 것이 아니라 자신들을 그렇게 대하는 사람들과 사회가 문제라는 것을 인식하게 된다.

1950년대 미국 여성, 로자 파크스는 일을 마친 후 버스에 타서 빈자리에 앉는다. 그런데 사람들이 많이 타자 운전기사는 로자 파크스에게 자리에서 일어나 백인에게 자리를 양보하라고 한다. 로자 파크스가 흑인이었기 때문이다. 당시 흑백 분리법인 짐 크로 법에 따르면 백인과 흑인이 앉을 좌석이 분리되어 있었으며, 백인이 많을 경우에 흑인은 그 자리마저 내주어야 했다.

로자 파크스는 일어나지 않겠다고 결심한다. 법을 어긴 대가로 그는 경찰에게 체포된다. 그의 체포 소식에 흑인들이 버스 불매 운동을 시작했고, 이들을 지지하는 백인들도 이 운동에 참여하게 된다. 그리고 이 운동은 흑인의 인권을 확보하려는 비폭력 민권 운동으로 확장되면서 마침내 흑백 분리법은 사라진다.

불평등 개선의 역사에는 피해자가 자각하는 순간이 분명히 있다. 그리고 그 자각을 지지하는 피해자 집단들이 힘을 모아 행동할 때, 기어코 불평등이 사라지게 하는 사회 변화를 만들어낸다. 역사 수업에 등장했던 수많은 피해자의 외침이 여기에 속한다.

그 외침이 주장하는 것은 단 하나, 모두 동일한 인간이라는 것이다. 고려 시대 노비 철폐 운동을 펼친 만적이 "왕후장상(왕과 왕후, 장수와 재상을 말하는 것으로 지배층 전체를 이르는 말)의 씨가 따로 있겠는가?"라고 질문한 것처럼 모든 인간의 지위에서 높고 낮음은 정해져 있는 것이 아니다.

현대적 의미로 보면 이는 사람 위에 사람 없고 사람 밑에 사람 없다는 것을 주장한, 불평등의 피해자가 주축이 된 사회 운동이다. 사회 변혁을 위하여 집단을 이루어 지속적으로 행동하는 사회 운동을 통해 피해자의 목소리를 내는 것이다.

 ## 피해자의 목소리에 귀 기울여야 하는 이유는?

지금도 편견과 차별을 받는 수많은 사회적 약자들, 혐오 표현을 당하면서 인간으로서 수치심을 느끼는 많은 사람들, 불평등으로 힘겨워하는 이들이 '우리도 동일한 인간'임을 주장하면서 광장에서 자신들의 목소리를 내고 있다.

한국에서 이주민으로 살면서 경험한 차별과 불평등 문제를 이야기하면서 개선해 달라는 이들도 있고, 성소수자들이 자신의 정체성을 인정해 달라며 성소수자 축제를 열기도 한다. 위험의 외주화에 노출된 노동자들도 더 이상의 억울한 죽음이 없게 해달라고 외친다. 여성의 몸을 상품으로 여기고 온라인에 올리는 일을 조사해서 처벌해 달라고 요청하는 목소리도 있다. 장애를 가진 사람들도 일상의 삶을 누릴 수 있도록 다양한 지원을 해달라고 한다.

누군가는 이들의 목소리가 그저 시끄럽다고 외면한다. 누군가는 이들이 차지한 광장을 사용하지 못한다고 불평한다. 누군가는 왜 그렇게 이기적으로 자신들의 이익만을 추구하느냐고 불평한다. 누군가는 저들은 왜 저렇게 폭력적이냐고 비난하기도 한다.

그런 평가를 하기 전에 이들 피해자의 목소리에 먼저 귀를 기울이면 어떨까? 최소한 한나 아렌트가 말한 '생각의 무능함'에서 벗어나서 자신이 악의 평범성을 행하는 것은 아닌지 확인하기 위해서라도 피해자의 주장을 들어보아야 한다. 그들이 문제 제기하는 것이 무엇인지 살펴보아야 한다.

또한 과거 역사에서 그런 외침을 한 사람들 덕분에 현재 내가 누리고 있는 다양한 권리를 생각해서라도 이들이 외침에 귀를 기울여야 한다. 현대 사회에서 사회 구성원 다수가 자신의 정체성으로 인한 차별과 불평등을 경험하는 정도는 과거에 비하여 매우 많이 줄어들었다. 이것은 현재를 살아가는 사람들의 노력에 의한 것이 아니라 과거에 사회적 약자였던 사람들의 외침 덕분이다.

지금 내가 사회 구성원으로서 불평등에서 벗어나서 살아가고 있다면, 그것은 이전의 사회적 약자들의 노력으로 얻은 것이지 내가 기여하여 얻어낸 것이 아니다. 노력 없이 풍부한 권리를 누리며 인간으로서 삶을 살아가고 있는 것이다.

예를 들어 보자. 우리가 천 년 전과 동일한 불평등에 노출되어 있다면, 이 책을 읽고 있는 상당히 많은 사람들이 신분제에 고통받고 있을 것이다. 당시 신분제에서 고통받았던 사람들이 '불평등하다'고 외친 결과, 현재 다수의 사람들은 '아무런 노력 없이 사회적 약자의 위치에서 벗어난 사람'이 되었다. 이런 점에서 우리는 과거의 사회적 약자들에게 빚을 진 셈이다.

그 빚을 갚을 방법은 현재의 사회적 약자들에게 편견과 차별, 혐오를 가하지 않는 것으로 끝나지 않아야 한다. 불평등하니 이 상황을 해결해야 한다고 고통 속에서 외치는 그들의 목소리를 듣고 그들을 지지하면서 지원해야 한다.

언어에 담긴 차별을 바꾸면 사회가 변한다

초등학생들이 신문 이름을 변경해 달라고 하는 것은 의미 있는 행위일까? 답하기가 쉽지 않다면, 다음에 제시한 단어나 용어를 생각해 보자.

정상인, 결손가족, 미망인, 불우이웃, 편부, 편모

이 단어는 모두 편견이나 차별적 태도가 들어 있는 단어로, 2018년 서울시에서 행정적으로 사용하지 않고 다른 단어로 대체하겠다고 밝힌 것들이다. 장애인에 대응하여 사용하던 정상인은 '비장애인'으로, 결손가족은 '한부모 가족'이나 '조손가족'으로, 미망인은 '고 OOO씨 부인'으로, 불우이웃은 '어려운 이웃'으로 변경하였다. 사실 이런 지칭마저 필요 없는 사회가 되었으면 하지만, 해당 집단이나 사람을 대상으로 행정을 할 때 필요한 용어이니 그나마 바꾸는 것이 나을 것이다.[134]

그런데 이런 편견과 차별이 가득한 용어들은 위에 제시한 것 외에도 여전히 많다. 처녀작, 여류 작가 등은 여성의 정체성과 관련한 차별적 용어이다. 처녀작은 '등단작'으로 하면 될 것이고, 여류 작가는 그냥 '작가'라고 해도 될 것이다.

남자들만 다니는 고등학교는 그냥 '고등학교'인데, 여자들만 다니는 고등학교는 '여자고등학교'라 한다. 그래서 공립학교의 경우에는 '고등학교'로 교명을 바꾸고 남녀공학으로 변경하기도 한다. 다만 사립학교의 경우에는 학교명이 가진 역사성을 고려하여 학교 구성원이 자발적 선택을 하도록 했다. 대학교의 교명에 '여자'를 붙이는 경우도 마찬가지이다.

'살색'도 인종 차별 언어라 하여 '살구색'으로 바뀌었다. 앞에서 문제 제기했던 '단일민족', '혼혈'도 차별 언어이다. '다문화 가족'도 사실 차별 언어라고 보는 사람들이 많다. 구분할 이유가 없기 때문이다. 이 외에도 성, 인종, 장애, 지역, 종교 등 다양한 정체성과 관련한 차별 언어와 용어, 그리고 속담이나 구절 등이 있다.[135]

차별 언어와 관련하여 요즘 한국 사회에서 문제 제기를 많이 받는 것이 가족이나 친척의 호칭에 담긴 성차별, 성불평등 요소이다. 여성이 남편의 집과 가족을 부를 때 사용하는 단어는 '시댁'이다. 반면 남성이 아내의 집과 가족을 부를 때 사용하는 단어는 '처가'이다. 한자어로 '댁'이 '가'보다 높임말이니, 남편의 집은 높이고 아내의 집은 낮추어 부르는 것이다.

그뿐만 아니라 아내가 남편의 형제자매에게 사용하는 '도련님, 아가씨'에는 존칭 표현이 있다. 이와 달리 남편이 아내의 형제자매에게 사용하는 '처남, 처형, 처제'에는 존칭 표현이 없다.

이러한 단어나 용어 등을 바꾸는 것에 대해 어떤 사람은 너무 민감한 반응이라며 비판한다. 사람들은 왜 차별적인 언어를 사용하는 데 문제를 제기하고 바꾸려고 할까? 바로 언어가 일상에서 사람들의 의식에 미치는 영향 때문이다. 따라서 의식 변화를 위해서는 언어를 바꾸는 것이 먼저이다.

최근 혐오 표현이 문제가 되면서 언어에서 차별성을 없애자는 주장이 더 많은 관심을 받고 있다. 미국에서 언어에 나타나는 차별 문제를 제기한 것은 1960년대 민권 운동 이후 강조된 '정치적 올바름(Political Correctness, PC) 운동'과 관련이 있다. 민권 운동은 유럽과 미국의 많은 젊은 층이 기득권 정치에 저항하면서 일상적인 성차별, 인종 차별에 반대한 사회 운동이다. 이후 이것을 하나의 주장으로 정리하고 포괄하여

혐오 표현과 스피치 코드 논쟁

정치적 올바름 운동에서는 언어 표현에서 공정한 (또는 차별을 없애는) 표현을 사용하자고 주장한다. 이에 따라 편견이나 차별이 담긴 단어를 해당 집단의 정체성이나 권리를 고려한 단어로 변경(예: 미숙아→이른둥이)하거나 아니면 중립적 언어로 표현(예: chairman→chairperson)하자고 주장한다. 예를 들어 성탄절에 'Merry Christmas' 대신 'Happy Holiday'라고 하는 것도 특정 종교 집단만을 위한 휴일이 아니라는 점을 강조하는 정치적 올바름 운동의 한 예이다.

그런데 혐오 표현이 사회 문제가 되면서 정치적 올바름 운동에서 혐오 표현을 아예 규제하는 스피치 코드(speech code)를 정하자는 주장들이 나왔다. 즉 사회적 약자나 소수자에 대하여 혐오 표현에 해당하는 발언을 하지 못하도록 스스로 도덕적인 언어 기준을 만들자는 것이다. 이에 따라 미국 등의 일부 대학교에서는 실제로 구성원들이 합의하여 사용하면 안 되는 표현 등을 정하는 스피치 코드를 만들었다.

그러나 이에 대해 반대하는 의견도 있다. 스피치 코드를 정하는 것은 개인이 가진 표현의 자유를 제한한다는 것이다. 더구나 사용해서는 안 되는 말과 사용해도 되는 말을 규범적으로 구분하는 기준이 모호하다는 것이다. 또한 편견, 차별, 혐오 표현 문제는 스피치 코드를 정한다고 해결되는 것이 아니라 근본적인 의식이 변해야 한다고 보았다.

자, 그러면 우리 학교에서 편견과 차별, 혐오 표현을 막기 위해 스피치 코드 정할 필요가 있을까? 정한다면 최소한 어떤 말이 들어갈 수 있을까?

정치적 올바름 운동이라 한다.[136]

　정치적 올바름 운동은 사회적 약자와 소수자에게 가해지는 차별을 극복하고 다양성을 인정하자고 주장한다. 사회적 약자를 대상으로 하는 편견이나 차별적 언어를 사용하지 않는 것부터 소수자에 대한 차별 제도를 없애는 것까지를 포함한 포괄적인 사회 운동이다.

 ## 더 나은 사회를 만드는 연대의 힘

　요즘에는 영화를 상영하면서 동시에 해당 장면이나 대화를 말로 설명하는 영화가 있다. 시각 장애가 있는 관객들을 위해서이다. 또한 공공건물에 휠체어가 지나갈 수 있도록 문턱을 없애기도 하고, 옆에 손잡이를 두어 보행에 어려움을 겪는 고령자들이 이용할 수 있게 만들고 있다.

　바로 일상에서 사람들이 무엇인가를 활용하거나 이용할 때 특정 집단에 한계를 가하지 않도록 하는 배리어프리(barrier-free) 운동의 정신이 적용된 것이다. 배리어프리 운동은 장애가 있거나 불평등한 위치에 있는 사람들이 불편을 느끼지 않도록 공간을 꾸미거나 제품을 만들고 서비스를 하자는 것이다.

　또한 특정 집단에 유불리가 생기지 않도록, 누구나 사용에 불편이 없도록 보편성을 강조하는 유니버설(universal) 디자인을 만드는 경우도 있다. 대표적으로 자동문, 왼손잡이나 오른손잡이 모두가 사용할 수 있는 가위, 버스나 지하철에 설치된 높낮이가 다양한 손잡이 등이 있다. 유니버설이라는 보편성을 통해 개인의 정체성 차이를 인정하여 모두에게 열등감을 안겨주지 않고 차별을 느끼지 않도록 하는 것이다.

이처럼 배리어프리나 유니버설 디자인은 개인이 가진 정체성 때문에 차별받을 상황이 일상에서 일어나는 것을 방지하려는 움직임이다. 일상에서의 사소해 보이지만 열등감을 가져올 수 있는 차별이나 불평등을 개선한다는 면에서 필요한 사회 운동이다.

지금까지 살펴본 다양한 사회 운동에는 공통점이 있다. 특정 집단에게 가해지는 편견이나 차별, 그리고 혐오를 문제라고 보고 변해야 한다는 정신이 담겨 있다는 것이다. 그리고 혼자서 하는 것이 아니라 사회적 연대를 통해 함께 노력하여 사회를 변화시키려는 것이다. 더불어 피해자만이 아니라 뜻있는 사회 구성원들이 함께한다는 것이다.

진주의 형평 운동에서도 당사자인 백정 외에 양반들이 같이 활동하였고, 미국에서 흑백 분리법 반대 운동을 할 때도 이를 지지하는 백인들이 동조하였다. 초등학생들이 신문 이름을 바꾸려고 할 때 옆 학교 학생들도 동참하였다. 이렇게 편견과 차별, 그리고 혐오에 대한 문제를 자각한 사람들이 함께 연대하여 불평등을 개선해 나가는 것, 그것이 바로 사회 운동이다.

이러한 운동은 인종 차별과 같이 거대한 사회 문제만을 대상으로 삼지 않는다. 버스 손잡이를 바꾸는 것과 같이 일상의 자그마한 차별도 개선하려고 한다. 또한 편견과 차별, 혐오를 당하는 이들이 불쌍해서 동정심으로 연대하는 것이 아니다. 그들이 이유 없이 당하기 때문에, 그것이 그들의 인권을 침해하기 때문에 연대하는 것이다.

그래서 오늘도 거대한 불평등에 문제를 제기하는 사람들의 외침이 있고, 일상의 사소한 불평등과 차별을 제거하는 작은 움직임들도 있다. 그리고 이들의 크고 작은 외침과 움직임에 손을 보태는 사람들이 더 나은 사회를 만드는 연대의 힘을 작동하게 한다.

법과 제도를 바꿔
불평등 극복하기

미국의 연방대법원은 미국의 최고 사법기관으로 한국의 대법원과 헌법재판소의 기능을 같이 하는 곳이다. 이곳은 대법원장과 여덟 명의 대법관으로 구성되며, 대법관은 과오를 저지르지 않는 한 종신 임기를 보장받는다.

2009년에 미국 연방대법원의 대법관에 한 여성이 지명되면서 세계의 이목을 끌었다. 소니아 소토마요르(Sonia Sotomayor). 여성이어서 집중받은 것은 아니다. 그녀가 주목받은 이유는 그의 다양한 배경이 갖는 독특함과 그것이 상징하는 사회적 의미 때문이었다.

그녀의 부모는 푸에르토리코에서 미국으로 이민 온 히스패닉계 유색인종이다. 이주 후 뉴욕의 빈민자를 위한 공공주택에서 힘들게 살았다. 부모는 영어를 제대로 못했는데, 아버지는 알콜 중독으로 그녀가 아홉

살 때 사망했고 간호사로 일하는 어머니가 가족의 생계를 책임졌다. 게다가 소니아 소토마요르는 일곱 살에 소아 당뇨를 진단받아 여덟 살 때부터 하루에 한 번 스스로 인슐린 주사를 놓아야 했다.

그녀는 열심히 공부하여 고등학교를 우등으로 졸업했지만 가난한 지역의 고등학교 출신이었다. 어떤 대학을 가야 할지 고민하다 '소수 인종 우대 입학 프로그램'이 있던 프린스턴 대학교에 입학하였다. 1970년대였지만 대학에 입학한 후에도 여전히 인종 차별을 받았다.

그러나 그는 그런 차별에 눌리지 않고 대학에서 다양한 모임을 만들어 활동하면서 차별 문제에 논리적으로 대응해 나가는 방법을 익히게 된다. 그리고 대학을 최우등 성적으로 졸업한 이후 예일 대학교 로스쿨을 마치고 검사, 변호사, 판사 등의 법조인의 길을 걷게 된다. 법조인의 길에 들어선 지 30년 만에 여성으로서는 세 번째로, 히스패닉계와 이주민으로는 첫 번째로 미국 연방대법원 대법관의 자리에 오른 것이다.

이 이야기는 그녀의 자서전 『소토마요르, 희망의 자서전』[137]에 나와 있는 내용이다. 그가 성공할 수 있었던 요인은 '노력과 열정'이다. 또한 사회적으로 주어진 편견과 차별에 굴하지 않고 자신의 불리한 위치를 부끄러워하지 않았던 삶의 자세도 중요한 성공 요인이다.

그런데 1970년대 미국에서 유색 인종 차별이 아직도 남아 있던 시기에 프린스턴 대학교의 소수 인종 우대 입학 정책이 없었다면 그녀의 삶이 현재와 동일했을까? 그녀가 소수 인종 우대 정책의 도움을 받아 대학에 입학할 수 있었던 것처럼, 사회적 소수자나 약자의 불평등을 개선하기 위한 우대 정책을 시행하는 것은 좋은 정책일까?

차별과 불평등을 이겨낸 사람을 바라보는 우리의 시선

초등학교 교과서에 두 다리와 한 손이 불편한 장애를 가진 초등학생이 의족 등 보호 장구를 착용하고서 자유롭게 이동하고 수영을 하는 활동 모습이 실렸다. 불편한 몸으로 얼마나 엄청난 노력을 했으면 그 정도에 도달했을지 상상조차 하기 힘들지만, 교과서에 제시된 그의 모습은 그저 장애를 극복하고 멋지게 사는 장면으로 간결하게 그려졌다.

그런데 교과서에 이 학생의 사례가 등장하자, 많은 초등학교에서 장애가 있는 다른 친구들에게 너도 열심히 노력해서 장애를 극복해 보라고 충고하는 일이 발생했다. 이런 일이 왜 생길까? 같은 장애를 가졌는데 누구는 노력을 하지 않아 여전히 그런 모습이라고 생각하기 때문이다.

이런 방식의 생각은 사실 초등학생만 하는 것은 아니다. 몸무게가 많이 나갔던 사람들이 엄청난 노력으로 다이어트를 해서 날씬해진 것을 보고, 몸무게가 많이 나가는 다른 사람에게 "노력하지 않아서" 뚱뚱한 것이라 비난한다. 남성 중심 사회에서 열심히 노력해서 성공한 여성 한둘을 보면, "여성들도 노력하면 성공할 수 있는데 스스로 노력하지 않아서"라며 고위직으로 진출하지 못한 여성을 비난한다.

이 비난은 타당할까? 한 개인이 열심히 최선을 다해서 성공하는 것은 당연히 칭찬받고 존경받아야 하는 일이다. 그러나 성공하지 않았다고 그 사람이 최선을 다해서 노력하지 않은 것은 아니다. 성공하지 못한 것은 그 개인의 노력이 부족해서가 아닌 경우가 많기 때문이다.

편견·차별·불평등·혐오를 당하는 사람의 성공이 개인의 노력만으로 되는 것이라면, 그 사회에서 성공한 사례는 무수히 많아야 한다. 만약 어떤 위기나 장애, 불평등에 처한 사람에게 노력하지 않았다는 이유로 비난한다면, 우리 대다수가 그 비난에서 자유로울 수 없다.

교과서에서 사회적으로 차별이나 불평등한 위치에 있는 사람들의 성공한 삶을 사례로 제시하는 이유는 무엇일까? 이루기 어려운 힘든 일을 해낸 사람들의 처절한 노력에 존경을 표하려는 것이지, 그렇지 않은 사람들을 비난하거나 모욕하라는 의도가 아니다.

교과서뿐만 아니라 다양한 매체에서, 차별이나 불평등의 역경을 이겨내고 성공한 사람들을 보면서 어떤 생각을 하는 것이 옳을까? 그렇게 열심히 노력해야 할 정도로 그들이 처한 삶의 조건이 불평등하다는 것을 생각해야 한다. 그리고 그와 비슷한 사람들에게 어떤 지원을 하면 그런 고통 없이도 불편에서 벗어날 수 있는지를 생각하는 것이 옳지 않을까?

 ## 제도를 바꾸면 인식이 바뀐다

우리는 지금까지 다양한 차별과 불평등이 개인의 잘못이 아니라, 사회의 기득권층 혹은 구성원들의 인식에서 발생한 문제라는 것을 살펴보았다. 그래서 차별이나 불평등한 위치에 있는 사람들이 오로지 개인의 노력만으로 자신의 위치에서 벗어나기 어렵다는 것도 생각해 보았다. 그렇다고 여전히 차별과 불평등이 계속되어야 하는가?

그렇다면 차별과 불평등을 어떻게 극복할 수 있을까? 우리 개개인이 인식을 바꾸고, 사람들이 연대하여 다양한 사회 운동을 펼쳐 사회를 변화시키면 될까? 지금까지 살펴본 차별과 불평등의 역사를 보면 이 정도의 노력으로는 어려울 것이다. 왜냐하면 한 사회에서 차별이나 불평등은 매우 단단하게 오랜 시간, 여러 세대를 거쳐 이어져 왔기 때문에 사람들의 인식 변화가 쉽지 않다. 그리고 사회가 발전할수록 새로운 사회 제도로 인한 차별과 불평등이 발생했기 때문이다.

먼저, 사회 제도란 무엇일까? 학교, 회사, 국가 등 다양한 사회 조직에서 일어나는 다양한 현상과 관련하여 사회 구성원들의 요구를 받아들이면서도 사회적으로 잘 기능할 수 있도록 만들어낸 관습, 규범, 법 등의 체계를 말한다. 이것은 사람들의 일상에 영향을 미치는데 대표적으로 가족 제도, 교육 제도, 정치 제도, 경제 제도, 사회복지 제도 등이 있다. 초등학교, 중학교, 고등학교에 다니는 것도, 학교에 돈을 따로 내지 않고 급식을 먹는 것도 사회 제도의 결과이다.

다시 차별과 불평등으로 돌아와, 결혼하지 않고 홀로 아이를 낳아서 키우다가 사랑하는 사람을 만났지만 법적으로 혼인 신고를 하지 않고 동거 가족으로 살아가던 한 여성이 있다.[138] 홀로 자신이 낳은 아이와 동거하는 남자는 이 여성에게 가족 구성원이다. 그러나 현재 가족 제도를 규정하는 한국의 법에 따르면 법적으로 자녀라고 인정받는 아이는 가족이지만, 동거하는 남자는 가족이 아니다.

이 가족이 경험할 수 있는 차별이나 불평등은 무엇일까? 일단 이 가족은 한부모 가족 또는 동거 가족으로 분류되는데, 단지 이 이유만으로 일부 사람들에게서 차별적인 시선을 받을 수 있다. 이런 상황도 생각해 보자. 아이도 아버지를 친아버지로 인정하고 따르고, 아버지도 아이를 자신의 딸로 생각하여 돌봐주는데도, 병원에서 아이가 급한 수술을 받아야 하는 경우 이 아버지는 아이의 보호자 역할을 할 수 없다. 법적으로 아이 아버지가 아니기 때문이다.

그러면 이렇게 생각할 수 있을 것이다. "아니, 두 사람이 결혼을 하면 당연히 법적으로 보호받을 텐데, 왜 법적으로 결혼하지 않아서 문제를 만드느냐?" 그런데 동거하는 여성과 남성은 가족 제도를 규정하는 법에 대해 "실제로 동거하는 경우도 가족으로 인정할 수 있도록 법을 바꾸어 주면 되지 않느냐?"라고 주장할 것이다. 이 두 주장은 모두 타당하다.

하나의 제도를 선택하는 것은 사회의 결정이다. 기존에 시행하는 정해진 제도를 수용하면 문제가 없다고 주장하는 사람은 이렇게 생각할 것이다. 한 사회의 사회 제도는 구성원 다수가 합의한 결과이고 사회 유지를 위해 가장 최적의 것이니 조금 불편하더라도 따라야 한다는 것이다.

반면 정해진 제도가 누군가를 불평등하게 만든다고 주장하는 사람은 이것이 문제라고 본다. 즉, 사회적으로 인정받는 많은 사회 제도가 기득권을 가진 사람들이 만든 결과이기에, 사회 제도로 사회적 약자들이 불평등을 경험하게 된다는 것이다.

이들은 "동거 가족을 법적인 가족으로 인정하지 않고 결혼으로 맺어진 가족만을 법적인 가족으로 인정하는 현재 한국의 가족 관련 법은 차별적이다"라며 한국 사회의 많은 제도가 차별적이거나 불평등을 만들어 낸다고 주장한다. '유전무죄 무전유죄(有錢無罪 無錢有罪) *'를 주장하는 사람들은 현재의 재판 제도와 관련 법에 대한 차별과 불평등 문제를 제기할 것이다.

사회 제도가 사람들의 인식이나 의식을 만들어내는 만큼 사회 제도를 바꾸면 그러한 인식이나 의식도 변할 수 있다. 예를 들어 선거 제도를 보자. 「공직선거법」 등에서 선거권을 가진 사람의 하한 연령이 정해진다. 국회의원 선거권 하한 연령의 경우, 1960년까지 만 21세였다가 1960년에 만 20세로, 2005년에 만 19세로, 그리고 2019년에 만 18세로 하향 조정되었다.

유전무죄 무전유죄
범죄를 저지르더라도 부유한 자들은 무죄 판결을 받고 가난한 자들은 유죄 판결을 받는다는 뜻이다.

이처럼 선거 관련 제도를 바꾸자고 주장할 수 있었던 것은 연령을 내려서 해당 연령의 청소년들이 자신의 권리를 주장하는 데 아무런 문제가 없다는 인식이 있었기 때문이다. 즉, 연령으로 인해 선거권에서 차별을 받는 것이 문제이니 최대한 선거권을 가질 연령을 낮추자는 것이다.

이렇게 선거권 하한 연령에 대한 법적 제도를 개선하면, 다른 부분에서도 변화가 일어난다. 즉, 청소년을 바라보는 사람들의 인식이 '보호받아야 하는 사람'에서 '자기 권리를 주장할 수 있는 사람'으로 바뀌기 시작하는 것이다. 그리고 청소년들 스스로도 자신의 권리를 주장하는 역할을 잘 수행하게 된다.

이처럼 사회 인식이 변하면서 사회 제도가 바뀌고, 사회 제도가 바뀌면서 그 제도와 관련한 사람이나 삶을 보는 사회 인식이 바뀌는 순환적 양상이 나타난다. 그래서 차별과 불평등의 문제도 사회 인식과 사회 제도의 변화라는 순환을 이루려고 하는 것이다. 즉, 제도를 바꾸어 인식을 바꾸자는 것이다.

 ## 차별금지법이 필요한 이유는?

차별과 불평등을 개선하기 위해 사회 제도를 바꿀 수 있는 방법은 어떤 것이 있을까? 하나는 차별과 불평등을 야기할 수 있는 법이나 제도를 바꾸는 것이다. 다른 하나는 차별과 불평등을 만드는 제도를 만들지 않는 것이다.

미국의 흑백 분리법은 그 법 자체가 차별적이고 불평등한 것이었다. 이처럼 사회 제도 자체가 차별과 불평등할 경우에는 그 법을 바꾸는 작업을 해야 한다. 일반적으로 이런 일은 주로 헌법재판을 통해서 이루어진다.

예를 들어 우리나라에 있었던 호주제를 보자. 호주제는 가부장적 사고를 바탕으로 가족의 관계를 정하는 것으로, 민법에 따라 유지되는 사회 제도였다. 호주제에서 '호주'는 가족 구성원을 대표하여 가족 내의 많은 부분을 법적으로 대표하는데, 집단의 윗 순위 남자에게 돌아가는 지위이다. 그래서 호주였던 아버지가 사망했을 때 호주가 되는 순서도 법에 정해져 있었다. 호주가 사망하면 그의 아들, 아들이 없으면 그의 딸, 그의 딸도 없으면 그의 처, 그의 처도 없으면 그의 어머니, 그의 어머니도 없으면 그의 며느리 순서로 호주가 되도록 한 것이다.

아버지와 어머니, 그리고 유치원에 다니는 자녀 1명으로 구성된 가족이 있다. 이때 호주제를 따르면 호주였던 아버지가 사망할 경우 유치원에 다니는 자녀가 호주가 되는 것이다. 이러한 상황을 만들어내는 호주제가 불평등하다는 문제 제기가 오랫동안 이어졌고, 결국 헌법재판으로 가게 되었다. 민법의 호주제를 다룬 규정에 대하여 헌법재판소는 '혼인과 가족생활에서 개인의 존엄과 양성의 평등'을 규정한 헌법 제36조 제1항의 내용에 불합치하니 관련 법을 개정하라고 결정하였다.

이처럼 차별과 불평등을 만들어내는 법의 경우 법적 절차를 거쳐 해당 법을 없애거나 개정하여 관련 사회 제도를 바꾸어 나가게 된다. 호주제처럼 헌법재판소의 판결에 따라 바뀌기도 하고, 육체노동 가능 상한 연령을 60세에서 65세로 바꾼 것처럼 대법원의 판결에 따라 바뀌기도 한다. 종종 국회에서 자체적으로 사회 변화를 고려하여 차별적인 제도를 없애는 법 개정을 하는 경우도 있다.

그런데 어떤 사람이 차별과 불평등을 분명히 받고 있지만 관련 법 규정이 없어서 그러한 차별과 불평등이 사회적으로 문제라고 말하지 못하는 경우가 있다. 이럴 때는 어떻게 해야 할까?

어떤 회사에서 사람을 뽑는데 입사 지원 서류에 장애 유무를 표시하게 하고, 1차 서류 전형에서 장애가 있는 지원자를 모두 탈락시켰다고 해보자. 모든 조건을 다 갖추었는데도 장애가 있다는 이유로 1차 서류 심사에서 탈락한다면, 사람들은 이를 차별이고 불평등하다고 말할 것이다.

그런데 이런 입사 시험 제도를 시행하는 회사를 처벌할 법이 아예 없는 사회라면 어떻게 될까? 이 회사가 사람을 차별하는 회사라고 사람들이 욕하고 소비자 거부 운동을 할 수 있다. 그러나 법이 없기 때문에 평등한 취업 제도를 운영하지 않았다고 법적으로 처벌하지는 못한다. 따라서 이 문제를 해결하려면 국회나 정부에서 발의하여 관련 법을 만들어야 한다.

장애인이라는 이유만으로 취업 등 일상생활에서 차별받지 않도록 하는 법은 2007년에 「장애인차별금지 및 권리구제 등에 관한 법률」로 제정되었고, 이에 따라 취업에서 장애를 이유로 차별하면 법적인 제재를 받는다. 이 외에도 교육을 받거나 취업을 할 때 특정 정체성과 관련하여 연령이나 성별에서 제도적인 차별과 불평등을 가하지 못하도록 하는 법들이 만들어졌다.

성, 연령, 장애와 관련하여 차별을 금지하는 현재의 법은 각각의 정체성과 연관된 차별이나 불평등을 없애려는 개별 '법'이라는 성격을 갖는다. 그래서 사회적으로 차별이나 불평등을 당하는 집단의 개별적인 정체성에 의해서가 아닌, 포괄적으로 사회 내에 모든 차별과 불평등을 방지라는 하나의 단일법을 만들자는 주장이 나온다. 즉, '차별금지법'을 지정하여 사회적 차별이나 불평등을 방지하자는 것이다.

포괄적 차별금지법은 성별, 장애, 연령 이외에도 학력, 성정체성, 병력, 외모, 나이, 직업, 출신 국가, 출신 민족, 인종, 피부색, 언어, 혼인 여부, 성적 지향, 임신 여부, 가족 형태, 범죄, 종교, 사상, 정치적 의견 등 다양한 정체성과 관련하여 차별을 금지하는 내용을 담은 것이다. 그런데 일부 종교 단체에서 '성적 지향'과 같은 일부 정체성을 문제 삼아서 지속적으로 반대 의견을 제시하고 있다.

포괄적 차별금지법은 새로 만드는 법이어서 국회의원의 지지로 제정된다. 그런데 일부 정체성과 관련하여 반대 의견을 내는 사람들이 차별금지법을 발안하거나 지지하는 국회의원을 대상으로 낙선 운동을 하겠다고 하여[139] 법의 제정에 어려움을 겪고 있다.

적극적 우대 조치가 만들어낸 긍정의 목소리

그런데 현재 발생하는 차별만 방지하면 정말로 차별과 불평등이 해결될까? 소니아 소토마요르가 활용한 소수 인종 입학 프로그램과 같은 것이 또 다른 방법이 될 수 없을까?

소니아 소토마요르가 대학 입학에서 도움을 받은 프로그램은 적극적 우대 조치(affirmative action) 정책을 적용한 것이다. 이것은 말 그대로 사회적으로 차별이나 불평등을 당해 온 소수자를 대상으로 과거의 차별을 시정하기 위해서 사용하는 정책을 말한다. 1960년대 미국에서 소수 인종에 대한 차별을 시정하기 위하여 실시된 정책에서 시작되었다고 볼 수 있다.

적극적 우대 조치는 사회적 차별이나 불평으로 고통을 받았던 소수자에게 사회적 혜택을 더 주어 과거의 차별을 시정하겠다는 의도를 담은 정책이다. 여기서 말하는 사회적 혜택은 대부분 학업을 위한 입학이나, 취업이나 승진과 관련하여 이루어진다. 학업이나 취업, 승진이 사회적인 지위를 변화시켜 불평등을 해결하는 데 결정적인 요소이기 때문이다.

이 조치는 주로 가산점을 주거나 특별 전형 형태로 많이 진행된다. 초기에는 가산점을 주는 방식이었으나 불합격한 사람들이 이 조치를 문제삼으면서 근래에는 '정원 외 특별 전형' 등 사람을 추가로 뽑는 방식으로 이루어지고 있다.

앞에서 살펴본 것처럼 현재의 차별을 금지하는 법을 만들거나 개선하는 것을 지지하는 사람은 많지만, 과거의 차별까지 개선해 주는 적극적 우대 조치에 대해서는 찬반 논쟁이 있다. 논쟁의 핵심은 다음 세 가지 측면에서 발생한다.[140]

첫째는 과거의 차별과 현재의 역차별에 관련한 것이다. 찬성 측에서는 적극적 우대 조치를 통해 과거의 차별이 현재 그들의 삶에까지 미치는 영향을 해결할 수 있다고 본다. 즉, 특정 정체성으로 받은 과거의 차별이 누적되어 현재 그들의 삶에서 재생산되는 점을 고려한 것이다. 그래서 현재의 차별을 막는 데서 그치지 않고 더 많은 혜택을 적극적으로 주는 조치를 적용해야 한다고 주장한다.

그러나 반대 측에서는 적극적 우대 조치는 결과적으로 현재 여러 사람들이 당연히 누려야 할 개인적 권리와 자유를 침해하는 제도라고 본다. 현재의 자신이 차별을 가한 것도 아닌데 불이익을 당한다는 것이다. 적극적 우대 조치가 새로운 차별, 즉 사회적 소수자의 차별을 해결하기 위해 주류 집단을 차별하는 '역차별 문제'를 만든다고 주장한다.

둘째는 적극적 우대 조치의 실효성에 관한 것이다. 찬성 측에서는 우대 조치가 차별이나 불평등을 당한 이들에게 사회적 성공의 기회를 일정 부분 제공하기에, 그 기회를 통해 노력하면 성공할 수 있다고 말한다. 즉 대학 입학이나 취업과 승진에서 유리한 위치를 가지는 것 자체로 사회적 지위 변화에 도움을 줄 수 있다고 본다.

반대하는 측에서는 적극적 우대 조치가 과거에 차별이나 불평등을 당한 사람들의 현재 삶을 더 나태하게 하거나 그들의 능력을 저하시킬 수 있다고 주장한다. 크게 노력하지 않아도 쉽게 입학·취업·승진을 하게 되면 굳이 최선을 다해 현재의 삶에서 벗어나려고 노력하지 않을 것이라는 입장이다. 더구나 적극적 우대 조치가 성공을 이뤄낸 사회적 약자나 소수자에게는 그 제도를 이용했다는 낙인을 찍을 것이고, 그들의 명예를 실추시키는 등의 불이익이 될 것이라고 본다.

셋째는 정책이 정의로운가에 관한 것이다. 찬성 측에서는 이 정책이 분배 정의를 실현하는 제도이며, 재분배를 통해 사회적 불평등이라는 왜곡된 구조를 바로잡는 역할을 한다고 주장한다. 즉, 사회적 차별이나 불평등이 해당 집단에 속한 개인의 잘못이 아니라 사회적 환경이나 사회구조에 의해 만들어진 점을 고려하는 것이다. 그래서 적극적 우대 조치는 사회적 차별과 불평등 해소를 위한 제도이며 정의롭다고 본다.

반대 측에서는 차별금지법이나 정책 등을 만들어서 현재 일어나는 차별이나 불평등을 금지하는 것은 문제가 없다고 본다. 그러나 실체가 없는 과거의 차별, 현재 같이 경쟁하는 사람들이 가하지도 않은 과거의 차별로 발생하는 역차별은 정의롭지 못하다고 본다.

사실 차별과 불평등도 '사회'에서 만들어지고, 그것을 해결하는 방법으로서의 법과 정책 역시 '사회'에서 만들어지기에 이런 찬반 논쟁이 있을 수 있다. 그러나 적극적 우대 조치가 만들어낸 긍정의 목소리에 대해서는 여전히 귀 기울일 필요가 있다.

소니아 소토마요르는 자신의 자서전[14]에서 "프린스턴과 예일의 적극적 우대 조치가 내게 문을 열어 주었고 나는 특별한 문을 통해 아이비리그에 들어왔다. 같이 시작했던 대부분의 학우들과 경쟁하기 전에 이미 나는 뒤쳐져 있었다. 하지만 나는 끈질기게 따라갔고 …… 최우등 학생의 자리를 차지하는 등 두각을 나타내기 시작했다. (중략) 우리가 적용받았던 초기의 적극적 우대 조치에 대한 생각은 이제 많이 바뀌었다. 하지만 바뀌지 않는 것이 있다. 소수 인종 학생들이 이루어 놓은 성취에 대한 가치를 의심하는 것은 그들의 노력을 부인하는 것이다"라고 말한다.

우리도 이렇게 어떤 제도가 자신을 바꾸었고 그로 인해 세상을 긍정적으로 변화시키는 데 도움을 줄 수 있었다고 말하는 사람들의 성공을 보고 싶지 않은가?

함께 토론해 봅시다!

1 누군가를 혐오하거나 차별한 과거를 기억하지 못하는 가해자에게 피해자가 10여 년의 시간이 지나서 피해 사실을 공개한다면, 가해자는 어떻게 반응해야 옳은가?

2 과거에 행해진, 차별, 불평등, 혐오 등에 관한 사건에 대하여 사죄하는 기한을 정해야 할까? 그렇다면 그 기한은 어느 정도가 적정한가?

3 우리 사회의 다양한 차별과 불평등, 혐오 표현 중에서 가장 시급하게 대책을 세워야 하는 것은 무엇인지 토론해 보자.

4 우리 사회에서 적극적 우대 조치를 적용할 대상은 어느 집단이며, 그 이유는 무엇인가? 만약 그 집단에 대한 적극적 우대 조치가 이미 이루어지고 있다면 가장 효과적인 내용이 무엇인지 살펴보자.

5 차별금지법이 국회에서 제정되도록 하기 위해서 시민단체나 청소년들이 할 수 있는 사회 운동 방안은 무엇이 있을까?

우리는 모두 존엄한 인간입니다

지금도 뉴스를 보면 일상에서 무수히 많은 차별과 불평등이 나타나고 있다. 편견, 차별, 불평등은 개인이 자신의 고유한 정체성으로 아름답고 행복한 삶을 살아가는 것을 방해하는 장애물이다.

우리 모두는 행복을 추구할 아름다운 존재이다. 편견과 차별, 그리고 불평등이 사라지지 않는다고 할지라도, 존엄한 자신의 삶을 인정하고 굳건하게 살아가야 한다.

이와 동시에 우리가 일상에서 차별과 불평등을 가하는 악의 평범성을 가지고 있지 않은지 성찰해 보자. 혹시 지금 차별을 받고 있다면 차별하고 혐오하는 당신들이 문제라고 외쳐보자. 누군가가 차별받았다고 외친다면 어떻게 연대하여 도울지를 생각해 보자. 그리고 사회를 바꾸어보자.

　이 책이 우리 모두의 성찰과 생각과 행동에 자그마한 도움이 되기를 바란다.

　"사람 위에 사람 없고 사람 아래 사람 없다."

　나, 당신, 우리가 참 아름다운 사람임을 알아가기를. 그래서 내가, 모두가 존엄한 사람임을 다시 한 번 더 확인하게 되기를.

2020년 7월

구정화

1) 대니얼 리그니(박슬라 역)(2011).『나쁜 사회: 평등이라는 거짓말』. 21세기북스.

2) 경향신문(2018. 11. 26). 부산 대학서 교수 행세하며 상습 금품절도. 인터넷 판(검색일: 2020. 7. 14).

3) 정순화(2011).「국내 외동아관련 연구의 동향분석」.『인간발달연구』, 18(4), pp.35-61.

4) 박문각의 〈시사상식사전〉 참조.

5) 월터 리프먼(이충훈 역)(2012).『여론』. 까치.

6) 조선총독부 편저(김문학 역)(2010).『일제가 식민통치를 위해 분석한 조선인의 사상과 성격』. 북타임.

7) YTN(2017. 6. 24). "남자는 왜 치마 못 입어?" 고정관념 허물려는 시도들. 인터넷 판(검색일: 2020. 7. 14).

8) 하지현(2012).『청소년을 위한 정신 의학 에세이』. 해냄.

9) 이승현(2015).『혐오표현에 대한 헌법적 고찰』. 연세대학교 대학원 박사학위논문. p.11.

10) Wirth, L.(1945). The problem of minority groups. In R. Linton (ed.), *The science of man in the world crisis(347-372)*, New York: Columbia University Press.

11) Douglas, M.(1966). *Purity and danger*. London: Routledge & Kegan Paul.

12) 구정화(2015).『청소년을 위한 인권 에세이』. 해냄. p.258.

13) 마사 누스바움(조계원 역)(2015).『혐오와 수치심』. 민음사. pp.166-167.

14) SBSNEWS(2017. 6. 6). 미 하버드대 '페북 음란메시지' 신입생 10여 명 합격 취소. 인터넷 판 (검색일: 2020. 7. 14).

15) 홀로코스트(holocaust)란 일반적으로 전쟁이나 화재 등으로 인한 대참사를 표현하는 영어 표현이다. 그런데 이 용어는 제2차 세계대전 전 나치 독일에 의해 자행된 유대인 대학살을 표현하는 고유명사로도 사용된다.

16) 이 두 개의 사례에 제시된 내용은 이 책에서 혐오 표현을 설명하기 위해 사용된 것이지 대상자들의 명예를 훼손하거나 대상자들에게 증오를 표현하기 위한 것이 아님을 밝혀둔다.

17) "박미숙·추지현(2017).『혐오표현의 실태와 대응방안』. 한국형사정책연구원 보고서.

pp.77-78"의 내용을 바탕으로 하였으며, 이를 참조하여 해당 사건과 관련한 내용을 재구성한 것이다.

18) 이 부분은 "이승현(2015).『혐오표현에 대한 헌법적 고찰』. 연세대학교 대학원 박사학위논문"에서 제시된 여러 학자들의 개념 정의를 참고한 것이다.

19) 이 부분은 "박미숙·추지현(2017).『혐오표현의 실태와 대응방안』. 한국형사정책연구원 보고서. p.1"에서 다룬 내용을 재구성한 것이다.

20) 허프포스트코리아(2018. 11. 14). 방탄 소속사가 원폭 티셔츠·나치 문양 모자에 사과문을 내놨다(전문). 인터넷 판(검색일: 2020. 7. 14).

21) 성소영·박기환(2018).「대학생의 내면화된 수치심과 자살사고의 관계: 분노억제와 우울의 이중매개 효과」.『한국심리학회지: 건강』. 23(1), pp.209-230.

22) 홍성수(2018).『말이 칼이 될 때』. 어크로스.

23) 여기서 말하는 서구(西歐)에서 구(歐)는, 예전에 유럽을 한자 음차로 표현한 구라파(歐羅巴)의 두음이다. 그래서 서구는 서유럽을 뜻한다. 유럽 중심주의를 서구 중심주의라고 하는 것은 전체 유럽 중에서 서유럽의 영향력이 크기 때문이다.

24) 여기에 서술한 내용은 "강정인(2004).『서구중심주의를 넘어서』. 아카넷."의 제1부 내용을 바탕으로 한 것이다.

25) 에드워드 사이드(박홍규 역)(2007).『오리엔탈리즘』. 교보문고.

26) 샤오메이 찬(정진배·김정아 역)(2001).『옥시덴탈리즘』. 강.

27) 진원숙(2007).『초기 기독교 이야기』. 살림출판사.

28) 동아일보(2003. 2. 9). [이라크戰 반대론자 '또 하나의 메시지']부시, 십자군전쟁?. 인터넷 판(검색일: 2020. 7. 14).

29) 서병훈(2011).「유치한 제국주의, 토크빌을 위한 변명」.『정치사상연구』. 17(2), pp.126-150.

30) 노컷 뉴스(2019. 1. 25). '다수는 온건주의자'인 이슬람이 테러의 상징이 된 이유. 인터넷 판(검색일: 2020. 7. 14).

31) 한국경제TV(2014. 2. 7). '염전 노예' 사건 전말은? ⋯ 만약 편지까지 못 부쳤다면⋯". 인터넷 판(검색일: 2020. 7. 14).

32) 마조리 간·재닛 윌렛(전광철역)(2012).『끝나지 않은 노예의 역사: 5천 년 노예제도를 말하다』. 스마트주니어.

33) 모시스 핀리(송문현 역)(1998).『고대 노예제도와 모던 이데올로기』. 민음사.

34) 이인선·황정임·양애경·김동식·강정숙·조윤주(2016).『일본군 '위안부' 피해자 문제해결을 위한 종합 연구(II)』. 한국여성정책연구원 보고서.

35) 라티푼디움에 관한 내용은 "진노 마사후미(최미숙 역)(2017). 『역사로 읽는 세계: 역사, 미래를 예측하는 최고의 방법론』. 라이프맵"의 내용을 참고하였다.

36) 하워드 패스트(김태우 역)(2008). 『소설 스파르타쿠스』. 미래인.

37) 배리 스트라우스(최파일 역)(2011). 『스파르타쿠스 전쟁: 야만과 문명이 맞선 인류 최초의 게릴라전』. 글항아리.

38) 마조리 간·재닛 윌렛(전광철 역)(2012). 『끝나지 않은 노예의 역사: 5천 년 노예제도를 말하다』. 스마트주니어.

39) 노예 무역과 관련한 부분은 전반적으로 "크리스티앙 들라캄파뉴(하정희 역)(2015). 『현대판 노예노동을 끝내기 위한 노예의 역사』. 예지"의 5장을 참조하였다.

40) 마커스 레디커(박지순 역)(2018). 『노예선: 인간의 역사』. 갈무리.

41) 노예 제도와 자본주의를 연결시켜 노예 제도를 자본주의의 생산 양식으로 본 대표적인 사람이 칼 마르크스이다.

42) 유네스코 한국위원회(2017. 8. 23). 세계 노예무역 철폐 기념의 날 유네스코 사무총장 메시지. 인터넷 사이트(www.unesco.or.kr).

43) 스벤 베커트(김지혜 역)(2018). 『면화의 제국: 자본주의의 새로운 역사』. 휴머니스트.

44) 인터넷 두산 백과(www.doopedia.co.kr).

45) 미국 국무부(2004). 미국의 역사: 미국의 개관. 인터넷 판(http://infopedia.usembassy.or.kr).

46) 위의 사이트 참조.

47) 연합뉴스(2019. 1. 11). 남아공 '초등학생 흑백분리' 사진 1장에 '발칵'… 인종차별 논란. 인터넷 판(검색일: 2020. 7. 14).

48) 크리스티앙 들라캄파뉴(하정희 역)(2013). 『인종차별의 역사』. 예지.

49) 김융희(2005). 『검은 천사 하얀 악마: 검정과 하양의 문화사』. 시공사.

50) 아시아경제(2019. 1. 4). 백인은 정말 흑인보다 유전적으로 우월할까?. 인터넷 판(검색일: 2020. 7. 14).

51) 크리스티앙 들라캄파뉴(하정희 역)(2013). 『인종차별의 역사』. 예지.

52) 앞의 책.

53) 미국 국무부(2004). 미국의 역사: 미국의 개관. 인터넷 판(http://infopedia.usembassy.or.kr).

54) 크리스티앙 들라캄파뉴(하정희 역)(2013). 『인종차별의 역사』. 예지.

55) 한국일보(2018. 6. 12). [기억할 오늘] Loving Day(6.12). 인터넷 판(검색일: 2020. 7. 14).

56) 이 부분은 "최일성(2018). 『남아프리카공화국의 역사: 호텐토트의 고향』. 아딘크라"의 내용을 참고하였다.

57) 김호연(2009).『우생학, 유전자 정치의 역사: 영국, 미국, 독일을 중심으로』. 아침이슬.

58) 고려인에 대한 자세한 내용은 "김호준(2013).『유라시아 고려인 디아스포라의 아픈 역사 150년』. 주류성"을 참조할 것.

59) 광주일보(2018. 10. 16). [국내외 과거사 정리로 본 5·18의 과제] 〈7〉 독일 '홀로코스트 기념 관', 인터넷판(검색일: 2020. 7. 14).

60) 중앙일보(2000. 3. 30). 스웨덴 우생학 프로그램, 60년간 23만명 불임수술. 인터넷 판(검색 일: 2020. 7. 14).

61) 주간경향(2018. 10. 29). 아직도 남아있는 우생학의 그림자. 인터넷 판(검색일: 2020. 7. 14).

62) 연합뉴스(2019. 3. 5). 인권위 "'장애인에 낙태 허용' 모자보건법 14조 폐지 검토해야". 인터 넷 판(검색일: 2020. 7. 14).

63) 중앙일보(2018. 10. 17). 영화 '82년생 김지영' 공유 캐스팅… 정유미와 부부 역할. 인터넷 판 (검색일: 2020. 7. 14).

64) 메리 울스턴크래프드(문수현 역)(2018).『여성의 권리 옹호』. 책세상.

65) 당시 자유주의, 급진적, 막시스트주의, 사회주의 등 페미니즘의 분파가 매우 다양했는데, 여 기서는 주요 주장을 간단히 정리하고자 한다.

66) 시몬 드 보부아르(이희영 역)(2009).『제2의 성』. 동서문화사.

67) 서울신문(2018. 10. 9). 3인가구 전업주부 연봉 땐 2100만원… 가사노동가치 年360조. 인 터넷 판(검색일: 2020. 7. 14).

68) 오세라비(2018).『그 페미니즘은 틀렸다: 혐오에서 연대로』. 좁쌀한알.

69) 벨 훅스(이경아 역)(2017).『모두를 위한 페미니즘』. 문학동네.

70) 이런 주장에 대해서는 "중앙일보(2018.2. 24). "페미니즘은 여성우월주의?" 1020이 묻고 손 아람 작가가 답하다. 인터넷 판(검색일: 2020. 7. 14)"에서 참조하였다.

71) 앞의 기사 참조.

72) 엄진(2016).「전략적 여성혐오와 그 모순: 인터넷 커뮤니티 '일간베스트저장소'의 게시물 분 석을 중심으로」.『미디어, 젠더&문화』, 31(2), pp.193-236.

73) 장소연·류웅재(2017).「온라인 커뮤니티와 혐오의 문화정치: 일간베스트저장소와 메갈리아 의 사례를 중심으로」.『한국소통학보』, 16(1), pp.45-85.

74) 중앙일보(2019. 1. 30). "20대 남성도 약자… 성차별 덕 본 건 페미니즘 찾는 4050". 인터넷 판(검색일: 2020. 7. 14).

75) 경향신문(2019. 1. 18). 20대 남성은 왜 문재인 정부에 화가 났나. 인터넷 판(검색일: 2020. 7. 14).

76) 서울경제(2018. 11. 5). 임현주 아나운서, 지상파 첫 안경쓴 여성앵커… 이유 보니 '끄덕끄덕'.

인터넷 판(검색일: 2020. 7. 14)

77) 이 사례와 관련하여 기본적인 내용은 "서울신문(2019. 2. 27). 애 엄마 싫다는 상사⋯임신 계획 매번 묻는 면접관. 인터넷 판(검색일: 2020. 7. 14)"을 참조한 것이고, 인터뷰 내용은 "국가인권위원회(2018).『임신·출산·육아휴직 차별 실태조사 보고서』. 국가인권위원회"에 나오는 내용을 조금 쉽게 고쳐 쓴 것이다.

78) 토니 포터(김영진 역)(2016).『맨박스: 남자다움에 갇힌 남자들』. 한빛비즈.

79) 이나영(2016).「여성혐오와 젠더차별, 페미니즘: '강남역 10번 출구'를 중심으로」.『문화와 사회』, 22, pp.147-186.

80) 다이애나 E. H. 러셀·질 래드퍼드(전경훈 역)(2018).『페미사이드: 여성혐오 살해의 모든 것』. 책세상.

81) 서울경제(2016. 5. 18). 강남역 살인사건, "여자들이 날 무시했다" 여성혐오 범죄. 인터넷 판(검색일: 2020. 7. 14).
연합뉴스(2018. 10. 24). '강서구 전처 살인' 딸 "아버지, 전부터 살해협박⋯ 계획 범행". 인터넷 판(검색일: 2020. 7. 14).

82) 이나영(2016).「여성혐오와 젠더차별, 페미니즘: '강남역 10번 출구'를 중심으로」.『문화와 사회』, 22, pp.147-186.

83) 한겨레(2018. 1. 29). 현직 검사의 '#미투'⋯"법무부 간부에 성추행당했다." 인터넷 판(검색일: 2020. 7. 14).

84) JTBC 뉴스룸(2018. 1. 26) 대담 중.

85) 스토킹을 처벌하는 법은 2018년 현재 국회에 제시되어 있으며, 국회에 통과되는 경우에 처벌받는 행위가 된다.

86) 이 내용은 "이은진(2015).「성적 자기결정권에 대한 심리학 연구」.『한국심리학회지: 여성』. 20(3), pp.427-441"에서 인용한 것이며, 괄호 안에 적힌 내용은 필자가 독자의 이해를 위해 표현한 것이다.

87) 곽연희·정원철(2018).「청소년의 정서적, 성적학대 경험이 성인지감수성에 미치는 영향: 거부민감성의 매개효과 검증」.『한국학교사회복지학회지』, 44, pp.51-73.

88) 연합뉴스(2017. 10. 17). '나도 성폭력 피해자다' 알리사 밀라노의 '미투 캠페인' 확산. 인터넷 판(검색일: 2020. 7. 14).

89) 연합뉴스(1991. 8. 14). 정신대 첫 증인 김학순할머니. 인터넷 판(검색일: 2020. 7. 14).

90) 김수아(2018).「남성 중심 온라인 공간의 미투 운동에 관한 담론 분석」.『여성학논집』, 35(2), pp.3-35.

91) 한겨레(2018. 3. 22). 같은 조직 상하관계 아니면 미투 아니다? #미투에 대한 편견 5가지. 인터넷 판(검색일: 2020. 7. 14).

92) 수전 팔루디(황성원 역)(2017). 『백래시: 누가 페미니즘을 두려워하는가?』. 아르테.

93) 임인숙(2007). 「한국 대중가요의 외모 차별주의: 미인찬가에서 육체 찬미와 조롱으로」. 『한국사회학』, 41(2), pp.240-270.

94) 임인숙(2003). 「여성의 취업과 용모차별: 기업의 용모차별적 모집 추세와 특성의 변화」. 『한국여성학』, 19(1), pp.113-144.

95) 메디컬투데이(2018. 12. 21). [요주의 삭센다①] 다이어트에 열광하는 우리나라 뜨는 약은?. 인터넷 판(검색일: 2020. 7. 14).

96) 헤럴드경제(2012. 4. 26). 외신이 꼽은 성형 1위국가 한국, 어느 정도길래?. 인터넷 판(검색일: 2020. 7. 14).

97) 말콤 글래드웰(이무열 역)(2005). 『블링크: 첫 2초의 힘』. 21세기북스.

98) 캐서린 하킴(이현주 역)(2013). 『매력 자본: 매력을 무기로 성공을 이룬 사람들』. 민음사.

99) 루이스 코저(신용하·박명규 역)(2018). 『사회사상사』. 한길사.

100) 박은아(2015). 「문화적 자기개념과 외모중심의 대인지각 성향의 관계: 한국사회의 루키즘(Lookism)에 관한 심리학적 고찰」. 『사회과학논총』, 31(1), pp.159-192.

101) KBS(2020. 4. 1). "연령 차별로 정신적 피해" 국내 첫 위자료 소송. 인터넷 판(검색일: 2020. 7. 14)

102) 원영희 외(2017). 『2017년 노인인권실태조사』. 국가인권위원회.

103) 듀오휴먼라이프연구소에서 2017년 11월에 전국의 25~39세 미혼남녀 1,000명을 대상으로 조사한 결과를 발표한 것이다.

104) 죠지 피터 머독(조승연 역)(2004). 『사회구조: 친족 인류학의 이해』. 서경문화사.

105) 권희정(2015). 「입양실천에서 나타나는 정상가족 담론과 미혼모 자녀의 '고아' 만들기」. 『페미니즘연구』, 15(1), pp.51-98.

106) 이재경(2004). 「한국 가족은 '위기'인가?: '건강가정' 담론에 대한 비판」. 『한국여성학』, 20(1), pp.229-244.

107) 김관욱(2018). 「누구를 위한 '정상가족'인가?」. 『인물과 사상』, 242, pp.147-166.

108) 김희경(2017). 『이상한 정상가족』. 동아시아.

109) 허프포스트코리아(2017. 9. 22). 무자녀 가구는 죄가 없다. 인터넷판(검색일: 2020. 7. 14).

110) 이재경(2004). 「한국 가족은 '위기'인가?: '건강가정' 담론에 대한 비판」. 『한국여성학』, 20(1), pp.229-244.

111) 부산일보(2006. 2. 7). 美 슈퍼볼 MVP 한국계 워드 인간승리. 인터넷판(검색일: 2020. 7. 14).

112) YTN(2006. 2. 7). "MVP 워드, 한인 사회의 영광". 인터넷 판(검색일: 2020. 7. 14).

113) 경향신문(2006. 5. 29). 워드 "어머니의 이름으로 혼혈아동 지켜줄 것". 인터넷 판(검색일: 2020. 7. 14).

114) "이선민(2008).『민족주의, 이제는 버려야 하나』. 삼성경제연구소" 참조. 그러나 민족이 상상의 공동체라는 주장에 대한 반론도 존재하는데, 우리나라에서도 역사학자 이기동이나 사회사학자 신용하 등이 이런 반론을 제기하는 대표적 학자이다. 이들은 근대 국가 형성 이전에 이미 민족 단위로 삶을 살았고, 그러한 삶의 실재가 민족의 공통 문화의 민족의식으로 존재하고 있다고 본다. 그래서 근대 국가 형성 과정에서는 국가의 통합을 위하여 이미 존재하던 민족의식을 활용한 것일 뿐이어서, 민족은 근대적 개념이 아니며, 이전부터 있었던 실재하는 것이라고 본다.

115) 서영대(2000).「전통시대의 단군 인식」. 노태동(편).『단군과 고조선사』. 사계절.

116) 허동현(2009).「한국 근대에서 단일민족 신화의 역사적 형성 과정」.『동북아역사논총』, 23, pp.5-35.

117) 연합뉴스(2017. 2. 2). 한국인 유전적 뿌리 찾았다… "남 북방계 아시아인 혼합". 인터넷 판(검색일: 2020. 7. 14).

118) "권혁범(2009).『민족주의는 죄악인가?』. 생각의 나무"에서는 한국의 역사에서 일본, 중국, 거란, 여진, 말갈, 아랍, 몽고 등의 다양한 민족이 한반도에 거주하였고, 이들과 한민족과의 결혼 사실이 있음을 주장하면서 단일민족이라는 표현은 객관적 사실과 어긋난다고 말한다.

119) 조하나·박은혜(2013).「'혼혈'에 대한 사회적 의미: 1950년~2011년 신문기사를 중심으로」.『다문화콘텐트연구』, 14, pp.369-407.

120) 동아일보(2003. 5. 29). 방송인 이유진 "나는 혼혈인"… 아버지는 스페인계 미국인. 인터넷 판(검색일: 2020. 7. 14).

121) 연합뉴스(2017. 2. 2). 한국인 유전적 뿌리 찾았다… "남 북방계 아시아인 혼합". 인터넷 판(검색일: 2020. 7. 14).

122) 이동훈(2009).「제가 백인이었다면 이런 일이 일어났을까요?」.『통일한국』, 10월 호, p.65.

123) 일다(2017. 3. 20). 인도인 교수 인종차별 사건, 그 후 8년. 인터넷 판(검색일: 2020. 7. 14).

124) 하상복(2012).「황색 피부, 백색 가면: 한국의 내면화된 인종주의의 역사적 고찰과 다문화주의」.『인문과학연구』, 33, pp.525-556.

125) 앞의 논문.

126) 콰메 앤터니 애피아(실천철학연구회 역)(2008).『세계시민주의: 이방인들의 세계를 위한 윤리학』. 바이북스.

127) 구정화(2011). 『퍼센트 경제학』. 해냄.

128) 실제로 밀그램 실험에서는 15볼트에서 450볼트까지 전기를 올리게 되어 있었는데 여기서는 필자가 편의상 조정하여 서술했다. 더불어 밀그램 실험은 실험 참가자에게 실험의 목적을 속이고 위험에 처하게 만들어 연구 윤리에 대한 비판을 받기도 한다. 이에 관한 내용은 "스탠리 밀그램(정태연 역)(2009). 『권위에 대한 복종』. 에코리브르" 참조.

129) 한나 아렌트(김선욱 역).(2006). 『예루살렘의 아이히만』. 한길사.

130) 이와 관련하여 실제로 아이히만은 단순히 나치 독일의 군인 관료로서 어쩔 수 없이 조직의 명령을 따른 것이 아니라, 매우 능동적으로 나치의 반유대주의를 수용하고 이를 적극적으로 시행한 사람이라는 주장도 있다. 그러나 원래 악한 의도가 있었다고 할지라도 한나 아렌트가 말하는 세 가지 무능함이 없었다면 나치주의자가 되지 않았을 것이라는 점도 고려해 보아야 할 것이다. 아이히만의 인간성 자체가 악한이었다는 점은 이스라엘 첩보기관인 모사드가 아이히만을 추적한 것을 기록한 "고든 토마스(이병호·서동구 역)(2010). 『기드온의 스파이 1』. 예스위캔" 등을 참조하면 된다.

131) 존 하워드 그리핀(하윤숙 역)(2009). 『블랙 라이크 미: 흑인이 된 백인 이야기』. 살림.

132) 이와 관련하여 자세한 내용은 "김선욱(2015). 『아모르 문디에서 레스 푸블리카로』. 아포리아" 참조.

133) 연합뉴스(1999. 12. 19). "교황, 종교개혁가 후스 처형 사과". 인터넷 판(검색일: 2020. 7. 14).

134) 연합뉴스(2018. 6. 27). 서울시, 광역자체단체 중 '바른 공공언어 사용' 1위. 인터넷 판(검색일: 2020. 7. 14).

135) 이와 관련하여 자세한 내용은 "이정복(2014). 『한국 사회의 차별 언어』. 소통"을 참조하면 된다. 더불어 "이건범(2017). 『언어는 인권이다』. 피어나"와 "장한업(2018). 『차별의 언어』. 아날로그"도 참조하면 된다.

136) 이종일(2019). 『정치적 올바름 논쟁과 시민성』. 교육과학사.

137) 소니아 소토마요르(조인영·현낙희 역)(2017). 『소토마요르, 희망의 자서전』. 사회평론.

138) 이 부분과 관련한 내용은 "한겨레(2018. 11. 21). 지금 함께 사는 사람과 법적 가족이 될 순 없는 걸까요?. 인터넷 판(검색일: 2020. 7. 14)"을 참조한 것이다.

139) 주간경향(2013. 5. 7). [특집|차별금지법 논란] '차별의 범위'에 무슨 내용 담겼길래?. 인터넷 판(검색일: 2020. 7. 14).

140) 본문에 제시된 적극적 우대 조치의 세 가지 관련 논쟁 내용은 "구정화(2015). 『청소년을 위한 인권 에세이』. 해냄" 참조.

141) 소니아 소토마요르(조인영·현낙희 역)(2017). 『소토마요르, 희망의 자서전』. 사회평론.

청소년을 위한 사회평등 에세이

초판 1쇄 2020년 7월 31일
초판 5쇄 2024년 4월 30일

지은이 | 구정화
펴낸이 | 송영석

주간 | 이혜진
편집장 | 박신애 **기획편집** | 최예은 · 조아혜 · 정엄지
디자인 | 박윤정 · 유보람
마케팅 | 김유종 · 한승민
관리 | 송우석 · 전지연 · 채경민

펴낸곳 | (株)해냄출판사
등록번호 | 제10-229호
등록일자 | 1988년 5월 11일(설립일자 | 1983년 6월 24일)

04042 서울시 마포구 잔다리로 30 해냄빌딩 5 · 6층
대표전화 | 326-1600 **팩스** | 326-1624
홈페이지 | www.hainaim.com

ISBN 978-89-6574-946-2

파본은 본사나 구입하신 서점에서 교환하여 드립니다.